哲學評論

PHILOSOPHICAL INQUIRY

第 9 辑

武汉大学哲学学院 编

WUHAN UNIVERSITY PRESS
武汉大学出版社

图书在版编目(CIP)数据

哲学评论. 第9辑/武汉大学哲学学院编. —武汉: 武汉大学出版社, 2011.7

ISBN 978-7-307-08776-7

Ⅰ. 哲… Ⅱ. 武… Ⅲ. 哲学—文集 Ⅳ. B-53

中国版本图书馆 CIP 数据核字(2011)第 095921 号

责任编辑:聂勇军　　责任校对:刘　欣　　版式设计:支　笛

出版发行: **武汉大学出版社**　(430072　武昌　珞珈山)

(电子邮件: cbs22@whu.edu.cn　网址: www.wdp.com.cn)

印刷:湖北金海印务有限公司

开本: 720×1000　1/16　印张:18.75　字数:260 千字　插页:1

版次: 2011 年 7 月第 1 版　2011 年 7 月第 1 次印刷

ISBN 978-7-307-08776-7/B·322　定价:40.00 元

弁言：胡秋原先生及其学术

郭齐勇

胡秋原先生（1910—2004）是当代著名思想家、历史学家、武汉大学前辈校友。胡先生毕生致力于学术研究，在历史、哲学、文学等领域都有很深的造诣。胡先生早年以“科学救国”为己任，考入武昌大学理预科，其后才转入中文系就读。后因时局纷扰，胡先生又于1928年考入了复旦大学中文系。从胡先生初到上海发表《革命文学问题》一文，批评刚刚兴起的普罗文学运动，在上海文坛崭露头角开始，到1996年《中华心——胡秋原政治文艺哲学文选》的出版发行，胡先生的学术生涯长达近70年之久，著作文章超过5000万字，著书不下50部，主编或创办之报刊计14种。特别是胡先生于1963年8月创办的《中华杂志》，前后共延续了31年之久。如果说《自由中国》是中国自由主义思潮延续存在的主要象征，《民主评论》是中国文化保守主义思潮，特别是港台新儒家的重要思想舞台，那么《中华杂志》则是中国民族主义思潮在台湾的主要阵地。

纵观胡秋原先生的整个学术生涯，他的学术思想经历了三个时期的发展变化：1931年《唯物史观艺术论》及《中国社会—文化史草书》以来为先超越期，主张“自由主义的马克思主义”；1935年及《历史哲学概论》以后为超越前期，自立文化史观；1953年写成《古代中国文化与中国知识分子》一书，完成“理论历史学”的理论建构，自此以后为超越后期。在先超越期，胡秋原除出版学术专著《唯物史观艺术论》外，最重要的学术活动是参与文艺自由论辩及社会史论战。1931年冬胡秋原创办《文化评论》，主张抵抗日本侵略，提倡文艺自由，反对政治干涉文学，对民族文学和普罗文学都表示反对，从而引发了1932年文艺自由论辩。1933年胡秋原应王礼锡之邀参加社会史论战，提出了著名的“专制主义论”。1933年“福建事变”后，胡先生游历欧洲，特别是当时苏联的经验促使他创立文化史观，主张新自由主义。他以“民族”和“自由”两个基本概念建立起文化史观，以代替唯物史观，并用文化史观来解释双重文化危机的由来，探寻中国和世界的出路。其后，胡秋原综合前两个时期的思想，并对其加以整理、补充和修正，建立起超越后期的学术思想，即“普遍的历史哲学或理论历史学”。就理论历史学的整体架构而言，哲学人类学是其基础，社会学是其主要的诠释路径，史学方法论与价值判断论是其主要内容，将理论历史学应用于中国历史、世界历史，探求其出路，所得到的答案即是文化的超越前进。

将胡秋原置于20世纪中国思想与学术系谱中，我们不难看出其思想的特质、地位及贡献。胡先生的学术贡献，首先表现在“理论历史学”的理论建构上。理论历史学是对中西历史哲学思想的批判、继承和发展。胡先生既有历史哲学的方法论的自觉，重视对历史认识的可能性及其条件的考察；又强调对历史作价值判断的重要性，因此他批判了实证主义思潮、唯科学主义思潮对价值问题的拒斥。其次还体现在胡先生从理论与历史的角度，对知识分子问题所作的系统研究。胡先生看重知识分子的历史作用，认为儒家知识分子以其道义担当抗议政治威权，着力于消解君主的政治主体性，从而缓和了专制的程度，形成开明专制，护持住中国的历史进程和文化慧命于不绝。胡先生的大著《古代中国文化与中国知识分子》，主张以中国道统为主体而不以政统为主体，着眼于对传统政治结构中道统与政统相互关系的分析，所强调的是承载道统的士人知识分子对现实政治权力的批判与限制。其实，胡先生对文艺自由、自由知识阶层主张的坚持，以及在20世纪70年代对台湾乡土文学的声援，皆可在广义上被看成是对知识分子道统的护持。

胡先生的民族主义思想也是重要的学术贡献。胡先生历史哲学的另一个重要特点，就是凸显历史中的民族主体，他认为人类历史在本质上都是民族斗争史。一方面，胡秋原将“夷夏之防”、“华夷之辨”的观念，看成是中国民族主义的最初表现；另一方面，他又注意到了中国近代衰败的根源是政治性“民族意识”的缺乏，以及由此导致的强有力政治组织，即现代民族国家的政治制度的无法建立，因此主张将历史叙述与现代民族意识、民族认同的培育，及民族国家的建构结合起来。在文艺上，“民族”也是胡秋原的基本立场，在乡土文学论战中，胡先生主张“中国人立场之复归”。另外，胡先生所主张的超越传统派、西化派、俄化派而前进的文化思想，论述宏阔有力，发前人之所未发，极有创见。超越论作为文化危机的解决方案，是对文化失衡状态的超越，绝不是对传统的弃绝。胡秋原一贯坚持“自由知识阶层”的主张，我们不妨将胡先生所言的超越，看成是对政治意识形态的超越，因为民族国家是“大于”且“先于”政治派别的。

胡秋原先生并不仅仅是一个固守书斋的学问家，他还是一个怀抱道德理想，积极参与、批评、指导现实政治，立身于道统的公共知识分子。他以融贯中西的深厚学养，不囿于任何学术门派，超然于政治意识形态之上。胡先生具有儒者的风范，他以天下国家为己任，不畏艰险，历经顿挫而矢志不渝，真所谓“富贵不能淫、贫贱不能移、威武不能屈”。郑学稼先生曾说：“胡秋原是现代中国知识分子的镜子。”透过这面镜子，中国现代知识分子群体，无论他们分属于哪些知识派别，也无论他们认同什么政治理念，都能照见自己的影子。1933 年胡先生参加“福建事变”，反蒋抗日。1958 年胡秋原为坚持言论出版自由，在台提出了著名的以《天经地义背之不详》为题的质询。1960 年雷震案爆发后，胡先生与成舍我先生联名发表声明，反对台当局雷案处理办法。20 世纪 70 年代初期，他声援波澜壮阔的保钓运动。后又撰文支持乡土文学，为高雄“美丽岛事件”发表社论，劝台湾当局宽大处理。1988 年 4 月，他发起“中国统一联盟”，被推为名誉主席。9 月 12 日，身为台知名人士的胡秋原先生访问北京，成为海峡两岸隔绝 40 年之后，首位来祖国大陆访问的台湾高层人士，被誉为“两岸破冰第一人”。

胡秋原先生在晚年表示，希望在他逝世之后将自己的藏书无偿捐赠给武汉大学。在胡秋原先生亲属的支持与帮助下，2008年4—5月，胡秋原先生的部分著作及藏书得以正式捐赠给武汉大学哲学学院。这批珍贵的资料共计8000余册，已全部收藏于哲学学院胡秋原藏书室，得到了妥善的保管，有专人负责整理和维护。两年多以来，哲学学院组织了相应的学术力量，对胡秋原先生生平与思想作了深入的研究，成果颇丰；国内其他学术机构与一些学者，也对此产生了浓厚的兴趣。值胡秋原先生百年诞辰之际，2010年6月16—17日，武汉大学哲学学院、中国传统文化研究中心、国学院，共同举办了“纪念胡秋原先生诞辰一百周年学术研讨会”。海峡两岸20位学者参加了此次研讨会。与会学者就作为知识分子的胡秋原及其知识分子论、胡秋原对马克思主义的研究及两大论战、胡秋原的历史与文化思想、哲学观与科学观、民族主义思想、文艺思想等议题，宣读了学术论文，并对胡秋原学术思想的学派归属、思想定位、文艺自由论及对封建社会论的批判、民族主义与文化复兴、超越西化与多元现代性等问题，展开了深入的讨论。兹借《哲学评论》，将论文汇编于此，以飨读者。

目　录
第9辑
PHILOSOPHICAL INQUIRY
出版者：
武汉大学出版社
2011年

Contents 目录

哲学评论

在纪念胡秋原先生诞辰一百周年学术研讨会开幕式上的致辞

□ 陶德麟

2010年6月16日于武汉大学哲学学院

各位来宾，女士们、先生们：

今天，我们海峡两岸的学者和胡秋原先生的亲人一起在这里济济一堂，举行“纪念胡秋原先生诞辰一百周年学术研讨会”和“胡秋原敬幼如奖学金”颁奖仪式，这是一件盛事。我作为秋原先生的后学和晚辈，谨对秋原先生毕生的奋斗精神和卓越贡献表示深切的敬意和怀念，对这次会议的举行表示衷心的祝贺！

秋原先生是我国现代史上影响很大的思想家、理论家和社会活动家，他毕生为中华民族的振兴和人类的福祉不断地上下求索，披荆斩棘，不畏艰险，历经顿挫而矢志不渝。他著作等身，以数百万字的宝贵思想成果在中国现代史特别是文化史上留下了不可磨灭的足迹。他在台湾地区是最早坚持祖国统一、反对“台独”的领军人，是“中国统一联盟”的创始人和名誉主席。他在海峡两岸隔绝40年之后不顾当时台湾当局的阻挠，首先访问祖国大陆，与李先念、邓颖超等领导人为祖国的统一进行交流，被誉为“破冰之旅”的第一人。秋原先生1925年在武汉大学的前身国立武昌大学学习（那时我还没有出生），是武汉大学的杰出校友。他对母校武大怀有深厚的感情。我清楚地记得22年前他以78岁的高龄和夫人敬幼如女士、长女胡采禾女士一行回母校访问时的动人情景。那是1988年10月4日的上午。当时我代表学校负责接待秋原先生一行。陪同秋原先生来校的有民革主席贾亦斌先生和湖北省各有关单位负责人20多人，媒体记者有近20人。秋原先生与母校30多位学者在非常热烈的气氛中举行了座谈，发表了热情洋溢的精辟讲话。唐长孺、刘绪贻、萧萐父、胡国瑞、陆耀东等著名学者也都发了言。秋原先生又激情满怀地亲笔题写了一首七言绝句，全文是：

四十年后返母校，犹如老大回故乡。
惟愿后昆齐努力，共掬赤诚光炎黄。

这28个字凝聚秋原先生热爱祖国、热爱中华民族、热爱母校、渴望后继有人的一片深情。秋原先生表示希望在他逝世之后将自己的著作及藏书捐赠给母校武汉大学。2005年至2006年间，胡采禾女士遵照秋原先生的遗愿，代表全体家属几次来武大与郭齐勇教授等商讨捐赠事宜。2008年初，采禾女士将秋原先生的著作及藏书、秋原先生主编的《中华杂志》全套，以及大量的手稿、信札、照片、聘书、委任状等珍贵资料共计249箱从台湾运抵武汉大学哲学学院；2008年3—4月，哲学学院派专人负责整理，并设立了胡秋原藏书室。2008年4月30日，武汉大学举行了隆重的捐赠仪式，为采禾女士颁发了捐赠证书。这八千多册藏书是研究中国现代政治史、文化史、思想史、哲学史以及海峡两岸关系史极为宝贵的第一手资料。两年多来，武大哲学学院组织力量对秋原先生的生平与思想作了深入的研究，已经取得了一批成果；国内其他科研机构也对此产生了浓厚的兴趣。这是秋原先生对母校的一大贡献，也是他对祖国的一大贡献。为了激励母校哲学和历史学专业研究生勤于钻研，奋发进取，秋原先生的女儿、女婿在2001年设立了“武汉大学胡秋原敬幼如奖学金”，奖学金基金40万元人民币，增值部分作为奖励金。

1988年10月4日秋原先生访问母校的时候，我也曾不揣浅陋，写了一首诗赠给秋原先生，全文是：

赠胡秋原先生

胡秋原先生以耄龄不辞艰险，为祖国统一大业奔走呼号，精诚比日月，直声动天地。今秋先生重访母校武汉大学，把晤甚欢。谨呈一律，聊申钦敬之忱。

一水盈盈怨逝波，离时苦比聚时多。
炎黄余烈千秋史，华夏新功两岸歌。
为有襟怀昭皎月，敢倾肝胆启先河。
风尘万里非虚掷，指日同挥御侮戈。

这首诗表达的也是我今天的心情。我相信祖国的统一终将是不可抗拒的历史潮流，秋原先生的崇高理想一定能够变成现实。

祝秋原先生的亲属和与会的所有专家学者身体健康，祝研讨会圆满成功！

纪念胡秋原先生诞辰一百周年学术研讨会开幕式家属代表致辞

□ 胡采禾

2010年6月16日于武汉大学哲学学院

尊敬的陶校长、谢校长，武汉大学哲学学院、历史学院、国学院、宣传部、统战部、研工部、人文社科院、校友总会各位领导、老师，各位与会的专家学者，各位同学和来宾们，大家好！

今天是端午节，也是先父胡秋原先生百年诞生之日，我们在这里举行两天的学术研讨会来纪念他，我感到无比的高兴和荣幸，对武汉大学哲学学院，则是充满了感谢之忱。相信父亲在天之灵，也是同样感到欣慰和感谢的。

为了能在今年父亲百年冥诞之时，举行一个学术研讨会来纪念他，去年9月我专程来到武大哲学学院和郭教授、朱院长商讨此事。当时郭教授和朱院长都立即慨然应允，同时草拟出会议计划，令我既感激又敬佩。才九个月的光阴，“纪念胡秋原先生诞辰一百周年学术研讨会”就在今天隆重揭幕了！

对于此次会议的召开，我代表家人，首先要谢谢主办单位：武汉大学哲学学院，武汉大学中国传统文化研究中心和武汉大学国学院；协办单位：武汉大学孔子与儒学研究中心和湖北省哲学史学会，以及其他各单位的支持与帮助。今天的会议，办得如此隆重、完善，请到校内校外、大陆和台湾地区的学者专家们来此共聚两天，讨论先父的思想著作，这除使我感到极大的荣耀之外，更要感谢哲学学院郭齐勇教授、朱志方院长、陈祖亮书记和其他各位领导与老师们，他们为这次会议付出了大量心血和精力。还有功不可没的谢远笋先生，他担负起这次会议的秘书职务，邀请学者、准备会议文集、处理各种事务，确保了会议的成功召开。此外，会务组的诸位哲学学院同学们，负担了接待、饮食、布置等工作，使得会议进展顺利成功。在此向他们致谢！

在祖国大陆举行胡秋原学术思想讨论会，今天是第二次。第一次是1995年8月在北京社科院举行的，是由今天在座的李敏生先生主持的。那次，我也是以胡秋原先生家属代表的身份参加的。当时我就希望，经过此次讨论会，能将父亲的思想介绍给祖国大陆更多的知识界和学术界。15年后，在武汉大学举行的这第二次的胡秋原学术研讨会，有这么多的学者专家聚集一堂，他们都是对先父的著述有所研究的。除了台北到来的三位教授是我父亲多年的老朋友外，其他诸位都是来自祖国大陆各地的学者们，这也表明大陆的学术界对胡秋原先生并不陌生，这使我做女儿的感到十分欣慰。现在，先父的著作和藏书在武汉大学哲学学院有了一个“家”，便利武大的教授和同学们阅读研究，也便利国内的学者们研读，先父的学术思想就可以在此开始生根发芽，慢慢开花结果。今天和明天的会议中，有谢远笋先生和介江岭先生两位武大青年学者的论文报告，就是一件很值得庆贺的事情。我热忱地期待着更多次的“胡秋原先生学术研讨会”的举行！

在各位的书袋中，有今年2月中华书局刚刚出版的《古代中国文化与中国知识分子》上、下两册书，和一张台湾张漱菡女士原著《胡秋原传》的光碟片，这是我赠送给各位的。《古代中国文化与中国知识分子》是1950年以后，胡秋原先生在祖国大陆出版的第一本书。这是他的精心力著，1956年该书在香港首次出版，以后在香港和台湾相继发行了四版六刷，每次都一售而空，可见这本书的重要性。看了这本书以后，诸位可以借此对胡先生的学问和思想有更进一步的认识。我也想请诸位将这本书介绍给朋友和学生，也欢迎各位发表书评，介绍给更广大的读书人。《胡秋原传》的素材，都是我父亲亲自提供给张漱菡女士的，所以它的内容是极其真实正确的。这本书在台湾也早已绝版，我特意将它扫描制成PDF版的光碟赠送给各位。这是研究胡秋原和他的时代不可缺少的一本书。

最后，敬祝大家健康！愉快！事事如意！

并敬祝“纪念胡秋原先生诞辰一百周年学术研讨会”圆满成功！

谢谢！

胡秋原论中国前近代社会形态

□ 冯天瑜

胡秋原先生是湖北乡贤，是中国近现代思想文化史上富于个性、颇有建树的学者。他研习唯物史观自有心得，不苟同来自苏俄的某些教条，在社会史论战中，对中国前近代社会形态做出的界定，富于创识。

“新生命派”与“新思潮派”是中国社会史论战的两大主要流派，对当时及后世影响较著，现代史学史也多有记述，人们耳熟能详。然而，在两大流派之外，参加社会史论战的还有一些提出有价值观点的论者，如“动力派”李季、“自由人”胡秋原、历史哲学家李麦麦，他们的意见并不全然相同，却存在共性：兼通中西学术，较熟悉马克思、恩格斯原论，立足于中国历史实际，都反对以“原始社会——奴隶社会——封建社会——资本主义社会”这一线性公式硬套中国史，认为秦至清的社会形态不能以“封建”名之，李季概括为“前资本主义”，胡秋原、李麦麦概括为“专制主义”。

一、“动力派”的封建说

中国社会史论战期间，“动力派”的严灵峰（1904—?）、任曙（大革命时期曾做过中共领导人陈延年的秘书，1928 年脱离中共）、李季（1894—1967）、刘镜园（1902—1986，即曾代表陈独秀参加中共一大的刘仁静），他们对泛化封建观多有批评。他们比较熟悉马克思、恩格斯原著，拒绝斯大林等联共（布）多数派的中国社会论，对于郭沫若和陶希圣都加以尖锐抨击，以为双方均学舌于联共（布），所论“封建”概念紊乱，所援引马恩著作多不准确，且与中国史实不相切合。这些尖锐评论在李季 1932 年连载于《读书杂志》的文章（后结集为《中国社会史论战批判》一书）中有详尽展示。

“动力派”不认同“五种社会形态”序列的普世性，明确指出：“封建制度破坏的明日既不是资本主义的天下，资本主义的昨日又不正与封建制度相衔接，而中国的情形却恰恰如此。”① “动力派”最为博学的李季论述道，西欧历史是封建社会解体，随之资本主义社会建立，而东方诸国，如中国，情形有别：在封建社会与资本主义社会之间，有一种过渡的“第三形式”，这便是马克思所说的“前资本主义的生产方法”。② 西欧这一阶段较短，而中国却长达两千年（秦至清）。李季把“前资本主义的生产方法”概括为以下特点：（1）小农业与家庭工业的直接结合，构成一个地方小市场的网。（2）高利贷资本和商人资本占优势。（3）商业宰制工业。（4）地主阶级和其他上等阶级存在。（5）独立生产者——手艺工人——存在。（6）过去各种生产方法残余存在。（7）农工破产变为平民和生产工具相对集中。③

“动力派”的中国历史分期略为：

商前至中商为原始共产主义生产方式时代；

殷至殷末为亚细亚生产方式时代；

周代是封建生产方式时代；

秦至鸦片战争前为前资本主义生产方式时代；

鸦片战争以后是资本主义生产方式时代。④

陈邦国、刘镜园、梅思平等也有类似看法，而又有所修正，如陈邦

① 李季：《中国社会史论战批判》，神州国光社 1934 年初版，第 258 页。

② 参见李季：《中国社会史论战批判》，神州国光社 1934 年初版，第 259～261 页。

③ 李季：《对于中国社会史论战的贡献与批评》，《读书杂志》第二卷第 2～3 期。

④ 李季：《对于中国社会史论战的贡献与批评》，《读书杂志》第二卷第 2～3 期。

国将现代中国称为“殖民化的资本社会”，刘镜园则称为“落后的资本主义”。

二、“自由人”的封建说

居于国民党文人和左翼文人之间的胡秋原自称“自由人”、“第三种人”，他信奉“自由主义的马克思主义”，用力于研讨苏俄的前资本主义社会理论，他不承认“氏族社会——奴隶社会——封建社会——资本主义社会”直线递进模式的普遍性，提出两个新颖的观点：

（1）“封建社会继承原始社会是人类历史发展的普遍规律，希腊罗马也先经过了封建社会，后来的奴隶社会只不过是封建社会的变形发展。”“不是奴隶社会先于封建社会，而是封建社会先于奴隶社会。”①

（2）存在一种“封建主义和资本主义之过渡期”，胡氏认为：“在封建主义和资本主义之间，有专制主义时期的存在。”

基于此说，胡氏对晚周以降，尤其是秦汉以降专制社会的生成作了解析：商品经济发展，破坏封建政权的孤立性、分散性，促成专制君主的集权；官僚、常备军、货币租税构成专制君主制的三特征。②

胡氏以此种观点解析中国古史：“中国东周的封建主义，因商品经济之分解，发生变质而为专制主义，自秦至清末，就在这一个阶段。”③故此，20世纪初的中国既非“封建社会”，也非“资本主义社会”，而自有其形态——专制主义社会。胡氏拟订的中国历史分期略为：

（1）原始社会时代（殷以前）；

① 胡秋原：《中国社会—文化史草书》，《中国社会史的论战》，第四辑，《读书杂志》第三卷第3~4期合刊，神州国光社1933年版。

② 胡秋原：《专制主义——专制主义论与中国专制主义之事实》，《读书杂志》第二卷第11~12期合刊，神州国光社1932年版。

③ 《中国社会史的论战》，第三辑，《亚细亚生产方式与专制主义》，神州国光社1932年版，第21页。

（2）氏族社会时代（殷）；

（3）封建社会时代（周及春秋战国）；

（4）专制主义社会时代（秦至清末）；

（5）专制主义半殖民地化社会时代（鸦片战争以来）。①

当时的多数论者尚无法摆脱西欧历史模式的影响，关于秦至清的社会形态只能在“封建”与“资本”之间做出选择。胡秋原是少数跳出此一窠臼的论者，他参考波可罗夫斯基的观点，试图以“亚细亚式专制社会”诠释前近代中国。②

胡秋原于1976年为《古代中国文化与中国知识分子》一书写“第四版序言”，再次申述其中国历史分期观，其观点有二：

（1）“奴隶制”非一切人类社会所必经，日耳曼人与中国均无希腊罗马的奴隶制；

（2）封建制度以层层封土与奉献及世袭为特色，土地自由买卖即封建制之结果，中国封建社会已结束于战国时代，秦汉以来是专制主义社会。③

社会史论战中，历史哲学家李麦麦（原名刘胤，抗战中期英年早逝于重庆复旦大学）的历史分期观略同于胡秋原。李麦麦在评论郭沫若的《中国古代社会研究》时说：“西周是个典型的封建社会，而不是郭沫若所说什么奴隶的社会。”“西周末年以后中国社会的变革是封建制度的崩溃。”他反驳郭沫若“秦始皇是中国社会史上完成了封建的元

---

① 胡秋原：《中国社会—文化史草书》，《中国社会史的论战》，第四辑，《读书杂志》第三卷第3～4期合刊，神州国光社1933年版。

② 胡秋原1949年赴台湾，1988年不顾李登辉阻挠，以知名人士身份从台湾回祖国大陆探访，与李先念、邓颖超等会商祖国统一事宜。此为海峡两岸最初的“破冰之旅”。其间，胡氏曾游湖北，笔者与其在武昌东湖有一面之缘。胡先生时年七十有八，清瘦硬朗，满头银发，一口黄陂乡音，谈锋甚健，与湖北学人相晤颇欢。

③ 胡秋原：《古代中国文化与中国知识分子》，台北：学术出版社1988年第5版，第15页。

勋”之论断，指出秦始皇完成的是“专制王权”的建立。①

李麦麦另著文指出，从封建主义到资本主义之间，都经过了专制主义，他说：“就任何国家的政治制度发展史说，由封建制度到近代资产阶级底（的）民主制，中间都经过了专制君主制之桥梁。”中国与欧洲历史的差别在于：

> 在欧洲因为商业资本过渡到工业资本比东方快，所以专制君主制的寿命不过四个世纪（十五世纪——十八世纪），在中国因为商业资本长期地没有过渡到工业资本，所以中国的专制君主制延长了一千多年（由秦始皇到满清）。②

综观中国社会史论战诸派文字，我们发现：李季、胡秋原、李麦麦的言说较接近于中国历史的自身状态，也较为切合马克思的封建原论和东方社会史论。不过，他们均游离在当时社会主潮之外，系个体性论者，影响力有限，甚至被遗忘，然其说议的光芒终究不能被掩埋。

---

① 李麦麦：《评郭沫若底中国古代社会研究》，《读书杂志》第二卷第6期，神州国光社1932年版。

② 李麦麦：《中国封建制度之崩溃与专制君主之完成》，《读书杂志》第二卷第11～12期合刊，神州国光社1932年版。

胡秋原论中国知识分子
——兼谈现代新儒家的知识分子观

□ 郭齐勇

胡秋原先生是知识分子的典范，一生以公共知识分子自任，怀抱道德理想，积极参与、批评、指导现实政治，又尤重从理论与历史的角度研究知识分子问题，著有《古代中国文化与中国知识分子》等专著。胡秋原先生对古今中国知识分子问题有深入的研究，本文拟讨论其特点与重点，并与同时代的现代新儒家及自由主义者相比较，以丰富我们的知识分子观。由于胡秋原研究目前只是刚刚开始，关于胡先生知识分子论的研究，尚只有谢远笋一文，① 故本文也仍是抛砖引玉，在谢文的基础上进一步申论而已。

一、知识分子、中国文化与中国知识分子

何谓知识分子？自由主义者殷海光先生认同20世纪60年代 *Time* 的论文的说法：所谓博士、教授并非就是知识分子，科学家也只在有限制的条件下才算是知识分子。该刊为“知识分子”所下的定义是：第一，“一个知识分子的心灵必须有独立精神和原创能力，他必须为追求观念而追求观念”。第二，“知识分子必须是他所在的社会之批评者，也是现有价值的反对者”。“一个人不对流行的意见，现有的风俗习惯，和大家在无意之间认定的价值发生怀疑并且提出批评，那么这个人即令

① 参见谢远笋：《传统政治结构中的儒家知识分子》，《武汉大学学报（人文科学版）》2009年第6期，第703～708页。本文受到谢文的多方面的启发。

读书很多，也不过是一个活书柜而已。”① 殷海光凸显的是知识分子的独立自由与怀疑批判精神。

有关欧洲传统的知识分子与中国古代士大夫或君子的异同，学界早就有不同的看法，不过徐复观、牟宗三、胡秋原、余英时、杜维明等先生重视其同。另有学者与他们的学术立场不同，亦仍肯定其同。如叶启政先生在研究了波兰、俄国等东欧，以及法国等西欧的传统中的知识分子的界定与特色之后，指出：“若就上述欧洲传统知识分子的基本风范来看，我不认为中国古代之‘士大夫’传统风范与西洋的知识分子风范有什么根本上的差异……中国士大夫讲究的是行为规范及人格风范，所谓‘士不可不弘毅’即是一个典型的风范表征。”② 这里，中西传统知识分子之同，主要指的是勇于批判社会政治文化，以天下为己任。

余英时先生说：“根据西方学术界的一般理解，所谓‘知识分子’，除了献身于专业工作以外，同时还必须深切地关怀着国家、社会，以至世界上一切有关公共利害之事，而且这种关怀又必须是超越于个人（包括个人所属的小团体）的私利之上的。所以有人指出，‘知识分子’事实上具有一种宗教承当的精神。熟悉中国文化史的人不难看出：西方学人所刻画的‘知识分子’的基本性格竟和中国的‘士’极为相似……‘士’作为一个承担着文化使命的特殊阶层，自始便在中国史上发挥着‘知识分子’的功用。”③ 余先生有多种论著讨论知识分子、士与中国文化问题，对汉代、宋代的知识人有深入的研究。

余英时追根溯源，指出：“孔子来自中国文化的独特传统，代表

① 殷海光：《知识分子的责任》，转引自徐复观等著、周阳山编：《知识分子与中国》，台北：时报文化出版企业有限公司 1980 年版，第 122 页。

② 参见陈国祥：《访叶启政教授——从文化观点谈知识分子》，转引自徐复观等著、周阳山编：《知识分子与中国》，台北：时报文化出版企业有限公司 1980 年版，第 26 页。

③ 余英时：《士与中国文化》，自序，上海：上海人民出版社 1987 年版，第 2～3 页。

‘士’的原型。他有重‘理性’的一面，但并非‘静观冥想’的哲学家；他也负有宗教性的使命感，但又与承‘上帝’旨意以救世的教主不同。就其兼具两重性格而言，中国的‘士’毋宁更近于西方近代的‘知识分子’。”①

杜维明先生也讨论了俄罗斯、西欧各国与美国的知识分子的定义及特色，例如与政治运作所要求的权力结构保持距离，抗议已成为知识分子精神中的一种典型品格，而在现实性上根据一定时空条件可能演变、体现为增进市民社会（美）、社会批评（英）、文化反省（法）、民族一体化（德），或直指政治上层建筑（俄）。

杜维明进而认为，东亚读书人的理想，为讨论公共领域内的知识分子理想提供了一种更有价值的参考。“在儒家传统中，关心政治、参与社会及对文化的关注，是读书人最鲜明的特征。中国的‘士大夫’、日本的‘武士’以及朝鲜的‘两班’（包括文官与武官），他们不仅仅致力于自身的修养，而且担负着齐家、治国乃至平天下的重任。一句话，他们身处其位，就具有凭其权力与声望维护社会秩序的责任。他们都具有这样一个信念，即要改善人类的生活条件并且更有效地实现太平与繁庶的大同理想。”② 也就是说，东亚传统的书生、君子、士人与西方知识分子不仅基本相同，而且有自身的特色。

我们知道，在当代新儒家的阵营中，我们湖北乡贤浠水人徐复观先生是最重视知识分子问题的。他指出：“传统的、很严正的中国知识分子，在人生上总是采取‘忧以天下，乐以天下’的态度。齐家、治国、平天下，在中国知识分子的人生观中，认为这是修身所要达到的目的；亦即是认为家、国、天下与自己之一身，有不可分的关系，因而对之负

① 余英时：《士与中国文化》，自序，上海：上海人民出版社1987年版，第8页。

② 杜维明著、郭齐勇等编：《杜维明文集》，第五卷，武汉：武汉出版社2002年版，第601页。

有连带的责任感。”① 徐先生又说：“从文化理想上塑造中国知识分子性格的，很粗略地说，有两大重要因素：一是儒道两家‘为人民而政治’的政治思想。由此一思想所建立的政治主权的理想，其归结必然是‘天下为公’。二是儒家有‘大众实践性’的‘中庸’思想，道家则有避免与大众冲突的‘恬淡’思想，二者后来常互相结合，以形成知识分子为人处世的人生观。”②

本文主要的研究对象、我们湖北人的又一位乡贤黄陂人胡秋原先生认为，与世界上其他知识分子相比，中国知识分子有两个特点：第一，“人文主义发达之早。中国知识分子与各国知识分子一样，原都是宗教之给事人。但中国知识分子却最早由宗教解放，研究现世的知识”。“其次……中国知识分子特别富于平民精神、民主精神。”③ 这就是说，富于人文性、现世性及平民精神，是中国知识分子与西方知识分子的不同。

胡先生指出：“数千年间，中国知识分子在人文科学、自然科学、文学与艺术上，贡献其心血；教化国民，发明制作，提高生产水准，并团结国民，保障国家安全。此外，由于中国知识分子较早由宗教解放，直接间接，以参政或论政，以极大责任心，为平民利益而奋斗；同时，以极大自尊心，为知识分子地位而奋斗……（这）不是为知识分子自身说法，而是要以智力压倒武力或金力贵族，提高平民之地位，并且以学问为提高平民幸福之工具。在人类社会尚未进入完全民主时代，一般是为少数武力集团所统治，此武力集团形成一种贵族，乃中外所同然。

① 徐复观：《在非常变局下中国知识分子的悲剧命运》，转引自徐复观等著、周阳山编：《知识分子与中国》，台北：时报文化出版企业有限公司 1980 年版，第 71 页。

② 徐复观：《在非常变局下中国知识分子的悲剧命运》，转引自徐复观等著、周阳山编：《知识分子与中国》，台北：时报文化出版企业有限公司 1980 年版，第 71 ~ 72 页。

③ 胡秋原：《古代中国文化与中国知识分子》，台北：学术出版社 1988 年第 5 版，第 8 页。

然数千年来，中国人从不认此为当然，从来将人民的地位看得很高，使寡头不无忌惮，使帝王权力有所限制，因而使生民仍得一定之保障，这首先应归功于中国知识分子之庄严努力。中国知识分子素来是平民的代表。不仅他们以此自任，且几乎成为不成文法，为知识分子地位而奋斗，即为平民地位而奋斗。中国知识分子不仅在思想上维护平民利益，而且是在道义上，在行为上，将其责任心、自尊心人格化的。这实在比思想更为重要。"① 胡先生尤为剀切地指陈，中国士人的奋斗使得中国的武力集团、贵族集团乃至帝王权力在中国政治文化上始终不能独霸天下，而中国知识分子代表的恰好是小民、平民的利益。因此，要讨论知识分子，不能不讨论他们与中国文化、中国政治的关系，这三者有不解之缘。中国传统文化、政治的特质乃在于此。

胡秋原先生在宏阔的历史大视野上讨论知识分子问题。他特别重视中国历史文化相对于西方与其他文明的不同特色，如连续性、有机性，维持五千年之久；中国文化的最大成就与奇迹，如统一性、融会性，融成东亚中国文化的大国家；中国文化极富于创造力、吸收力与包容力，本乎人情，合乎理性，发明了极聪明的文字，成为东亚的一种世界文等。

关于中国文化之基本精神，胡先生总结为以下七条：第一是自由平等的精神，无宗教思想之残杀，重平等，有世界最古之自由主义、民本主义，强调民贵君轻。第二是尊重劳动的精神，尊勤俭，鄙视不劳而获。第三是正义自尊与坚毅精神，以仁义为最高价值，崇尚君子人格与富贵不淫、贫贱不移、威武不屈的大丈夫精神，弘扬至大至刚的正气，舍我其谁的抱负，民胞吾与的理想，知其不可而为之的气概，自强不息，弘毅任重而道远，守正不阿，气节凛然，甚至杀身成仁，舍生取义。第四是现世与实务精神，悲天悯人，经国济世，兼重文事武备，明理致用，反对空谈高调。第五是博爱与和平的精神，反对以力服人。孔

---

① 胡秋原：《古代中国文化与中国知识分子》，台北：学术出版社1988年第5版，第9页。

子讲“远人不服，则修文德以来之”，倡仁爱，泛爱众，墨子讲兼爱非攻，孙中山讲“中国人有一极好道德，就是爱和平。中国人几千年爱和平，都是出于天性，论到个人，便重谦让；论到政治，便说不嗜杀人者能一之”。第六是不主张屈辱的和平，以自卫国家为大义，从不侵略他人，但对侵略者一定要予以严惩，民族之忠义英雄的奋斗，史不绝书，民族精神，赖以不坠。第七是中国文化独立创造的精神，中国古文明拔地倚天，汉语言文字自成系统，简单合理，是世界上最有优势的语言文字。① 关于中国文化的民本主义、勤劳尚俭、正义刚健、现世务实、仁爱和平、民族精神、独立创造七条特色，都与中国知识分子有关。

胡先生说：“就有我们绵绵流长之泽，泱泱大国之风。”“这奇迹的创造者非他，即中国知识分子。”② 这是从独具特色之中国文化的创造者的角度来谈的。

胡先生认为，孔子与儒家、墨子与墨家、老庄与道家，代表了中国知识分子儒、侠、隐三种样态。他肯定《礼记·儒行》中关于孔子与儒家本色与风骨的论述，指出孔子刚强，虎虎而有侠气，也有隐者精神。他说：“实在地，儒无侠则虚，侠无儒则盲。然真正的儒、侠、隐，固皆专制者所不喜的……儒、墨、道，与其说是三个学派，不如说儒、侠、隐是中国学者之‘三态’。而‘儒’也可说是其通称，虽然这三者还是可以分开来谈的。数千年来，中国知识分子以平民代表的资格，本忠恕立场、仁义原则，为生民请命；必要时，挺身而战；万一无法，退保方寸之安。但无论如何，不受货财暴利之淫屈，可杀而不可辱。这是中国知识分子之精神。”③ 他认为这种精神铸造了国格，保证

① 参见胡秋原：《哲学与思想：胡秋原选集第二卷》，台北：东大图书公司1994年版，第91～95页。

② 胡秋原：《古代中国文化与中国知识分子》，台北：学术出版社1988年第5版，第6～8页。

③ 胡秋原：《古代中国文化与中国知识分子》，台北：学术出版社1988年第5版，第11～12页。

了中华民族之生存与发展。没有这种气概，就没有中国。

胡先生肯定尊师重道的传统，由于我们尊重学问且学者能自尊，“所以才有我民族之文德，造成这大这久的国家。在这传统之下，即使是强盗，都不敢侵犯读书人……在中国，‘士农工商’，士居四民之首。但是‘渔樵耕读’，读的也是四业之基。尊重读书人不是保持读书人这一阶级的特殊地位，而是尊重真理与公道，亦是人道；而是尊重学问与知识；盖学问与知识也者，是最民主的，是人人可学而得的。在金钱与权势两大力量之前，提高学问之地位，不仅可以保持平民最后之尊严，亦是用以改革社会之武器。知识分子之可贵，在其代表平民”。① 中国古代知识分子是四民之一，是领导力量，是平民代表，也是钱权势力的对立面。

可见，胡秋原是从中国文化及其精神特质来定位中国知识分子及其性质、地位与作用的。在中国知识分子问题上，胡先生不仅与自由主义者殷海光等不同，也与当代新儒家学者有其异，他把中国文化的特色如人文性、现世性等，中国文化精神的优长，如民本主义、独创性等，都与中国知识分子直接挂上钩，当成一而二、二而一的事情。当然，由此我们也不妨提出异议，也就是说，按胡先生的看法，中国文化史约等于中国知识分子的历史，中国文化史的创造者似乎太单一了。我们认为，中国文化及其精神的形成之原因十分复杂，历史条件、主客观因素极多，创造者也很多，在一定意义上，还是全社会各阶层，包括士农工商四民等共同创造的。当然，中国知识分子的作用也是显著的。

二、秦汉政制与儒家知识人

前面我们说到，胡秋原指出，代表平民的古代知识分子之清流在与

① 胡秋原：《古代中国文化与中国知识分子》，台北：学术出版社1988年第5版，第13页。

武力集团、金元贵族与帝王权势的斗争、抗争中，引领社会文化的健康发展。同时，胡先生清醒地看到知识分子的内部畸变与外部压力。前者指贵族化或被权势吓倒，被金钱腐化，不自尊自重，没有廉耻，不再代表知识分子。胡先生对后者即专制主义政治的迫害则更为重视，并作了史论结合的分析。

中国历史上特别是秦以后，皇权与知识分子有合作有对抗，既合作又对抗，知识分子（主要是儒生）的境遇非常复杂，我们很难一言以蔽之地说儒生就是阿附权贵的，儒家就是专制皇权的工具等。

胡先生认为，第一个有系统地摧残知识分子的是秦始皇，此即焚书坑儒。宦官复作中国历史上对知识分子的第二次大摧残，此即党锢之祸。以后知识分子屡遭专制政府各种打击，至朱元璋及其子孙则对知识分子进行有组织地侮辱。清朝承元明之经验，采取诱胁兼施政策。

关于秦汉，胡先生说："皇朝与知识分子之合作与冲突，决定国家之兴亡，没有比秦汉四百年更为明显的。在皇帝制度之下，这合作原不愉快，更不稳定……我们已知，战国之末，知识分子集中于秦，促成秦并天下；始皇称帝后八年，对人民日益残虐，以至对知识分子焚坑，忘恩负义。但他并非完全不要知识分子。他要医药卜筮种树者；欲学法令以吏为师者——此可为县令，朝廷之书吏狱吏；此外，为他望气、求仙、作诗者。他要技术人才、娱乐人才，不要讲学问有思想的知识分子。有之，如他也有七十博士，不过放在身旁，聊备询问，免得捣乱而已。他以为他的思想统治政策是很成功了。其实这正是自掘坟墓。离开文化，他的政权日益暴力化，知识分子退到民间，从事反秦运动了。"①从暴秦败亡的教训可知，皇朝镇压民间力量之代表的知识分子，当然是自掘坟墓的行为。知识士人承载着理想社会的价值，代表了民众的现实与长远利益，追求社会和谐、久远发展，而专制王权的代表总是短视

① 胡秋原：《古代中国文化与中国知识分子》，台北：学术出版社 1988 年第 5 版，第 316 页。

的，急功近利的。

刘邦所谓“士大夫从吾游者，吾能尊显之”，这显然是为其政治与政权收买知识人。也许是陆贾的“马上得之，宁可马上治之乎？使秦并天下，行仁义，法先圣，陛下安得而有之”的提醒，他翌年下诏说“与天下之贤士大夫共安辑之”。他希望知识分子与他合作。胡先生又说，帝王最不信任的是儒生，何进要诛宦官，“何太后还说‘……汉家故事，不可废也。我奈何楚楚与士人对共事乎’(《何进传》)？可见皇家哲学是宁赠宦官，而不可与读书人共事的”。① 胡先生对这条史料的评论可谓一针见血。

在一定的意义上，皇权与知识分子儒生的关系常常出现拉锯战，知识分子儒生代表老百姓的诉求，反映人民心声，伸张人民权益。胡先生举汉初知识分子的奋力抗争，指出刘邦集团并不尊重知识分子，唯懔于秦亡教训，多少能接受忠告，这才使其政权渐次安定，而知识分子的势力也逐渐壮大，终有儒家之勃起。胡先生肯之陆贾、贾谊、贾山的批判与指导，指出贾山力图恢复古代言论自由政治公议之制。《汉书·贾山传》载：“古者，圣王之制，史在前书过失，工诵箴谏，瞽诵诗谏，公卿比谏，士传言谏，庶人谤于道，商旅议于市，然后君得闻其过失而改之，所以永有天下也。尊三老于太学，举贤以自辅弼，求修正之士使直谏之。秦政力并万国，地夺于刘氏者，秦王贪狼暴虐，残贼天下，穷困万民，以适其欲也。退诽谤之人，杀直谏之士，是以道谀偷合苟容……天下已溃，莫之告也。”“愿定明堂，造太学，修先王之道。”胡先生引用以上材料后指出：“汉人所谓明堂太学，确有将此一古制，变为一种议会政治的意思。”②

汉代刘邦及以后，皇室“不断下诏求贤，广谏诤之路，除挟书之

① 胡秋原：《古代中国文化与中国知识分子》，台北：学术出版社1988年第5版，第316页。

② 胡秋原：《古代中国文化与中国知识分子》，台北：学术出版社1988年第5版，第320页。

禁，去诽谤之法，开献书之路，政治渐趋温和。这是知识分子致鼓吹的结果，而这亦有利于文化之流传和儒家势力之扩大……文景之际，儒生已以一新兴势力，在各方面抬头，并成为一种道义的精神的力量……景武之际，新贵族业已没落，他们必须依赖知识分子来出主意和撑场面了。事实上，当时新知识分子——儒家已经在精神上征服中国。儒家潜势力已经布满社会。其时儒学大师是申公，弟子千余人。儒家学说，亦已普及社会。原来研究法术的晁错，也研究书经，狱吏之公孙弘，佣工之兒宽，都研究'经学'。由此可知，汉代之儒是由在野崛起的，而且声势日益浩大了。知识分子不仅有知识而且是一现实的势力。这便是内外问题日趋紧迫的汉廷，不能不以国家'养士'的方式，寻求知识分子合作的主要背景"。①

胡先生指出，由于汉政与秦政的不同，知识人与皇朝合作有其基础，但在关于国内政治制度的问题上仍有分歧。卫绾奏举贤良，请罢申商韩非、苏秦张仪之言，赵绾、王臧欲迎申公定明堂封禅之制，是儒学运动的第一步。第二步是董仲舒的天人三策。立学校之官，州郡举茂才孝廉，皆自董氏发之。"董氏所谓更化，是儒者数十年来改制运动之继续。三篇文章，除时代之限制（如阴阳说）外，较之贾生，更庄严而具体。他所主张和实现只是一种平民和知识分子之参政权。儒家最高理想是公天下和明堂议政。这不免打了折扣。但毕竟是一划时代的成就。"② 在胡先生看来，元朔年间孝廉选举成为定制，公孙弘建议置博士弟子，中央与地方皆可推荐，补文学掌故缺，高第为郎中。自此以后，风气大变。胡先生认为，崇儒实为知识人参政运动，建构文明制度的实践，这不是武帝、董氏个别人的行为，是儒者长时期（至少80年）奋斗的成绩，风会之使然。"政府需要儒生之合作，儒生亦降低其

① 胡秋原：《古代中国文化与中国知识分子》，台北：学术出版社1988年第5版，第321～322页。

② 胡秋原：《古代中国文化与中国知识分子》，台北：学术出版社1988年第5版，第323页。

要求‘参政’。这虽然打了折扣，也是政治民主化的初步。惜乎自此以后，没有更进一步成功而已。”① 也就是说，汉代政治优于秦政，是几代儒生知识人努力的结果，汉代政治制度建构的文明化过程来之不易，虽尚未达到最高理想，但已经有了相当的成果。如果我们从文明比较史的立场来看，在世界政治制度史上，汉制比同时甚至数百年之后的西洋、印度的政制都要文明得多。

胡秋原先生似乎不同意钱穆先生有关汉代是中国第一个“士人政府”的说法，指出当时知识分子的任用，必先经过吏的阶段，到郎的阶段，然后为皇帝所任用。如公孙弘之类，是极少数的人。他说：“苏轼论历代知识分子出身的一段话，倒是不错的。他说：‘三代以上出于学，战国至秦出于客，汉以后出于郡县吏，魏晋以来出于九品中正，隋唐至今出于科举。虽不尽然，取其多者论之。’虽然如此，其毕竟开出了一条知识分子参政之道路，因而有平民提高及表现其才能志愿的机会。同时，尤使两汉地方政治，颇多人才；此实汉政之最胜处。”② 当然这种格局因被外戚宦官的把持与争斗而破坏，而汉朝也就趋于瓦解了。

关于中西政治文化的传统不同，胡秋原先生认为，其乃定型于两汉与罗马帝国。中国所以为中国，汉儒对礼与法的解决，实有决定的影响。罗马族类复杂，阶级制度很严，其领土扩大很多，方法靠武力征服，目的则在于经济特权。“罗马之扩张，是由许多武人带兵各自去开疆扩土的，他们照例各自随意在殖民地征税，即以其财富武力，回国争权……逐渐形成军人干政乃至专政之局……罗马‘将军政府’及其法律，实在比秦还坏，亦终不免于灭亡……武力征服在中国历史上素不占

① 胡秋原：《古代中国文化与中国知识分子》，台北：学术出版社1988年第5版，第323页。

② 胡秋原：《古代中国文化与中国知识分子》，台北：学术出版社1988年第5版，第324页。

重要地位。除乱世以外，军人干政之局是很少的。”①

胡先生说，汉初政府大体无为，没有大的问题。武宣帝时，研究仪礼的后苍曾有“推士礼而致于天子”之说。“明堂和推致之说，都有民主意义。前者是议而后治，后者视天子亦士耳。”② 汉式政治是以皇帝意志为政、神意为政、民意为政三种政治的折中。儒家对礼乐的鼓吹，《周礼》的研究，虽未成功，“然而汉儒做到了几件事情：（一）遏制了秦式刑法政治；（二）建立了汉代平民参政政治，相对地限制了皇权，亦即维护了民权；（三）秦代以来杂祀并兴，汉初方士参加制礼，益使人神杂糅；自西汉之末至东汉大为整饬，使祭祀合理化；（四）不断批评秦法，使刑法人道化；（五）儒家伦理观念普及；（六）郑玄等以礼并法，自此有‘礼法’之称，并开后来制度之学（唐人仿周礼定六典，至明清六部犹仿《周官》）；自庄子至两汉，《春秋》为经世之书，此后礼学成了经世之学大宗了（如曾国藩所云）；（七）随家族制度之巩固，士礼复兴，至六朝大盛”。③

胡秋原的以上讨论可谓与徐复观相呼应。

徐复观认为，知识分子与政治的关系，唐宋以前与以后有很大的区别。以汉代为例，前汉从贤良方面得的人才比较多，后汉从孝廉方面得的人才比较多。其中透露出来的历史意义是：士人的仕途，不是出于士人对政治的趋附，可以养士人的廉耻；士人的科别行能，出于乡曲的清议，是社会与政府共人事进退之权，这无异于政府把人事权公之于社会，不仅使士人不能脱离社会，而且含有民主的意义，调剂了大一统的专制气氛；士人要取得乡曲的称誉，必须砥砺品节，士人砥砺品节，又

① 胡秋原：《古代中国文化与中国知识分子》，台北：学术出版社 1988 年第 5 版，第 459 页。

② 胡秋原：《古代中国文化与中国知识分子》，台北：学术出版社 1988 年第 5 版，第 462 页。

③ 胡秋原：《古代中国文化与中国知识分子》，台北：学术出版社 1988 年第 5 版，第 463 ~ 464 页。

可激励乡曲。“所以中国文化的精神，不仅通过辟举的标准而使其在士人身上生根，并且可由此而下被于社会，深入于社会……而乡下儒生，一旦举荐登朝，即可慷慨与朝贵辩论国家大政……所以‘直言极谏’，便始终成为两汉取士的另一重要科目……这不仅在政治上可以通天下之情，而且也可以把皇帝的地位向社会抑平，以伸张士人的气概。因此，汉代的选举制度虽有流弊，但其所表现的基本精神，则确是趋向真正民主的这一条路上。大体说，这是中国知识分子和政治关系最为合理的时代，也是中国文化成就最大的时代。”①

从以上有关秦汉史，特别是汉代政法制度史的讨论中，我们可知胡秋原是从汉室朝野总结秦亡教训，士人代表民意参与政治，改善政治，与皇室共治天下的政治制度、教育与文官制度的建构上考察知识分子的问题的。中国政治制度文明的传统，是儒家知识人积极建设的，其中皇权、地方权势与知识人的张力是明显的。如果我们拿徐复观的《两汉思想史》与胡秋原的有关秦汉政制的研究相比较，我们不难发现，两位都有深厚的庶民情结，两位都重视汉代社会政治结构的探讨，两人都对钱穆《国史大纲》中有关汉代制度的论述有不同的看法。两人都浓墨重彩地描述了汉代知识人与朝廷的抗争及其拉锯战，肯定了汉代人文知识分子以价值理念针对、突破现实政治，指导、提升社会政治的作用，阐释了儒家政治理念的价值和儒家政治思想不同于、高于法家政治思想的缘由。徐先生说：“以民为本，以民为命，以民为功，以民为力，一切过失，都由君与吏负责，决不能诿之于民。”② 两位先生特别肯定“政治以人民为主”的观点，又善于发掘传统政治思想的资源。相比较而言，胡先生的讨论更为平实，而徐先生的讨论不免带有意气，

① 徐复观：《中国知识分子的历史性格及其历史的命运》，转引自徐复观等著、周阳山编：《知识分子与中国》，台北：时报文化出版企业有限公司 1980 年版，第 207~208 页。

② 徐复观：《两汉思想史》，第二卷，上海：华东师范大学出版社 2001 年版，第 85 页。

如“一人专制者的心理”、“知识分子的压力感”等，过于把个人与蒋介石分道扬镳之后的生活感受投入到学术论述之中了。

三、中国政治文化与知识分子

上一节即是在讨论中国政治文化与知识分子的问题，不过集中在秦汉转换与汉代政制的建构上。本节则泛论中国政治文化与知识分子，尤其涉及儒家政治的基本观念及其与开明专制问题、治乱循环与知识分子的仕隐循环的问题与近代政治架构问题等。

自清末以来，所谓儒家的专制主义常为人们所诟病，以几度（五四与“文革”等）“打倒孔家店”为最盛。实际上，正是儒家知识分子以其道义担当抗议威权，着力于消解君主的政治主体性，从而缓和了专制的程度，形成开明专制；护持住中国的历史进程和文化慧命于不绝，造成中国传统政治的治乱循环。按照胡秋原的分析，世界各国，在政治上，除狩猎群和部落以外，大体经过这样的过程：（一）地方的封建国家；（二）统一的专制国家；（三）统一的民主国家。① 由先秦的封建制到秦汉的大一统，无疑具有历史进步意义。然而，伴随统一而来的是专制，中外历史上的各种专制政权，最终都不免腐化堕落，趋于贪鄙专横，甚至到残忍疯狂的程度。但是，比起世界上其他专制时代的情形，中国的情况要好得多。许多专制国家崩溃后，历史和文化中断，但是在中国，虽然有时政脉断绝于上，而教脉仍然延续天下，中国的历史、文化依然绵绵不绝。而且，中国的政治由治而乱后，还能由乱而治。尽管过去中国没有走到民主政制，而是陷于一治一乱循环历史，但是，使专制制度温和，并使中国存亡续绝的，不是圣祖仁宗，毋宁说是儒家思想和儒家知识分子的力量。在这个意义上，儒学对专制加以驯化，形成所

① 参见胡秋原：《古代中国文化与中国知识分子》，台北：学术出版社 1988 年第 5 版，第 259 页。

谓“开明专制”，但也给专制以较长久的生命。① 儒家的成就与限制均在于此，它们保持了国家的统一，缓和了专制的程度，限制了专制，开化了专制；但是民本和开明专制毕竟不是民主，它们并不能从制度上防止专制的不开明，以及儒家知识分子自身的腐败和堕落。

正如从字源学上可以将“儒”解为“柔”一样，儒家对专制皇权的限制，本身也是柔性的，不具有近代西方宪政制度那样的制度性和强制性。但“正是儒家知识分子的这些努力，减轻了暴君污吏毒素的作用，不至于让皇权无限伸张，而且维系了中国文化慧命的延续。只有在中国，知识分子与历史的治乱兴衰才有如此紧密的联系；也因此，只有在中国才有一部完整的知识分子史”。②

胡秋原说：“自古以来中国无阶级之制，知识分子素来主张人格平等。没有任何一群人有特权，故亦无任何一人有特权。所以皇帝也还是一夫。第二，自古以来，即有民为邦本之论，无为而治之论，民贵君轻之论，暴君可诛之论。第三，即夏禹定传子之制，由于让国逃国的传说和禅让的理论，并没有人认为家天下是当然的。天下非一人之天下，得人心者昌，有德者居之，为战国以来之公论。又自《易经》有革命之说，秦汉之际，有两种学说：一是邹衍五德说，证明天下无不散之王朝。假如革命二字照其原始意义用，邹衍之说，确是一‘革命学说’。二是自孔孟提倡周道，文王周公成为理想的天子与丞相。汉人将二者结合起来，发挥天意即在民心，王道本乎人情，灾异即天之警告的学说。因此奉劝帝王，只有照三代模范，尤其是向做了八百年皇帝的周家‘学习’，以得天祐，多保持几天天下。而王道之条目，都在圣人书中，前代史中。如若违抗，一意孤行，则天怒人怨，秦朝便是现实例子。秦

① 胡秋原：《古代中国文化与中国知识分子》，台北：学术出版社 1988 年第 5 版，第 249 页。

② 谢远笋：《传统政治结构中的儒家知识分子》，《武汉大学学报（人文科学版）》2009 年第 6 期，第 708 页。

汉革命，只证明‘王侯无种’，证明儒家所说，确是真理。”① 胡先生总结儒家的这些观念一直是中国政治文化的核心观念，并在实际上制约着历朝之皇权，指引着民间社会的政治实践。

我们知道，儒家知识分子“格君心之非”，虽有君相制等客观制度的建构，但主要还是诉诸道德修养。然而，儒家士大夫群体中的一些人并没有坚守住儒家的核心价值。秦汉以来的中国历史表现为皇朝和儒生两种势力的协调和冲突的循环。胡秋原将其作了这样的概括：“一、凡政权（君主）与儒生（知识分子）合作时代，一定是国家与兴盛安定的时代。二、政权与儒生矛盾的时代，一定是国家衰落的时代。三、凡读书人对现实绝望的时代，一定是国家乱亡的时代。四、但读书人在野之教化事业，常为国家复兴的源泉。”② 历史地看，秦国是一个统一的专制国家，续之而来的汉朝，之所以并没有进而成为一个民主制度的国家，是因为秦汉时代根本就不具备走向民主制的历史情势和地理环境。与古希腊城邦小国不同，中国是范围很大的陆地国，人口众多，技术上无法实行民主政治。而且，在大一统的政治形势下，“自由都市”无法产生。中国历代以来，工商业虽然有所发展，但是还不能够在国土广大的中国产生决定性的变化。中国的民主制度，只有等到近代机械工业发展之后才会产生。

只有在中国，知识分子与历史的治乱兴衰才有如此紧密的联系；也因此，胡秋原提出了资本、劳力、知识三权并重的民主政治构想。

胡秋原说：“西方的民主政治首先是以保护资本权利为主，其后，工人阶级起而争劳动权利。而中国人一向尊重的知识权，反而不受重视。其实随技术及经营之进步，知识之重要愈增。将来之民主政治，正

① 胡秋原：《古代中国文化与中国知识分子》，台北：学术出版社 1988 年第 5 版，第 472 页。

② 胡秋原：《古代中国文化与中国知识分子》，台北：学术出版社 1988 年第 5 版，第 251 页。

需要提高知识来平衡劳资两权，形成三权之政制。”①

知识分子走不出仕隐循环的宿命，这正如中国历史陷于治乱循环一样。知识分子要走出这种循环，要么在政治上自己做主，要么彻底脱离现实政治，深入民间。但是，历史上大多数知识分子只想寻求一个明君贤主，认同以皇帝为主体的意识形态，即“客气”；要是想深入民间，他们又轻视生产，即“洁癖”，没有经济独立性，必然要依赖政权而生活。仕隐的尴尬与根深蒂固的“客气”与“洁癖”，相互影响，而造成了他们“感伤”、“狂狷”、“玩世”的“书生气”，而且又很容易走到“欲盖弥彰之作伪，与寡廉鲜耻之躁进”② 的另一种极端。要走出这种怪圈，需要民主法制的确立。民主法制理论的构建和最终在社会的确立，知识分子在社会进步上，自然较其他人有重要的作用，这早已为人类的历史所证明。正如徐复观先生所言：“他们的性格，一直到现在，依然可以决定中国历史的命运；因为决定命运的政治与文化还是在这帮人手里。于是他们的命运，也几乎就是中国历史的命运。”③

知识分子是文化创造的担当者，知识的传授者，道义的维持者，他们传递文化火种，推动社会进步，主持社会正义。胡秋原说：“过去研究中国历史者，常多注意政治，而政治又多注意帝王。其实一国国力背景在文化，而文化者代表者，则为知识分子。中国民族之有今日，是全民族之血汗与聪明才智之缔造。在此过程中，帝王是消费者，而知识分子是培植者。假如世间所谓名胜，离开古迹，不过一堆山水；则一部中国史离开文化与知识分子，不仅为不可解之谜，而甚至不过是一部粗人

① 胡秋原：《一百三十年来中国思想史纲》，台北：学术出版社1983年第5版，第213、214页。

② 胡秋原：《古代中国文化与中国知识分子》，台北：学术出版社1988年第5版，第279页。

③ 徐复观：《学术与政治之间》，台北：学生书局1985年版，第177页。

胡闹的历史而已。"① 胡先生把知识分子视为历史的创造者与历史文化精神的承载者。

如果拿余英时《朱熹的历史世界：宋代士大夫政治文化研究》一书与胡秋原有关中国政治文化与知识人关系的讨论相比较，我们认为，虽然胡先生重视了制度建构，但主要阐发的仍然是古代儒生的精神意志及其参与、批判之行为，而余先生则以历史学家的细腻，讨论了君相制、三省六部制、谏议制等制度，皇帝批文所遇大臣、给舍反复批驳、讨论的运作程序及过程，强调朱子等儒士以"制度的语言"而不是"理想的语言"实际造成的宋代皇帝与士大夫"同治天下"的格局。② 这是思想家与史学家的不同，我们当然不能苛求胡先生。余先生等的工作，实际上为胡先生的某些论断作了论证。

四、现代中国知识分子与三大尊严

胡先生对近现代文化思想史有精到的研究，尤对面临深刻的中国文化危机、西方文化危机与政治变局中的知识分子的处境有深切的体验。他认为："在失去个人的民族的主体立场之后，中国的许多洋务家或新文化的知识分子不仅不能正当地为学、立国，而且在外国压力之下，中国社会解体之中，外国主义纷（分）歧之中，不免自我外离，成为种种崇洋媚外之人，而日益不成其为中国人，亦即失去为人之道了。洋人侮辱、损害中国人不足怪，可怪者是中国人自己再损害和侮辱自己。"③ 这就道出了近代中国的危机，在一定意义上是中国知

① 胡秋原：《古代中国文化与中国知识分子》，自序，台北：学术出版社1988年第5版，第52、53页。

② 参见余英时：《朱熹的历史世界：宋代士大夫政治文化研究》，上，北京：三联书店2004年版，第233~234页。

③ 胡秋原：《文化复兴与超越前进论》，下，台北：学术出版社1980年版，第1140页。

识人信仰的危机。

“五四时代中国知识界在学问上无力解决中西文化二重危机是由西化到俄化之关键。”① 五四新文化运动主潮，以为“孔子以来全部旧文化不适于现代生活，中国之失败，由于过去船炮、政治之西化不彻底，必须在全部文化上西化，才是中国的出路。这是中国文化危机意识之最高潮”。②

政治上文化上西化、俄化等外化之过程与结果是知识人与民众的中国文化自信、自尊的坍塌。胡先生说：“要一个社会堕落，首先即是摧残社会知识分子之自尊心。要一个国家灭亡，首先征服一个国家的知识分子及其文化。一国知识分子志气之萎顿，因而才智之消磨，这国家才是容易宰制的。失去自尊心自信心，即所谓自暴自弃之徒，即是精神不健全的状态。”③ 一个人、一个文化、一个民族，不尊重、信任自己，当然也不会真正尊重、信任他人。崇洋媚外，全盘外化，糟蹋固有文化精神造成了严重的后果。

胡秋原先生讲，距今七八十年前，“知识界多只有道听途说之知识，执政者忙于临时‘因应’之技能，加以既得权利之保持为优先，不暇考虑全体国民之利害与国家民族之将来”。④ 胡先生批评当年教育界、学术界的堕落，特别是政治腐化、官场黑暗引起国民精神的堕落，互相腐蚀，社会上布满小利，虚荣、阴私、柔佞、苟且、麻木、轻浮、欺诈、腐化、无志气、无节操等，鞭辟入里。⑤

---

① 胡秋原：《文化复兴与超越前进论》，上，台北：学术出版社1980年版，第18页。

② 胡秋原：《文化复兴与超越前进论》，上，台北：学术出版社1980年版，第1页。

③ 胡秋原：《古代中国文化与中国知识分子》，台北：学术出版社1988年第5版，第17页。

④ 胡秋原：《文化复兴与超越前进论》，上，台北：学术出版社1980年版，第14页。

⑤ 参见胡秋原：《文化复兴与超越前进论》，上，台北：学术出版社1980年版，第44~46页。

与胡秋原一样，徐复观批评国民党政府在抗战胜利之后拒绝改革，引起知识分子的愤恨与绝望。“国民党面对有异见的知识分子，已完全失掉了涵容与讨论的精神力量。” “因为在统治阶层占得太久了的人，决不相信从每一个人内心所发的精神状态，及不能完全用语言表达出来的民心，会有推动乃至改变社会的巨大力量，更不能了解只有先服从社会大众的意见，才能领导社会大众。尤其重要的，是以不合理的手段，取得了特权利益的人，每一改革，都与他的特权发生冲突。他们宁愿只保持今天的特权，决不想到明天的死活。”① 这是徐复观有切身体验的总结。

胡先生说：“世间断没有一个不尊重自己人格，而能爱自己的民族国家，能爱人类爱真理的。”② 孟子就曾说过：“吾未闻枉己而正人者也，况辱己以正天下者乎?”（《孟子·万章上》）在自己遭受侮辱时，怎么能匡正别人、匡正天下呢?

胡先生指出：“一个国家的生命，在其文化学术，而一个国家的生命力，在其知识分子，在其知识分子之责任心与自尊心，唯其有责任心与自尊心，也才有创造力。所以，一个国家要生存和进步，首先是这个国家能尊重学问，而这社会知识分子能有自尊心。”③ 知识分子的自尊是社会进步的指示器，这包含两方面，一是社会与政治制度的保障，二是知识分子自己的抗争、维护。

胡先生说：“如果知识分子自己不尊重学问，自己不将自己当人，那就不仅亡国，而且要‘亡天下’（顾亭林语）了。当知识分子违背了中国文化与知识分子的传统，忘记了责任心与自尊心而自贱自辱之

① 徐复观：《在非常变局下中国知识分子的悲剧命运》，转引自徐复观等著、周阳山编：《知识分子与中国》，台北：时报文化出版企业有限公司 1980 年版，第 82 ~ 83 页。

② 胡秋原：《古代中国文化与中国知识分子》，台北：学术出版社 1988 年第 5 版，第 16 页。

③ 胡秋原：《古代中国文化与中国知识分子》，台北：学术出版社 1988 年第 5 版，第 12 页。

时，那就是国家之神经崩溃与心脏衰弱。此时即将有虚伪充道德，八股代学问，而阿谀说谎即文章……此即价值标准开始颠倒的时代；亦即将为公然的恐怖，公然的无耻，公然的价值毁灭开路的前夕。什么时候违背好学自尊的传统，什么时候是国家之乱亡。”① 胡先生经常指出价值标准的颠倒，尤其指出这是由掌执权力的政府与知识人两面的交织构成的。

胡先生说：“整个中国文化传统，即人文主义、理性主义、民主主义传统。在这一点上，中国文化与西方文化及一切人类最优秀的创造，是方向完全相同，内容完全相通的……我们讲‘仁’讲‘恕’，讲‘四勿’，讲‘和而不同’，讲‘良知’‘良能’，讲‘格物致知’，讲‘天理’，讲‘自然’，便是宽容与理性精神……中国历史上之知识分子（只要是一个像样的知识分子），纵使主张各有不同，但一贯的传统、一贯的趋势，是以强大的责任心自尊心自信心为生民为天下尽其心力，为平民，为知识及知识分子之尊严而奋斗的。我们的祖先最无阶级种族之成见。他们提倡博爱济众，视天下犹一人；推不忍人之心，张上天好生之德；抗残民之独夫，求生民之同乐；认‘民为邦本’，认‘天下者天下人之天下’，认‘四海之内皆兄弟也’。他们确信每一个人之人格尊严，说‘尧舜与人同’，‘我虽不识一字，亦须堂堂做人’。他们反对独断与迷信，相信‘道并行而不相悖’，相信‘孔子门前亦须讨个是非’。我们祖先尤其尊重道义，藐视强权与暴力；不义之富贵看得一钱不值，然而义之所在，生死以之。我们决不欺凌弱小，但一定抵抗强暴，决不做外国的奴才。这正是中国文化之血脉与心传。而每一个受中国文化熏陶者，应该以承继先贤志业自任。”② 这里讲的是知识分子尊严与以德抗位传统是中国文化的血脉之所在。

---

① 胡秋原：《古代中国文化与中国知识分子》，台北：学术出版社 1988 年第 5 版，第 13 页。

② 胡秋原：《古代中国文化与中国知识分子》，台北：学术出版社 1988 年第 5 版，第 17～18 页。

在此基础上，胡秋原先生提出了三大尊严问题。他创办的《中华杂志》，把同人宗旨，简约为三大原则，并写有名文《人格尊严、民族尊严、学问尊严》。“三尊严”学说应是胡先生中国知识分子学说的必然结论。胡先生认为，这三者是立身治学、立国处世的原则之原则。

关于人格尊严，他指出：“人之所以为人，为万物之灵者，在其有精神活动，此精神活动之全体谓之人格。于是才有人之价值，人之尊严……人格之表现，不仅在于理性之辨别力，而且在于价值之追求——真善美之追求……人性无高下可说，而人格则有高下，那便是各人对于人格所修的程度之高下……人格之高下，基于爱心之广狭，抵抗困难的强弱，以及在精神的文化的创造活动中辛劳之多少。博爱、坚强和辛苦，即是人格之尊严。人格之不死，即人类精神创造的文化价值之永在。精神的价值并不否定物质的价值，没有基本的物质的条件，人类不能发展其才性，甚至被迫堕落到动物式之生存，此所谓‘衣食足而后知礼义’。人类社会也不可缺乏权力与金钱。然如果权势金钱用于独裁，用于侵略，用于垄断和欺诈，那人便变成一种吃人的动物，寄生的动物……遇着吃人的行为，寄生的行为，漠然无动于衷，无论是甘心被吃，或者赞助吃人，那决不配说是‘好人’，那也只是放弃人格尊严，而成为一种懦怯的、狡猾的动物。”① 中国文化所倡导的价值理想，儒家强调的人禽之别，正是要使人真正地成为人。人有信念，有价值，这体现在人的操守上。

胡先生说：“人格在道德上的表现，是对同类的爱心，以及维护正义的坚强。中外一切道德教训，并不是只教我们作一规行矩步之好人而已的，而都是教我们维护人格尊严，并保护人格尊严，使人类向上而不是下坠的。在中国，《左传》之三不朽说，孔子所谓仁与义，所谓智仁勇，所谓‘见义不为无勇也’，‘士可杀，不可辱’，都是说的人格尊

① 胡秋原：《哲学与思想：胡秋原选集第二卷》，台北：东大图书公司 1994 年版，第 361 ~ 362 页。

严。孟子更在理论上发挥甚多。这便是他说的‘性善’论，‘是非之心人皆有之，羞恶之心人皆有之，恻隐之心人皆有之’。充分发展人格的，是尧舜。此所谓‘人皆可以为尧舜’。人格是庄严的，此所谓‘大丈夫’。此后发挥人格尊严之意的，是陆王学派，即所谓‘堂堂做人’，所谓‘致良知’，以及自尊无畏的精神。中国以圣人为理想人格之代表者，所谓学即是学为圣人，即是发展人格之意。历代圣贤所说的义利之辨，所谓‘不为圣贤便为禽兽’，都是要保护人格之尊严。”① 在三大尊严中，人格尊严是第一位的。

关于民族尊严，胡先生指出：“民族尊严是人格尊严之当然演绎。所谓民族与国家者，是一定人群由于自然关系（血统）并通过历史文化传统而形成的共同体。共同的语言、文字、风俗、习惯以及由此形成的文化，造成一个民族，而再经历史过程而逐渐凝固；而国家则是它的政治形式。民族与国家不仅是一定土地、生命、财产和政府，也是一种文化上的全体人格，也代表一种精神上的文化价值。民族尊严是一民族的精神价值，是一民族人格尊严之全体……一民族失去了独立精神，即国格之不具备……苟非变态，没有人不爱其民族与国家，或贱视其民族之语言文化，乃至以受他人统治为荣的。在中国民族发展过程中，我们曾经发展为很多民族与国家，但由于中国文字，以及儒家使用这种文字的典籍之普及，我们得以很早地将几个民族国家，融合为一大超民族的国家。这一超民族的国家之纽带，是以中国文化为中心的文化。由于中国文化一直在东亚处于优越的地位，以及国力处于一种无敌之形势，中国没有近世西方民族主义，但有一种与希腊人罗马人相同的民族尊严感。”② 胡秋原先生还专门写了《中国英雄传》这样的通俗读物，试图在民间振兴民族尊严感。

① 胡秋原：《哲学与思想：胡秋原选集第二卷》，台北：东大图书公司 1994 年版，第 362～363 页。

② 胡秋原：《哲学与思想：胡秋原选集第二卷》，台北：东大图书公司 1994 年版，第 365 页。

关于学问尊严，胡先生说：“然要支持人格尊严民族尊严以及人类之和平，必须确认学问之尊严。所谓学问尊严，不是所谓学问即权力，而是承认学问固有的精神价值超过一切权力与财富，对之抱最庄严的敬爱。孔子所谓‘好学近乎智’，苏格拉底所说‘我非智者，乃爱智者’，是一个意思。又孔子说‘朝闻道，夕死可也’，亦充分表示对学问的尊敬。学问当服务人生，然学问决不可作为求势求利之工具。”“尊爱学问必然尊师重道，尊重有学问的人，而学者亦必须自尊……学问和学者之尊严，决非世俗之势利所得而干犯。”① 学术尊严对现代知识分子又尤为重要，一方面是学者的自尊，另一方面则是政治法律结构、舆情、社会氛围如何保障知识分子的尊严。

胡秋原先生指出：“必须确认三大尊严，我们才能由内心发出一种诚意，一种信心，一种力量；至少使大家知耻，爱国，好学，才有基本的立国资格，才能复兴中国。然事实上，我们至今还在无视此三大尊严，并有人在公开地破坏此三大尊严。”② 三大尊严的内在基础是知识分子的知耻与诚意。

胡先生的这些教言颇为深刻而令人警醒。60 多年来，前 30 年以阶级斗争为纲，特别是在“文革”中，知识分子作为臭老九，作为政治斗争的对象，毫无尊严可言。而且民生问题、温饱问题不解决，亦无尊严可言。近 30 年来，生活条件逐步改善，落实知识分子政策，知识分子有了一定的尊严。但经济挂帅，知识分子自身存在一些问题，世风日下，唯利是图，特别是在权力、金钱拜物教面前，部分知识人良知与廉耻的丧失，已经到了无以复加的程度。今天的状况更加令人忧虑。

---

① 胡秋原：《哲学与思想：胡秋原选集第二卷》，台北：东大图书公司 1994 年版，第 367 页。

② 胡秋原：《哲学与思想：胡秋原选集第二卷》，台北：东大图书公司 1994 年版，第 372 页。

五、现代新儒家的知识分子观

胡秋原先生的知识分子观与现代新儒家的看法相当接近。实际上，胡先生有关中国文化的许多看法与现代新儒家都相当一致，引为同调，故我把胡先生也看作广义的现当代新儒家的一员。

在知识分子问题上，自由主义者与现代新儒家既有联系又有区别。

蒋廷黻先生于1947年曾说："如果知识分子能保存士大夫传统的气节，我们可能超度西洋近三百年的历史。"① 蒋廷黻倒很重视传统价值。

殷海光进而指出："做一个真正的知识分子是要付出代价的，有时得付出生命的代价……他只对他的思想和见解负责。他本不考虑一个时候流行的意见，当然更不考虑时尚的口头禅；不考虑别人对他的思想言论的好感情绪反应；必要时也不考虑他的思想言论所引起的结果是否对他有利……依这推论，凡属说话务求迎合流俗的读书人，凡属立言存心哗众取宠的读书人，凡属因不耐寂寞而不能抱持真理到底的读书人，充其量只是读读书的人，并非知识分子。"② 我很欣赏作为斗士的政治自由主义者，又一位湖北乡贤黄冈殷海光先生的这一论断。

殷海光与蒋廷黻一样，也重视传统价值系统对自由人格成长的重要性。他说："现在，许多知识分子蔑视过去的价值系统，并因而对一切价值系统存愤嫉的态度。他们自以为步入一个价值的真空地带，不受一切系统的羁绊……人实在是一种最奇怪的动物。当着他们不能勉力向道德境界升进时，就常会下降到受生物逻辑的作弄……生物文化驱策着知识分子追求虚荣和面子，不择手段地制造空虚的声威……剩下来的是藉

① 蒋廷黻：《漫谈知识分子的时代使命》，转引自徐复观等著、周阳山编：《知识分子与中国》，台北：时报文化出版企业有限公司1980年版，第56页。

② 殷海光：《知识分子的责任》，转引自徐复观等著、周阳山编：《知识分子与中国》，台北：时报文化出版企业有限公司1980年版，第122～123页。

挫折他人以弥补自己的挫折，藉锥痛他人来医治自己的创伤。”① 可见，蔑视传统的价值系统，自由主义者很可能虚无化，异化，没有道德力量，走向反面。

牟宗三先生在知识分子问题上，与自由主义者的政治主张也有共同的看法。他历数中国知识人的遭遇：秦始皇焚书坑儒，东汉末党锢之祸，魏晋时代名士几无一幸免，唐末朱温所谓清流浊流，元代儒生地位列在第九等、放在娼妓之下，清代的文字狱等，指出中国士人被杀被辱了两千多年。俗儒、陋儒、贱儒、纵横捭阖之士、气节之士、帮闲清客等类的知识分子，都不能够免掉被杀或被辱的命运。而“现在我们不但是参与政治，没有保障，就是不参与政治，退而守住自己的岗位，也仍然没有保障。这比以前两千年还坏……你想要进而参与政治有保障、有独立的身份，那就得有法律的程序；这样也可以退而不参与政治，守住自己的岗位，守住自己的本分去研究学术。如果你想把这两步能够保得住，也即是除了肯定民主政治，就具有宪法基础的民主政体来保障你参与政治那种独立的身份以外，你没有其他的办法。但是，倘若你想要参与政治而又反对民主政体，那就等于你反对你自己、否定你自己”。② 从这里，我们可知现当代新儒家的政治诉求与政治自由主义并无不同。

牟先生强调，必须肯定参与政治的独立性、教育的独立性、学术的独立性，这种肯定是一种理性的智慧，否则就会变成帮闲与清客。牟先生指出：“第一，我们要忠于自己所研究的学问，即是说要有研究学问的真诚。这个学问的真诚就是说不要曲学阿世，不要委曲自己所学的东西来阿世之所好……第二，不做清客，不做清客就是不帮闲……第三，你要时常体念你所受教育的机构的独立性……学校、教育机构和学术独立就是我们的背景，假定把这个背景的独立性加以抹杀，我们的生命也

① 殷海光：《知识分子的责任》，转引自徐复观等著、周阳山编：《知识分子与中国》，台北：时报文化出版企业有限公司 1980 年版，第 132～133 页。

② 牟宗三：《中国知识分子的命运》，转引自徐复观等著、周阳山编：《知识分子与中国》，台北：时报文化出版企业有限公司 1980 年版，第 63 页。

就没有了。"① 牟先生讲的政治、教育、学术的独立性，是前面胡先生讲的三大尊严的基础。

徐复观先生的反省，与胡秋原、牟宗三一样，不仅指向传统政治的正负面，也指向传统知识集团与个人的正负面。他指出："在长久的专制的历史大流中，中国稍有自觉的知识分子，在政治上还坚持三个比较低级的原则，不稍放松：一认为天下纵可私之于一家一姓，但实际治天下的官吏，还须以天下共同承认的'贤'与'不肖'的标准，公之于天下的知识分子。凡谨以言词、颜色取悦于皇帝一人，以取得政治地位……在伟大的史学家司马迁的《史记》中，特为其安设一《佞幸传》的位置。中国稍微自爱的知识分子，对于历史中此一系列之人，视其品格之卑污，还远在权奸盗窃之下。二认为政治的基本任务，乃在于'爱民'，而为了达到爱民的目的，人君的听言纳谏，乃其最基本的责任，是判断人君贤否之不可动的准绳。三认为他们希望朝廷的赏罚，能合于是非的标准；但决不曾以朝廷赏罚的自身，无条件地当作评判是非的标准；而努力树立、追求在政治地位以外的人生价值。西汉人尊孔子为'素王'，这即意味着当时的知识分子认定他们的'王'是一位布衣的孔子，而不是由叔孙通的朝仪所装扮出来的刘邦之流……韩愈《琴操》中的'天王明圣，臣罪当诛'的观念，不是中国知识分子心理正常的观念。有自觉的知识分子……决无人承认'官'的本身，乃至朝廷的赏罚，能代表人生的价值，更不会有人想把自己的权势变成自己的学问。"② 徐先生认为，离开以上三条低度原则的传统知识人不是正常的，因而提出了批评。

徐复观说："知识分子的性格，首先是关系于它所持载的文化的性

① 牟宗三：《中国知识分子的命运》，转引自徐复观等著，周阳山编：《知识分子与中国》，台北：时报文化出版企业有限公司1980年版，第68～69页。

② 徐复观：《在非常变局下中国知识分子的悲剧命运》，转引自徐复观等著、周阳山编：《知识分子与中国》，台北：时报文化出版企业有限公司1980年版，第72～74页。

格……中国文化所建立的道德性格，是‘内发’的，‘自本自根’而无待于外的道德。由孔子所说的‘为仁由己’，‘我欲仁，斯仁至矣’的这一精神，发展至宋明儒的言心言性，都是在每一人的自身发掘道德的根源，发掘每一人自身的神性，使人知道都可以外无所待地顶天立地地站起来。这完全是人格主义的人文宗教。所以人类的道德，只有在中国文化中才能生稳根，只有在中国文化中才能极其量。……因此，‘自天子以至于庶人，壹是皆以修身为本’，人各以其一身挑尽古往今来的担子，以养成涵盖万汇的伟大人格。”① 徐先生这里讲中国文化与中国知识分子的性格，也是从核心层上讨论中国文化的基本精神与中国知识分子的内在性是贯通的，唐君毅先生对这一方面也有很多论述。

徐先生认为中国知识人有两极的人格世界，以上是少数知识分子的世界，另一种是文化堕性的多数人的世界。“这种只能信自己而无法求信于他人，只好看自己而不能看他人的格局，若不向上升起而系向下坠落，便可一转而成为只知有己，不知有人的格局，恰合乎作为自然人的自私自利的自然愿望。”② 这是一般知识分子的纯自私自利的个人主义的世界。

徐复观批判宋代政治与宋儒，认为宋代士大夫与政治的关系成为“垂饵”与“人彀”的关系，汉时士人所能之，自宋以后皆不能。他批评科举考试，说宋虽比明宽，但任何文化一旦成为射禄的工具，其原有精神即扫地以尽。朱子批评朝廷与士皆有“盗贼”气（“今日上之人分明以盗贼遇士，士亦分明以盗贼自处”），徐复观说，这种上下以盗贼相遇之局，到明清而更酷。明清除八股外，更加强了奴化方法，士大夫在“盗贼”气外，复又加强了“奴才”气。在宋明时代，“有程朱陆王

① 徐复观：《中国知识分子的历史性格及其历史的命运》，转引自徐复观等著、周阳山编：《知识分子与中国》，台北：时报文化出版企业有限公司 1980 年版，第 202 ~ 203 页。

② 徐复观：《中国知识分子的历史性格及其历史的命运》，转引自徐复观等著、周阳山编：《知识分子与中国》，台北：时报文化出版企业有限公司 1980 年版，第 204 页。

这一辈人出来，指出程文之外，另有学问；科名之外，另有人生；朝廷之外，另有立脚地；何者是士人的真事业，何者是士人的真责任，如何才能真正算得一个人。这才是在强盗奴才的气氛中，真正的人的觉醒，知识分子的觉醒；这才是中国的真正文艺复兴”。“明末所以能产生顾亭林、黄梨洲、王船山、颜习斋这一批人物，以及这些人物的学问，何以或及身而绝，或一传之后，精神全变，都可在士人与科举制度下的政治关系上，得到真正的解说。顾黄们在文化的观点上，不尽相同；但对政治却有一个共同之点，即是伸张地方，社会，以培养民力，制衡朝廷；恢复读书人的人格与自尊心，以培养人才，制衡专制。于是他们谈封建之意，谈井田制度，谈选举，谈学校（他们心目中的学校，是主导政治而不受政治控制的学校），谈君道（天下为主，君为客），谈臣道（臣乃为天下，非为君），谈士大夫知耻崇实之道。他们要打掉皇帝是乃圣乃神的观念；他们要打掉只有朝廷而无地方的集权观念；他们要打掉人臣是莽走服役，为君设臣，以臣殉君的奴妾观念；他们要打掉以天子之是非为是非，皇帝包办天下之是非的专断观念。他们要对皇帝而凸显出天下，对朝廷而凸显出社会、地方，对科举功名而凸显出人格、学问。他们的精神是伟大的。他们所祈向的方向是正确的。”① 徐先生接上了顾、黄、王的传统。

徐复观说：“民主政治是政府少管事的无为政治。政府少管事，社会和人便可以不受干涉地多管事。中国过去的专制政治，其由中枢的权力点去控制社会的力量颇弱，且因德治仁政等观念，亦反对于社会的控制，这确与欧洲历史的王权专制，有其不同。但千余年中的科举制度，在形式上与精神上的控制士人，折磨士人，糟蹋士人，则可谓无微不至；科举下一般士人的品质，实在比农民差得多……首先要使士人从政治上得到解放，以完成士人性格上的彻底转变。这并不是说要知识分子

① 徐复观：《中国知识分子的历史性格及其历史的命运》，转引自徐复观等著、周阳山编：《知识分子与中国》，台北：时报文化出版企业有限公司1980年版，第214、215～216页。

脱离政治，而是说知识分子应立足于社会之上，立足于自己的知识之上，人格之上，以左右政治；而再不由政治权力来左右知识分子的人格和知识。”① 徐先生对科举制的负面的批判，甚为严苛。

余英时先生在《士与中国文化》等著作中，特注重从孔子开始的中国的“士”的传统，研究古代知识阶层的兴起与发展，道统与政统的关系，认定文化和思想的传承与创新自始至终都是士的中心任务，考察儒士承担的文化使命与精神理想如何影响社会，中西知识分子的不同等。他指出：由于中国的超越世界的“道”与现实世界的“人伦日用”之间是一种不即不离的关系，中国的超越世界没有走上西方型的外化之路；孔子代表的士有重“理性”的一面，不是静观冥想的哲学家，也负有宗教性的使命感，但又与承上帝旨意以救世的教主不同。他认为，以中国文化的价值系统而言，儒教始终居于主体的地位。中国的社会良心，必然要落在士阶层上。

余先生梳理了道统与政统、“道”与“势”的关系，指出，“道”源自礼乐传统，基本上是一个安排人间秩序的文化传统；中国古代知识分子一开始管的就是恺撒的事，后世“以天下为己任”、“天下兴亡，匹夫有责”的观点即源于此。他们不仅代表“道”，而且相信“道尊于势”。他说：“中国古代知识分子所恃的‘道’是人间的性格，他们所面临的问题是政治社会秩序的重建。这就使得他们既有别于以色列先知的直接诉诸普遍性、超越性的上帝，也不同于希腊哲人对自然秩序的探索。因此之故，中国知识分子一开始就和政治权威发生了面对面的关系……由于文化传统的不同，中国古代知识分子以道自重和抗礼帝王的意识确是发展得最普遍，也最强烈。……中国知识分子不但自始即面对

① 徐复观：《中国知识分子的历史性格及其历史的命运》，转引自徐复观等著，周阳山编：《知识分子与中国》，台北：时报文化出版企业有限公司 1980 年版，第 218 页。

着巨大的政治权势，而且还要直接过问凯（恺）撒的事。”① 正如余英时所说，“道”缺乏具体的形式，知识分子只有通过自爱、自重才能尊显其所代表的道。

与前述徐复观先生对宋代政治与宋儒的批判不同，余英时先生认为，关于士大夫与君王共治天下，宋代知识人尤为自觉。在《朱熹的历史世界：宋代士大夫政治文化研究》一书②中，余先生缜密地讨论了宋代士大夫的政治文化，认为宋代的士不但以文化主体自居，而且也发展了高度的政治主体的意识。理学家们以各种方式抑制君权，伸张士权，在君民、公私论上相似西方契约说。他从政治文化的角度系统而全面地检讨了道学（或理学）的起源、形成、演变及性质，将理学放回到它原有的历史脉络中重新加以认识。

杜维明先生在《孔子仁学中的道、学、政》一文中，强调“道”的核心是道德理性，立基于主体决断和存在思考等相反相成的两面，孔子的忧患意识始终表现在“行道”的过程中。而孔门之“学”的内涵是文化关切，由历史使命与礼乐教化交织而成，后世成为了学统。孔子仁学中的“政”，即是入世精神，此不能和政权的现实势力混为一谈，孔子根本不从权力和控制的立场论政。“孔子以道德理性和文化关切转化现实政权的入世精神，和秦汉以来依附王朝和御用儒者以三纲五常等伦理观念帮助统治集团控制人民思想的利禄之途是不相容的。然而，历代大儒，从董仲舒到王阳明，都有置身高远的人文理想，站在道德自觉和文化意识的层面抨击时政。他们的思想难免被利用、被曲解，但他们的政治抗议和孔子的入世精神则有一脉相传的痕迹。政权化的儒家和以人文理想转化政权的儒家，便成为传统中国政治文化中两条泾渭分明的

① 余英时：《士与中国文化》，上海：上海人民出版社1987年版，第107、119～121页。

② 余先生的这部著作于2004年由北京三联书店出版。

路线。”①

杜维明在《孟子：士的自觉》一文中，从主体意识、客观价值和天地精神三个维度来理解孟子思想中体现的“士的自觉”。“孔孟之道是把社会功效立基于德业，大人和大丈夫必然是君子，所以士、君子为孟子自许，并以此要求有志献身儒术的知识分子。他以‘尚志’突出了士、君子、大人和大丈夫的本质理由。孟子为知识分子的社会功能所作的辩解中，最深刻的哲理是民本思想：‘民为贵，社稷次之，君为轻’的贵民之说。士、君子、大人和大丈夫的客观价值（社会地位）在德而不在位，孟子以德抗位的批判精神在塑造中国知识分子的‘自我意识’上起了积极的作用。孟子所谓的君子，是以主体意识的道德、觉悟为准则的。这种觉悟所导源的意识，不仅是知性的认知，也是实践的体验，即是‘有物有则’的‘天生蒸民’本来具有的‘良知良能’。知识分子从天之所予、民之所好和先圣之道所成各种源头引发丰富的文化资源，才能充分凸显既有群体基础又有批判精神的自我意识。”② 这可以说是抓住了孔孟之道与孟子学的核心，而这正是中国知识分子的人格精神。离开了这种精神就不是中国的知识分子，这也是前述胡秋原与诸前辈的共同主张。

杜先生在《人文学科与公众知识分子》一文中，分析了韦伯的“科学之为召唤”与“政治之为召唤”等现代知识分子的范畴，这两种态度会导致紧张与冲突。他继而指出，自然科学家、社会科学家可能会选择担负起公众知识分子的角色。他分析了“人文学者”的概念，一种是职业化的学院人士，一种是深具人文关怀与信念的人。前者致力于人文学科自身的探求，后者是小部分人，倾向于成为公众知识分子。他重视人文学科对于积聚社会资本、提高文化竞争力以及培养公民的精神

① 杜维明著、郭齐勇等编：《杜维明文集》，第五卷，武汉：武汉出版社2002年版，第27页。

② 杜维明著、郭齐勇等编：《杜维明文集》，第五卷，武汉：武汉出版社2002年版，第28页。

价值观等方面的作用。人文学科的学习教育与反思性与自我意识的培养相关联，它的一个重要方面在于无功利的学术精神的培养，正是非功利精神的普遍意识使得“从属于各个领域的公众知识分子：学院的、大众传媒的、市民团体的、社会活动的、商业的以及政府部门的，能以一种超越职业化界限的方式相沟通，协商彼此的特殊利益，并且参与一种不间断的对话，从而在整个社会展开批评性的公共讨论”,① 尽管公众知识分子的人文关怀深具个人性。

他指出，在美国，自由撰稿人、专栏作家、社会批评家与政治评论家，倡导了公众讨论的特殊议题与对话方式。由环保主义者、女权主义者、消费者权益维护者、人权保护者以及宗教多元主义者所组织的社会活动，吸引普通公众的关注，并为知识分子的对话创造了各种形态的空间。市民团体，包括各种基金会、非营利机构及为少数人种、贫困阶层、下层社会所设立的慈善举措，体现了美国市民社会的活力，成为美国民主之良知的表达。“正是这些公共组织与机构，培育了公众知识分子的灵智，并为他们的声音提供了论坛。”② 杜先生在这里对现代公众知识分子在现代社会中的地位、性质与功能作了深刻的全面的讨论。

以上，我们讨论了胡秋原与一些现代思想家有关知识分子的定义，中国传统文化的特色及其与中国知识分子的关系，秦汉政制与儒家知识分子的关系，传统政治文化与历代中国知识分子之关系，开明专制问题，中国知识分子的精神，知识分子之应然等，检讨近现代特殊历史背景中的中国知识分子问题及人格、民族、学术三大尊严问题，进而研究了现代新儒家的知识分子观。

中国古代的士人、儒生、君子与古希腊到近现代的西方知识分子之间有深刻的一致性，甚至在政治参与、相对文明的制度设计与政治实践

① 杜维明著、郭齐勇等编：《杜维明文集》，第五卷，武汉：武汉出版社2002年版，第607页。

② 杜维明著、郭齐勇等编：《杜维明文集》，第五卷，武汉：武汉出版社2002年版，第605页。

方面，中国传统知识分子比西方知识分子有过之而无不及。他们是民间百姓的代表，他们的政治理念、制度设计、实践精神、道德勇气等方面的遗产，至今对我们建构以人民为主体的政治文明有很大的参考意义，是中国政治民主化的重要资源。西方知识分子为知识而知识，为真理而真理的追求值得我们中国知识分子效仿。

现当代新儒家有关知识分子的讨论，与自由主义者的讨论多有互补之意义。五四以来，在有关中国社会政治文化的理解，有关中国知识分子，特别是儒家的理解上，不少人有误会，有简单化、想当然、缺乏理性分析的倾向，胡秋原先生与现当代新儒家的讨论有拨乱反正、正本清源之功。

从胡秋原与现代新儒家的讨论中，我们知道，政治制度与知识分子的境遇之间，知识分子的状况与国民精神的状况之间，息息相关。胡先生的思考启发我们：中国传统政治文化有自身优长与特色，其中良性制度的建构来自传统士人的抗争、积极运作与设计；知识分子的精神代表了国家、民族的精神，中国传统知识分子有自己正道直行的精神与人格；今天，民主政治架构是唯一可以保障知识分子的地位与尊严的制度架构，有此才有政治、教育、学术的独立，言路的通畅，自由人格的伸张，才能促进知识分子在社会上全面发挥其积极作用；现当代知识分子对中国的发展自有其责，知识分子应当检讨自己的思想言行，成为真正的有骨气、有自尊、有品格的中国知识分子；在现代中国，应继承光大传统，在新的时代培养更多的公众知识分子，真正代表民意，参与、推动现代化的健康发展。

超越西化*

——论胡秋原的西方文化观及其意义

□ 胡治洪

黄陂胡秋原先生以治学、办报与参政为主调的一生，几乎纵贯整个20世纪，并且跨入21世纪初期。在漫长的一生中，胡先生亲历了中华民族灾难深重的岁月。深沉的民族意识和执着的爱国情怀，致使他将探求救国救民之道作为自己一以贯之的中心关切，① 由此得出的结论，就是他于抗战前夕形成并且终生秉持的“超越前进论”，即“超越传统派、西化派、俄化派而前进”。② 胡先生认为，近现代中国之所以内忧外患、灾难频仍，起因在于中国文化，尤其是科学技术方面，在明清之际开始落后于西方；中国的主流知识分子在国家迭遭西力打击的情况

---

* 本文为2008年度教育部人文社会科学重点研究基地重大项目“中国现代思想中的‘启蒙反思’论说”阶段性成果，项目批准号：08JJD720033。

① 胡先生青年时代曾服膺马克思主义，对欧美文化也颇为欣赏，至1930年代中期游历欧洲、苏联和美国之后，所见所闻与读书思考使他终于立定民族主义立场；而此前在他的心灵深处也埋藏着民族主义的根芽，1928年济南惨案发生后他撰写《日本侵略下之满蒙》一书以表示抗日态度，以及1931年“九·一八”事变后他毅然放弃公费留日学业，即为例证。参见胡秋原：《西方文化危机与二十世纪思潮·中下册前记》，台北：学术出版社1981年版，第5~6页；《胡秋原先生之学问思想及其意义》，《胡秋原先生70寿辰纪念文集》，台北：学术出版社1981年版，第321~322页。

② 胡秋原：《西方文化危机与二十世纪思潮·中下册前记》，台北：学术出版社1981年版，第24页。这一提法又作为胡先生一篇书信体文章的题目，见胡秋原：《文化复兴与超越前进论》，台北：学术出版社1980年版，第527页。胡先生有时还将这一提法表述为“超越传统主义、西化主义、俄化主义而前进”或“超越传统、西化、俄化而前进”。

下，认定固有文化已经无用，于是或追求西化，或效法苏俄，结果外患未绝，内斗不已；唯有“超越前进”，方为救国救民之正道。①

深究胡先生的“超越前进论”，其所谓“超越传统”，并非主张尽弃固有传统，而只是要对明清以降陷于固陋的传统予以返本开新，实质上，中国古圣先贤所确立的大中至正之道，恰恰是其“超越前进论”的根基，② 所以胡先生明言“我所说之‘超越’指精神独立或复归于中国，然后向前走中国人之路，克服落后”，③ 因此，在“超越传统”方面，胡先生更多地是为了显示立论的平允而一带而过，并无多少系统的阐发。而所谓“超越俄化”，在胡先生那里实在有太多基于政治倾向的偏至之论，虽然对某些事件的陈述不为无据，但评价与判断基本上难称客观，故理论意义不大。唯在“超越西化”方面，胡先生对作为西化派之思想资源的西方文化作了相当全面深入的论述，梳理了西方文化兴衰流变的脉络，揭示了其长短利弊之所在，这些思想成果，对于仍然处在中西文化相互摩荡过程中的当今中国，具有不容忽视的启迪意义。

---

① 胡秋原：《西方文化危机与二十世纪思潮·前记》，台北：学术出版社1981年版，第10页；《西方文化危机与二十世纪思潮·中下册前记》，台北：学术出版社1981年版，第3页。

② 胡先生关于中国文化至明清之际开始衰落的言论有很多，如《西方文化危机与二十世纪思潮·前记》，第10页；同书《中下册前记》，第29页；同书《历史哲学基本问题兼评东比之“历史研究”》，第1146页。他对中国圣贤传统的肯定以及对中国文化的信念也随处可见，如谓中国传统中“有极宝贵的东西，如人文主义之特别发达（非宗教、非阶级、亲亲、仁民），戒杀人、反侵略、爱和平；义利之辨，道统高于政统；蔑视不义之富贵及威权，尊重人民，且承认反抗暴君之权利。儒家的德治主义传到西方，促进启蒙运动，发展自由民主理论，有功于美法革命，是美法学界所承认的。对照今日西方文化中之拜金主义与苏俄‘古拉格群岛’文化，中国儒道释的思想中实有甚多优良观念可以发扬，足为未来人类文化之重要成分的”（同书《中下册前记》，第21页）；又谓“中国文化之大建筑虽然早已衰败，然在不断的风暴与苦痛之中，不但看见它的基础的花岗岩石安然不动，而且这建筑内面常发出闪闪精光。此亦见中国文化有其不可磨灭的价值，因而有其伟大的将来”（同书《近代西洋哲学之背景与概况》，第297页）。

③ 胡秋原：《西方文化危机与二十世纪思潮·自我割让与当代思想》，台北：学术出版社1981年版，第1100页。

一

作为在史学领域造诣甚深的学者，胡先生说："我觉得一部人类历史有如运动会，各国竞争，时有先后。"① "文化之性质相同，然各民族处境不同，历史不同，各有特色，时有高下，亦各有兴衰。"② "中西文化并无本质之异，只有一时进退之差。"③ 从前现代东西文化的总体比较来看，"事实上，近代西洋文化中的科学与人权观念，其对中古西洋人之陌生，尤有过于东方人。十六世纪以前，西洋人多相信东方是光明之来源。……欧洲原只是亚洲之半岛。古代希腊文明，近代欧洲文明之策源地，都是近东。从八世纪到十二世纪，回教阿拉伯世界文化超过同时代欧洲不知好远。近代欧洲人的数学，科学，哲学，大学制度，军事技术，乃至关于希腊文化的知识，首先得自阿拉伯人，仿效阿拉伯模型，由阿拉伯文翻译。……在十五世纪，土耳其人攻陷君士坦丁的大炮，为欧洲人所不曾梦见。正是这一事实，才逼出文艺复兴和哥伦布，开始近代欧洲之前进。直到十六世纪，土耳其人的海陆军，还是欧洲人敬畏的。而在苏莱曼大帝时代（一五二〇—一五六六），土耳其帝国有欧洲最文明政府，为今日欧洲史家所公认。近代欧洲文明两大发祥地的意大利与西班牙，也都是受回教文明遗产或其冲击最大的区域"。④ 具体到前现代的中西文化而言，"在古代，周秦、两汉文化足与希腊罗马

① 胡秋原：《西方文化危机与二十世纪思潮·中下册前记》，台北：学术出版社1981年版，第5页。

② 胡秋原：《西方文化危机与二十世纪思潮·中下册前记》，台北：学术出版社1981年版，第3页。

③ 胡秋原：《西方文化危机与二十世纪思潮·东西文化问题及科学与哲学问题》，台北：学术出版社1981年版，第286页。

④ 胡秋原：《西方文化危机与二十世纪思潮·近代西洋哲学之背景与概况》，台北：学术出版社1981年版，第289~290页。关于古代东方文化长期领先于西方文化的叙述，另见同书《历史哲学基本问题兼评东比之"历史研究"》，第1135~1136页。

并驾齐驱。在欧洲中古，一时有黑暗时代，而中国正是唐宋时代，当时中国文化，实世界最大光明，而阿拉伯人次之”。① 胡先生引述美国耶鲁大学史学教授甘乃第（Paul Kennedy）所著《巨强之兴亡》（*The Rise and Fall of the Great Powers*）中的观点来说明前现代中国之优越于西方：

> 在前近代时期，没有一国比中国更进步，更优越。在十五世纪，他有一亿三千万人口，而欧洲不过五千五百万。自十一世纪以来，他有肥沃而可灌溉的平原，以辉煌运河连贯起来。由有学问的儒家官僚所主持的统一政府，给中国人社会一种统一和精巧，使外国访客羡慕不置。诚然，那一种文明曾受到蒙古人蹂躏，但中国常能改变其征服者而不被征服者改变。而当明朝击败蒙古时，古老的秩序和学术依然如故。在受过教育尊敬“西方”科学的人看来，中国文明最显著的特色，就是他的技术的早熟。中国的都市，远比中世欧洲者为大。在十一世纪，中国北方的铁工业年产十二万五千吨，这是供给一百万军士使用的。中国人从事远洋贸易远在西方之前，他的海船，比西班牙的大。一四二〇年，明朝有一千三百五十条作战船只。十五世纪郑和率领几百条船由马六甲，过锡兰直达非洲。也要提到，中国海军在印度洋一带从不像欧洲人和葡萄牙人，从事劫掠和谋杀。可是一四三三年以后，中国人不再航海，并禁造海船。虽然中国有极好机会向海外发展，但中国却对世界掉头。这也许由于北方蒙古人的压力，更重要原因是儒家官僚的保守主义。他们不喜欢商业和私人资本，他们也不喜欢对外贸易，而技术也便衰败下来了。②

---

① 胡秋原：《西方文化危机与二十世纪思潮·历史哲学基本问题兼评东比之“历史研究”》，台北：学术出版社 1981 年版，第 1146 页。

② 胡秋原：《西方文化危机与二十世纪思潮·美国精神逆转中之社会学、政治学及其批评》，台北：学术出版社 1981 年版，第 1290～1291 页。

事实表明，在人类历史的“运动会”上，中国乃至东方曾经长期领先于西方。

当然，自17世纪开始，东西以及中西文化的优劣地位发生逆转，西方逐渐赶上并超过包括中国在内的东方；西方日益富强，而包括中国在内的东方则日益贫弱，这也是历史事实。“大体而言，在十六世纪末，东西文化是平衡的。然此后天平渐倾向西方了。中世末期以来，欧洲都市之发达，市民阶级之形成，民族国家之结成，在回教文明接触与冲击之下，自十五世纪以来，有一种新的意识，渐突破宗教的权威发展出来，此即所谓人文主义。人文主义在学术方面政教方面发展，产生文艺复兴和宗教改革，这两个运动与航海运动结合起来，促进了近代西方资本主义，以及哲学科学的新研究，终于使西方文明一步一步赶上和超过东方文明——首先是回教的土耳其人的文明。当西方人在海上战胜土耳其人后，他们也便在东亚出现了。”① 与整个东西文化的状况一样，在中西文化方面，“一直到十六世纪，就科学与技术以及工商业的经营方式与规模而论，东方，尤其是中国与当时西方最先进地区，还是平等的。这也可说是西方在十六世纪赶上了中国。但到十七世纪，西方人在学问上已经超过中国，亦即后来居上。这首先是在自然科学上超过；显然之标志，是中国过去没有可以在科学上与伽利略和牛顿比肩的人物。直到十八世纪，虽然法国启蒙派还称赞中国，但以乾隆时代中国文化与启蒙时代西方相比，毕竟是有逊色，而况，英国开始工业革命，美国开始独立，法国革命发生，拿破仑出来”。②

对于东西以及中西文化之优劣地位的逆转，胡先生具有切身感受。1934年春，他因受“福建事变”牵连而出境避风，经香港前往欧洲，沿途游历了印度、锡兰、埃及等文明古国，“在印度除了英人区域外，

① 胡秋原：《西方文化危机与二十世纪思潮·近代西洋哲学之背景与概况》，台北：学术出版社1981年版，第290页。

② 胡秋原：《西方文化危机与二十世纪思潮·美国精神逆转中之社会学、政治学及其批评》，台北：学术出版社1981年版，第1235～1236页。

本地市场是拥挤混乱的 bazar，农村一片荒凉。最使他吃惊的，是梁漱溟以佛教代表印度文明，现在除在博物馆外，看不到一点佛教遗迹。在锡兰，只有一个庙中还有一座佛像，而头发则作西装。他有诗道：‘法显魂来狮子国，莫惊佛首已西装。’那时埃及虽在名义上结束了英国的‘保护’，实际上还在英国统治之下……波塞港是一片混乱的洋场码头，而（其）曾为回教文明一大中心。设立大学早于巴黎二百年的开罗，虽有回教大寺和王宫点缀，一般的景象和人民的生活是破落不堪，对照的则是西人区域的大街和高楼大厦。……一过地中海，到了欧洲。他看了古罗马帝国遗迹，文艺复兴以来的欧洲文物。巴黎、柏林、伦敦的富丽堂皇，与东方的破落恰成鲜明对照。……而且，古代东方的或希腊的文物都成为现代西方国家的装饰品了。天下七奇之一的古巴比伦天空花园被德国人搬到柏林博物馆，希腊人的女神住在巴黎的卢浮宫……而敦煌卷子也为法国图书馆大英博物馆所有，中国第一幅名画，顾恺之的《女史箴图》也在英国。胡先生叹息：‘还我河山犹有日，祖先宝物少归时’”。① 但是，由身临其境的反差印象所获得的强烈刺激，并未致使胡先生震慑或惊羡于西方文化以致鄙薄并暴弃固有文化，相反，立志于探求民族复兴之道的胡先生，由此持续关注并深入研究东西以及中西文化的诸现象及其动因，② 从而一方面认识到东方以及中国文化的衰落乃是由于保守、僵化和停滞，以及近代西方的征服与掠夺；③ 另一方面

---

① 《胡秋原先生之学问思想及其意义》，《胡秋原先生 70 寿辰纪念文集》，第 323～325 页。胡先生本人对此也有简单陈述，参见《西方文化危机与二十世纪思潮·中下册前记》，第 5 页；同书《现象学之发展及其批评》，第 500 页。

② 胡先生说：“当一九三〇年左右西方思想危机发生时，也是我开始有系统地研究西方思想史之时，而这也是我一生心力之所在。”见《西方文化危机与二十世纪思潮·西方文化新动向与虚无主义及西方中心主义之克服》，台北：学术出版社 1981 年版，第 271 页。

③ 胡秋原：《西方文化危机与二十世纪思潮·历史哲学基本问题兼评东比之“历史研究”》，台北：学术出版社 1981 年版，第 1146 页；《西方文化危机与二十世纪思潮·最近西方哲学潮流》，台北：学术出版社 1981 年版，第 1422 页。

却也了解到西方文化在不过四百年发展繁荣的后期，已经发生深刻危机。①

二

西方文化近四百年的发展繁荣，自始就充斥着罪恶，“数百年间西方人在东方自诩‘白人负担’，‘传播文明’。其实他们文化的迅速发展，正由于以东方为牺牲；而他们文明之内容固不尽‘文明’（势利主义），而‘传播文明’的方法，更决不‘文明’。此即贪婪、欺诈、贩奴、灭人之国，而且用科学武器灭人之种——如西班牙荷兰之屠杀菲律宾与爪哇华人；如俄罗斯在西伯利亚屠杀土人，而英法比德在印度洋和非洲都实行过灭种政策（extinction policy，genocide）。……在如此获得的财富基础上，他们在国内夸奇竞富，作声色狗（犬）马之玩好，在‘不夜之城’中作酒食男女之争逐。他们的殖民政策和享乐文化，在落后地区，所传播的一种‘次西方文明’与‘次势利主义’，全体而言，破坏性的影响也多于建设性的影响”。② 无奈“欢乐极兮哀情多！”这种以征服与掠夺非西方世界得以发展繁荣的西方文化，自19世纪中期便已发生日益严重的社会与精神危机。

先是西方国家内部劳资对立和贫富分化引发阶级斗争和社会主义运动，西方国家之间为争夺疆土与资源而爆发两次世界大战，以及西方殖民主义、帝国主义对亚非古老文明地区的侵略扩张激起广泛的民族主义反抗，这些矛盾的纠结作用，致使西方文化结构动摇和欧洲时代终结。

① 胡先生说：“我西行以后才真正了解西方文化危机之深刻。”见《西方文化危机与二十世纪思潮·由现象学论当代科玄之战》，台北：学术出版社1981年版，第31页。

② 胡秋原：《西方文化危机与二十世纪思潮·西方文化新动向与虚无主义及西方中心主义之克服》，台北：学术出版社1981年版，第240～241页。另参见同书《美国精神逆转中之社会学、政治学及其批评》，台北：学术出版社1981年版，第1237页。

其大致社会历史脉络是，“起于法国革命时代的民族主义与社会主义思想，在中东欧和西欧发展为民族主义，社会主义运动，‘大日耳曼主义’，‘大斯拉夫主义’，‘国际社会主义运动’。又由于科学与资本主义发展，使地球缩小，欧洲人的世界争霸，又牵一发而动全身；这一切便将世界推向第一次世界大战。经此重大破裂而无必要的调整，西洋文化便因两种非合理主义（由机械主义之过度的‘实质非合理主义’，由科学主义之反动的‘思想非合理主义’）之合流，发生根本的危机。科学变为神话和权力崇拜，金力和暴力崇拜；个人与群众之矛盾，变为领袖主义与游牧部落主义；为资本主义之反动的社会主义，变为社会革命；而民族主义也便在战败国变为血族复仇：这一切结晶为独权主义，他们充分利用西洋文化之物质成就，并发展科学，集中资本，向战胜国挑战，不过也要摧毁西洋文化最大精神成就之个人尊严，理性观念和民主政治。至此科学与宗教，资本主义与社会主义皆无办法。于是西洋人便由‘精神危机’，‘文化危机’变为全面经济危机、政治危机，走向第二次大战。同时，自西洋权力使世界‘西化’后，西洋思想，制度，帝国主义，民族主义，资本主义，社会主义，群众运动，独裁主义，神话，势利崇拜，领袖崇拜这一套东西，亦随西洋文化本身之危机向全世界冲击，发生模仿和反击。凡此一切，固非西方文化所能解决，而且，二次大战之结果，殖民地独立，美俄‘两大’出现，欧洲历史与文化之霸权亦告终结”。① 在这一过程中，最为西方文化之堕落记录的，就是纳粹德国在第二次世界大战中令人发指的反人类罪行，“用科学的机关枪，煤气，电气，作集体屠杀和焚烧。在集中营中，以死人之脂肪用作燃料，未死者之身体作医学实验，同时还应用心理学的恐怖手段进攻人心。对本国人如此，到了战场之上，除了恣意屠杀之外，更迫敌人集体自掘坟墓以自埋。……要之，人肉是食粮，人血是美酒，而人的眼

① 胡秋原：《西方文化危机与二十世纪思潮·由科玄之战论西洋文化危机》，台北：学术出版社 1981 年版，第 44 ~ 45 页。

泪，可博他们一笑”。①

与西方社会病态相伴随的是社会心理的悲观绝望或麻木不仁，这类社会心理通过西方学术思想界而集中反映出来。胡先生列述布哈特（按即布克哈特）、尼采、井美尔（按即齐美尔）、斯本格勒、瓦勒里（按即瓦雷里）、巴特、贝加也夫、尼布尔、东比（按即汤因比）、索罗金、威尔士（按即 H. G. 威尔斯）、格鲁塞、A. 韦伯、普鲁斯特、马罗（按即马尔罗）、沙特尔（按即萨特）、汤麦斯·曼（按即托马斯·曼）、卡夫卡、A. 赫胥黎、奥维尔、卓别林等最具睿识的西方人士的观点，表明他们都是抱持悲观态度而对“西方文化危机之确认”。② 作为悲观的社会心理之哲学表达的是实存哲学，“这是一种惨淡的悲观主义”，“他们既否定神，亦认人生是向必死之挣扎，无可奈何之呕吐”，“这种哲学最近风行欧陆，不过表示欧洲无可奈何之心境而已”，“这不是一国之悲哀，而是一洲之悲哀，乃至整个西欧文化之悲哀”。③ 至于麻木不仁的社会心理，则以逻辑实证论为代表。在这一哲学派别看来，“不独上帝问题玄学问题属于无意义，即一切真美善价值问题，亦在所不顾。哲学不在建立世界观与人生观，只是语言之逻辑分析。他们说，‘逻辑之中无道德’”。④ 胡先生批评道：

---

① 胡秋原：《西方文化危机与二十世纪思潮·由科玄之战论西洋文化危机》，台北：学术出版社1981年版，第101～102页。

② 胡秋原：《西方文化危机与二十世纪思潮·由科玄之战论西洋文化危机》，台北：学术出版社1981年版，第103～108页。同书《西方文化新动向与虚无主义及西方中心主义之克服》（第243页）还提到纪德、觉伊斯（按即乔伊斯）等也都表达过悲观情绪。

③ 胡秋原：《西方文化危机与二十世纪思潮·谈最近世界思潮》，台北：学术出版社1981年版，第405～406页。所谓“实存哲学”即存在主义，胡先生又译作“实存主义”、“生存哲学”、“生存主义”。关于译名问题，胡先生有专门辨析，见同书《论生存哲学》，台北：学术出版社1981年版，第508页；同书《实存哲学与今日中国青年》，台北：学术出版社1981年版，第516～517页。

④ 胡秋原：《西方文化危机与二十世纪思潮·谈最近世界思潮》，台北：学术出版社1981年版，第407页。

"我反对他们否定价值之意义及研究不可能说。反对价值即否定道德与正义之真实，此即实际上主张强权即公理，有钱即有理，此将助长帝国主义、法西斯主义……及各种次殖民地的流氓主义。"① 总之，在西方，"除极少数外，当代哲学缺乏一种基于理性与热情的救世努力，反之，主要的情调，是在当前的自由与独裁大对立中表示中立和希望中立，不是逃避于'符号'与'逻辑'之中，即倾向于神秘主义，或将最后的救济，求之于上帝。再不然，即是承认人生之宿命的挫折与'悲剧感'，如实存主义"。②

第二次世界大战以后，由于推行了一些新政策新机制，如经济上的福利国家或混合经济，建立联合国和其他国际合作机构以解决国际政治经济争端，放弃殖民制度，西方国家内部、西方国家之间以及西方国家与原殖民地半殖民地之间的矛盾冲突有所缓解。③ 但是，由冷战所引发的核军备竞赛，由现代西方经济模式和生活方式以及非西方世界对这种经济模式和生活方式的仿效所引发的资源枯竭和生态破毁，由消费刺激与物欲膨胀循环递增所引发的人的心灵的萎缩、卑鄙甚至冷酷，将制造这些问题的西方乃至整个人类带入更加严重的危机境地。就冷战问题而言，"现在美俄所准备的化学战、雷射战及星战计划都可毁灭人类和地球而有余"，④ "如不幸两霸之争变为核子大战，则浩劫之后还将有一

① 胡秋原：《西方文化危机与二十世纪思潮·论实证派反实证派与颇柏》，台北：学术出版社1981年版，第1022页。

② 胡秋原：《西方文化危机与二十世纪思潮·近代西洋哲学之过程》，台北：学术出版社1981年版，第18页。

③ 胡秋原：《西方文化危机与二十世纪思潮·西方政治经济思想与实际新趋势及殖民主义独权主义之克服》，台北：学术出版社1981年版，第214、217、220页；同书《中下册前记》，台北：学术出版社1981年版，第11页；同书《最近西方哲学潮流》，台北：学术出版社1981年版，第1426页。

④ 胡秋原：《西方文化危机与二十世纪思潮·论最近西方哲学新潮与科学帝国主义》，台北：学术出版社1981年版，第1479页。

冰冻时代，人类生存的可能性也不多了”。① 就资源枯竭和生态破毁而言，“美国式世界不能维持另一个美国，就是一个美国也难于持久：全世界三分之一的矿物资源支持全世界百分之六的美国居民。如果将美式扩张于其他人类，最多到百分之十八。于是其他百分之八十二的人民就无法生活了”。② “现在种种化学工业，杀虫剂（如DDT），或其他更毒药物，破坏环境，污染环境，业已造出许多祸害和畸形后代，而潜伏的病原还不知多少。”③ 而人的心灵问题则如淮德海（按即怀特海）所指出的，“科学唯物论造出对价值、道德、美感之忽视，对环境重要之无知，知性之不平衡和民主政体之危险。……西方因商业与技术之发展，无人大陆之发现而赶上和超过东方以后，逐渐出现灵魂之‘省略’，经济人观念之发展与人与人之间同情与敬意之缺乏，专门教育之发展以及思辨精神之缺乏，此外，还有内心宁静之缺乏而以‘麻醉’代之”。④ 所有这些，就是西方文化引发的当今人类身处其中的严重现实。

西方文化为什么会持续发生如此严重的危机，乃至危及整个人类？胡先生认为，根本原因在于近代西方资本主义和科学技术的畸形发展。他说：“近代西洋人最主要成就，实在二事——资本主义与科学——以及此二事之一时超过东方。一部近代史由此构成。由于东西文化发展之不均衡，使西方文化之发展染上一种文化之副产物毛病，这便是势利主义（The Cult of Mammon and Might）毛病，这毛病古已有之，而因科学

① 胡秋原：《西方文化危机与二十世纪思潮·最近西方哲学潮流》，台北：学术出版社1981年版，第1427～1428页。苏联解体之后，冷战虽然结束，但核大国的核军备竞赛依然存在，恐怖平衡依然维持，且又出现了核扩散的新威胁，核毁灭的危险性依然甚至更加严重。

② 胡秋原：《西方文化危机与二十世纪思潮·西方经济学之危机与新反省》，台北：学术出版社1981年版，第1371页。

③ 胡秋原：《西方文化危机与二十世纪思潮·论最近西方哲学新潮与科学帝国主义》，台北：学术出版社1981年版，第1479页。

④ 参见胡秋原：《西方文化危机与二十世纪思潮·论淮德海之有机体哲学与西方文化论》，台北：学术出版社1981年版，第684页。

与资本主义之发展，特别因东西两方科学与资本主义发展之不平衡而尤烈。为控制东方而竞争，一切集中于此一控制之需要，又促成西方世界发展不均衡，以及西洋文化片面发展；因而才有西洋文化本身之分裂，才有所谓科学玄学对立的观念。……然正由于西方文化之胜利，是以科学为工具，而以东方文化之失败为条件的，所以西方世界以既得利益地位，不复重视科学技术与社会制度之调和。至此科学崇拜也变为势利崇拜。所以，就西方人而言，毛病不在自然科学太多，而在其他社会科学，历史学的研究不足，而此其不足，不是没有应用科学方法于社会科学，而是误于将科学概念囚于自然科学概念，因而误用自然科学方法于社会科学。所以然者，也就是势利主义使智力地平线狭隘了。由于东西文化之分裂，以及科学哲学之分裂，愈促进势利主义之发展，这便先有帝国主义，继有独权主义之抬头，终于造成今日世界之分裂与恐怖之均衡。"① 而资本主义和科学技术畸形发展所导致的势利主义，又必然伴生"蔑视道德和人的价值，此即虚无主义。此即所谓西方文化危机之本质"。② "这是人道与文化之否定。这也是本世纪两次世界大战和四十几年冷战之根源"，③ 而"纳粹德国所发生的一切——特许的荒淫，以残忍为乐，屠杀病人与低能者，煤气室与电杀室之集体屠杀等——不过是整个欧洲虚无主义后果之一部分"！④

诚然，近代西方启蒙思想家曾经提出一系列在理论上具有崇高意义的价值理念，诸如理性、人权、自由、平等、博爱、公正、民主、进步等，"当西方布尔乔亚与其国内之王权奋斗时，其'自由平等博爱'之

---

① 胡秋原：《西方文化危机与二十世纪思潮·东西文化问题及科学与哲学问题》，台北：学术出版社 1981 年版，第 285～286 页。

② 胡秋原：《西方文化危机与二十世纪思潮·中下册前记》，台北：学术出版社 1981 年版，第 8 页。

③ 胡秋原：《西方文化危机与二十世纪思潮·中下册前记》，台北：学术出版社 1981 年版，第 28 页。

④ 胡秋原：《西方文化危机与二十世纪思潮·西方文化新动向与虚无主义及西方中心主义之克服》，台北：学术出版社 1981 年版，第 256 页。

要求，是全人类的”。① 但是，在近代西方资本主义、科学主义畸变为势利主义、虚无主义的过程中，所有这些价值理念要么根本未能落实，要么发生扭曲。例如自由，“自由主义之失败，主要由于自由主义支持者（布尔乔亚）不忠于自由主义的原则。欧洲资本主义之发展，原与殖民主义不可分。殖民主义使东西资本主义发展更不平衡，且造成西方之帝国主义政策。……西方资本主义发展为独占资本主义和经济的帝国主义。这在国内在国际，都使自由只成为‘独占自由’和‘白人自由’。这是势利主义，寄生主义。西方文化之庸俗与危机由此而来”。② 又如民主，“许多美国人的书高谈一六二〇年‘五月花号’上面清教徒的公约‘是美国自由民主的种子’……也是一面之见。例如，在英国被压迫的清教徒，在登陆之前宣誓实行多数统治及公正公平法律。然上陆以后，却在麻州建立了清教的暴君教会……在殖民时代，如有人讲民主、讲平等，是要处割耳穿舌之刑的”。③ “到了近一世纪，科学提供权力武器（所谓知识即权力），国际上权力瓜分地球，市民亦将其子弟之教育及家族扶养委于国家：此全能国家之由来。权力且以大众之名行使，使权力与法律一致。此盖由于民主政治亦只为权力竞争，并将利害与舆论混而为一。……在‘大众’名义下议会以全场一致决议，成为绝对权力。人民主权论之发展必使民主政治‘全体化’，而为一党专政

① 胡秋原：《西方文化危机与二十世纪思潮·西方文化新动向与虚无主义及西方中心主义之克服》，台北：学术出版社 1981 年版，第 240 页。

② 胡秋原：《西方文化危机与二十世纪思潮·西方政治经济思想与实际新趋势及殖民主义独权主义之克服》，台北：学术出版社 1981 年版，第 181 页。另参见同文，台北：学术出版社 1981 年版，第 232 页；同书《西方文化新动向与虚无主义及西方中心主义之克服》，台北：学术出版社 1981 年版，第 257 页；同书《现象学之发展及其批评》，台北：学术出版社 1981 年版，第 500 页；同书《美国精神逆转中之社会学、政治学及其批评》，台北：学术出版社 1981 年版，第 1238 页。

③ 胡秋原：《西方文化危机与二十世纪思潮·美国精神逆转中之社会学、政治学及其批评》，台北：学术出版社 1981 年版，第 1238 ~ 1240 页。

开路”,① 由此导致“多数暴政”或独裁体制。到 1960 年代，鉴于“大众民主”的弊害，于是美国学界与政坛又提出“新民主”口号，“他们所谓新民主，乃反对‘大众民主’，而主张‘精英的或领袖的民主’”,② 这又偏向“少数民主”。再如理性，“自然科学及其方法论以经验论与客观主义并吞哲学与人文科学。并有科学的价值相对主义否定价值研究之可能。凡此一切，趋向于一种结论：人不是理性动物，世界亦无绝对真理之可言。这是虚无主义之论据。虚无主义的后果——用技术而屠杀——是我们知道的”。③ 至于进步，“启蒙时代以来，欧洲人在‘进步’观念中看社会与历史。无论孔德、黑格尔或马克斯（按即马克思），都以为历史是进步的。经过两次世界大战，欧洲与世界面目全非。于是二十世纪以来，我们看见维可（按即维科）的轮回的历史观之抬头”;④ “曾几何时，斯本格勒与东比之书先后出世。他们说西洋文化，不是唯一文化，但将与其他文化一样，趋于死亡——不是进步”!⑤ 如此说来，近代西方四百年发展繁荣，并非真正包含什么崇高的精神内涵，而只是依恃资本主义和科学技术，然而“一点科学技术杀人技术算不得文化的。这种‘蓄积的知识’，只要有时间与金钱，谁也能够，正如狱卒能发明酷刑一样。一点政治上的手段，一点商业上的噱头，算不得文化的，这是宫廷宦官，江湖术士也都能够的。在西方的布尔乔亚使其社会空气中势利主义成分日增之时，势利主义即日益变为

① 胡秋原：《西方文化危机与二十世纪思潮·西方文化新动向与虚无主义及西方中心主义之克服》，台北：学术出版社 1981 年版，第 257 页。

② 胡秋原：《西方文化危机与二十世纪思潮·美国精神逆转中之社会学、政治学及其批评》，台北：学术出版社 1981 年版，第 1261 页。

③ 胡秋原：《西方文化危机与二十世纪思潮·现象学要义》，台北：学术出版社 1981 年版，第 456 页。

④ 胡秋原：《西方文化危机与二十世纪思潮·二十世纪西方历史哲学与社会科学之哲学》，台北：学术出版社 1981 年版，第 1207 页。

⑤ 胡秋原：《西方文化危机与二十世纪思潮·西方文化新动向与虚无主义及西方中心主义之克服》，台北：学术出版社 1981 年版，第 244 页。

虚无主义之毒菌。其初对道德理想传统价值怀疑，继而否定，终于当势利主义饱和时，虚无主义便表现为毁灭人类文化的禽兽主义便实现了"!① 这种自17世纪开始在人类文化中领先，但却自始便充斥着罪恶，并因资本主义、科学主义畸变为势利主义、虚无主义而持续引发危机以至危及整个人类的文化，必须予以扬弃的超越，这是西方睿智之士也完全赞同并且为之努力的。②

三

胡先生揭露西方文化的危机，虽然不无针砭西方病症的用心，但主要目的则在于矫正本国西化人物崇西贬中甚至趋西弃中的心态。

如上所述，胡先生肯定中国文化自17世纪以降也发生了危机，"而自一百二十年前与西方世界接触以来，遭遇一连串的失败，我们不能不震惊于西洋科学的神奇，乃至政教学艺之优秀。中国文化成了问题。我们能抱残守缺吗？能不承认他人之长吗？我们开始学习和模仿。而结果是一连串的大败，以及革命和内战。还是我们没有全盘西化呢，

① 胡秋原：《西方文化危机与二十世纪思潮·西方文化新动向与虚无主义及西方中心主义之克服》，台北：学术出版社1981年版，第249～250页。末句似有语病，原文如此。

② 胡秋原：《西方文化危机与二十世纪思潮·由科玄之战论西洋文化危机》，台北：学术出版社1981年版，第103～110页；同书《西方文化新动向与虚无主义及西方中心主义之克服》，台北：学术出版社1981年版，第251～268页；同书《论耶士培》，台北：学术出版社1981年版，第557～576页；同书《论淮德海之有机体哲学与西方文化论》，台北：学术出版社1981年版，第684～687页；同书《罗素论科学与道德，中西文化与世界和战》，台北：学术出版社1981年版，第772～786页；同书《二十世纪之历史、文化、知识社会学》，台北：学术出版社1981年版，第1195～1196页；同书《纪念施维泽博士》，台北：学术出版社1981年版，第1231～1234页；同书《论最近西方哲学新潮与科学帝国主义》，台北：学术出版社1981年版，第1474～1487页。在以上文章列述的诸位西方人士中，凯赛林、施维泽（按即史怀哲）、耶士培（按即雅斯贝尔斯）、淮德海（按即怀特海）、罗素都对东方或中国文化深怀同情与敬意。

还是我们不应西化呢？中国文化究有无一点价值呢？这便是中西文化问题，亦即‘中国文化之危机’问题。这是我们回顾百年来的思想界和各种实际活动，可以看出其重要，而此一中西问题之争论，是至今还在纠缠不休的”。① 对于这些问题，胡先生的回答是，一方面，“讳言不如人，空言自欺自慰，不自振作，徒夸遗产祖德，正败家子习气，也才是永久之耻。……西方文化虽趋衰落，仍有可法者在，而新的西方文化尤有其长，我们应当学习，以期能人之所能。……许多人怕学习他人，会将自己长处失去，其实，学习他人之长，就是增进自己能力。自己能力增进之后，自己固有文化自然随之而发展，决不会失去的。只是自己因落后无知而不能自保之时，才会失去自己的文化”，② 这显然是主张吸收西方文化的优长以超越明清以降的固陋传统，而另一方面，“我们的科学原在西方之先，只是一时落后而积败下来的，是有充分条件可以复兴的。我们有‘正德利用厚生’（书经）的科学理想，有衣食足而后知荣辱，与其奢也宁俭，以及藏富于民的经济理想（管子、孔子）。我们有只制侵凌，不求远征和杀伤的国防理想（杜甫），我们有仁民爱物，四海兄弟，世界大同的立国理想（孔子），将这些在学问上、政治上、经济上充分以新科学技术表现出来，就可与西方国内的文化平衡运动，苏俄国内的人权运动联合起来，促进人类的新文明和新世界之出现”，③ 这则体现了对于固有文化的高度自信。这两个方面实际上完全不相矛盾，而恰恰是一种以我为主、兼收并蓄的文化主体意识和守先待后的民族文化信心。

但正是在上述两个方面，西化人物却是只知其一而不知其二，只知

---

① 胡秋原：《西方文化危机与二十世纪思潮·东西文化问题及科学与哲学问题》，台北：学术出版社 1981 年版，第 282 页。

② 胡秋原：《西方文化危机与二十世纪思潮·历史哲学基本问题兼评东比之“历史研究”》，台北：学术出版社 1981 年版，第 1147 页。

③ 胡秋原：《西方文化危机与二十世纪思潮·论最近西方哲学新潮与科学帝国主义》，台北：学术出版社 1981 年版，第 1486 页。由此亦可概见胡先生所谓“超越传统”的真实含义乃是返本开新。

趋西而不知守中，“他们大多不知代表古代西方文化的希腊人罗马人与代表近世西方文化的西方人根本是不同的民族。他们以为西方文化就是赛先生、德先生，而且自希腊以来即是如此，而中国是从来没有这两位的。他们不知近世西方文化之母体是基督教。他们不知西方科学原在中国和阿拉伯人之后，而西方人知道希腊学问，还是经由阿拉伯人之译本……他们亦不知道一切民族都有原始的民主……因此，他们不知道中国过去不是没有科学与民主，只是没有发展到现代西方高度而已。至于‘西方文化危机’之说，他们从不注意，且似乎从未听见。直到九一八之时，‘全盘西化派’（如陈序经）还以为西方文化就是世界文化或其标准”。① 这种学问上的肤浅和认识上的错误的思想根源，就在于“在优势西方文化之前陷于自卑感。不自知自己问题及需要之所在，亦不作学问根本研究。非缠绵故纸之中，即对西方学术，只盲从一时潮流，慕其时髦，而不究其所以然之故，及其真相之所在”。② 而其后果“是拾洋人唾余崇洋媚外，对内自雄”，③ “不仅以他人之哲学为自己之哲学，而且以他人之欺诈为自己的出路”，④ 由此在文化方面“只知道反传统，否定中国古史，乃至主张废止汉字”，“舍己从人，是自断其根；而失其自主，亦决无文化可言”；在精神方面“造成精神上之混乱、堕落与分裂”；在社会现实方面则“不仅未能再建国家，根绝外侮，反而

① 胡秋原：《西方文化危机与二十世纪思潮·中下册前记》，台北：学术出版社1981年版，第2页。

② 胡秋原：《西方文化危机与二十世纪思潮·评逻辑实证论》，台北：学术出版社1981年版，第831页。

③ 胡秋原：《西方文化危机与二十世纪思潮·论最近西方哲学新潮与科学帝国主义》，台北：学术出版社1981年版，第1486页。

④ 胡秋原：《西方文化危机与二十世纪思潮·现象学之发展及其批评》，台北：学术出版社1981年版，第499页。

自相斗争至今未已”。①

作为认可并接受西方价值的民族主义者，胡先生对西化人物提出规劝，他说：

> 中外社会是不同的，所以外国社会科学必须参考，但不能照本宣科。至于哲学，尤其要自己创造。……我国很多人曾大谈马克斯（思）、杜威、罗素，今日复大谈卡纳普、沙特尔，但这些哲学家毕竟是人家的人。当然人智是人类共同财产，但我们不能老作外国人的跟班。哲学是爱智，不是耳食，不是学舌。我的意思是说，一个国家没有自己的哲学，表示该国尚未在精神上成熟，而别国的哲学，亦不能作我们自己精神成熟之代用品。……大家须知，哲学是做什么的？对一时代最根本最重大问题作最根本、深入而包括之思索的；同时，提出一个理想的。哲学根本是理想之学。古人如此，西人亦然。今日西洋思想界讨论的最重大而中心题目是什么呢？西洋人的命运，西洋文化的前途，而此自亦是在他们过去背景之下，当前世界之中，并对未来展望而思索的。然而，一个在文化史上有地位的中国，何以衰乱至于今日？中国的命运如何？中国文化的前途如何？而中国与西方与世界之将来关系又如何？——这难道不应是好学深思的青年的大问题吗？……哲学是一种“看法”，而看法首先要有一个立场。了解自己，了解自己的成功失败与苦难，参考古人的研究，研究外国人的问题，研究西洋学术的成就，研究世界及其文化之变化，大家苦心地研究、思考、讨论，然后拿出自己的哲学，鼓舞自己的同胞，向前追求一个更适于中国与人类自由与尊严的世界，而这亦必能对全人类有所贡献。只有中国人思考自身的

① 胡秋原：《西方文化危机与二十世纪思潮·中下册前记》，台北：学术出版社1981年版，第3、4、13页。胡先生在此往往将“西化派”与所谓“俄化派”对举而论，究竟如何评说当然还可以讨论，但文化思想取向上的偏颇与分歧造成近现代以来整个民族的不幸，却是事实。

问题，提出理想，而此一思考与理想，对于世界问题与思考能有裨益之时，才是中国人在思想上之成年。这是我们研究哲学者应有的抱负。①

由此可见胡先生是在赞成借鉴西方文化的同时，特别强调基于中国人的立场，做中国人的学问，解决中国人的问题，进而有所贡献于整个人类，这也正是他所汲汲提倡的“三大尊严”，即人格、民族和学问的尊严。②

应该说，随着中华民族逐渐走出百年坎陷而转入一阳来复的新境，西化思潮的影响力也日益减小。但是，从清末经五四、“文革”乃至1980年代的所谓“新启蒙运动”，西化思潮在中国毕竟积淀了相当深厚的社会心理基础，以至于在当今西方文化的优越性不断降低而中国文化的主体性日益高扬的形势下，仍有西化人物放言西方文化一贯优秀并且永远优秀，且将理论形态的近代西方启蒙价值认作西方社会的现实而大加鼓吹；相应地贬低中国文化自始至终都只是错误和失败，只有融入西方文化才是唯一出路，并在所谓“新批判主义”的旗号下对世人公认的中国文化（主要是儒家文化）价值加以肆意歪曲和糟蹋。他们片面的，甚至是污蔑不实的言论，对于国人（特别是青年一代）的自信心和凝聚感，对于中华民族的全面复兴，具有不可低估的负面影响。针对这种状况，对胡先生“超越前进论”中所包含的“超越西化”思想予以特别表彰，无疑是极具现实意义的。早在1960年代初，胡先生就曾以富于诗意的语言点化道：“如一味崇拜西洋，拾其一说以自矜，固由不知其本末及所以然之故，亦由一种荣利之见，仰慕王谢高门；而未睹三玄，亦作清谈之状。至于今日，尚仍以西方文化至上，是犹抱六十年

① 胡秋原：《西方文化危机与二十世纪思潮·评逻辑实证论》，台北：学术出版社1981年版，第832~833页。

② 胡秋原：《西方文化危机与二十世纪思潮·中下册前记》，台北：学术出版社1981年版，第25页。

前之历书，不知乌衣巷口，日早西斜矣。”① 诚哉斯言！西化人物若不幡然醒悟，改弦易辙，或不免随着西方文化一道沉入历史的暗夜之中！

① 胡秋原：《西方文化危机与二十世纪思潮·西方文化新动向与虚无主义及西方中心主义之克服》，台北：学术出版社 1981 年版，第 271 页。

神州国光社、党派政治与1930年代的政治文化空间

□ 葛 飞

胡秋原熟悉马列原典，谈学论政且有独到之见，积极参与了1930年代思想文化界的两大论战：中国社会史论战与文艺自由论辩。作为神州国光社（以下简称“神州”）及《读书杂志》编辑，他与王礼锡又能兼容并包各式左派思潮。“神州”与左联、社联中人，以及托派、国民党左派文人一度亦能求同存异，建立联合战线。由于学界已约定俗成地用“左翼”指称接受中共中央文化工作委员会领导的文化人，笔者拟用“左派”来涵盖左翼、托派、“神州”同人等。以左翼与“神州”的关系演变为线索，我们可以相当清晰地看到1930年代政治文化空间发展变化。

一、左派的出版空间：兼容并包与“利用”

马恩列原典及苏俄文艺理论著述大批传入中国，是1927年革命陷入低潮之后的事。诚如王凡西所言，出版此类书刊的新兴书局，投资人多非商贾，而是南京政府的反对派。经理多为投资者旧属，不知新文化为何物，又找那些从革命中出来的左派知识分子编辑撰稿。此类书局以神州国光社声势最大。1930年，十九路军领袖陈铭枢斥资接办神州国光社，对王礼锡的编辑方针表示首肯：“帮助左翼作家（包括共产党的

作家)，为他们提供一个写作的园地”，从经济上予以接济。① 中共中央恰于前一年制定《宣传工作决议案》，要求党员利用“现成的书店刊物”和群众组织以扩大影响。② 托派王凡西也称神州国光社、新生命书局被己方“利用”。③ 1930 年，“神州”不但出版了冯乃超、朱镜我、夏衍、阿英、柔石等人的著译书籍，（以冯雪峰为中介）与鲁迅签订出版“现代文艺丛书”的合同，还出版发行托派刊物《动力》，以及国民党左派彭学沛等人的著作。此时陈铭枢仍是蒋介石的亲信，“神州”自然不是陈个人的或十九路军的机关，而是泛左派别的公共空间。

1931 年，王礼锡又创办《读书杂志》，使中国社会史论战更加激烈。早在 1928 年，邓初民（国民党左派）创办《双十》，发表《中国社会是什么社会》。陶希圣等人在《新生命月刊》、干部派在《新思潮》、托派在《动力》上各抒己见。“神州”同人对于中国社会的性质以及连带而来的革命方针，有自身的看法。作为编辑，王礼锡则声明《读书杂志》无意“左右战场使为己用”，而是任由各方驰骋，让读者选择。④ 他认为此次论战乃“内部争斗”，“各方都是以唯物的辩证法做武器”。⑤ 他还选登了一则读者来函：诸家“派别有不同，见解有出入，把握有深浅，而寻求真理，探讨现实，图谋新径的目标则一”。⑥ 该杂志作为左派的公共空间，每期发行量总在 2 ~4 万份，非《新思

① 陈铭枢：《神州国光社后半部史略》，《陈铭枢纪念文集》，团结出版社 1989 年版，第 85 页。

② 《宣言工作决议案》（1929 年 6 月），《中共中央文件选集》，第 5 册，中共中央党校出版社 1983 年版，第 260 页。

③ 王凡西：《双山回忆录》，现代史料编刊社 1977 年版，第 178 页。

④ 编后，《读书杂志》第 3 卷第 3 ~4 期合刊，出版时间不详。王礼锡并拟把刊物命名为《战场》，为了避免刺激当局神经，方改为《读书杂志》。其主旨则无变化。

⑤ 《中国社会史论战序幕》，《读书杂志》第 1 卷第 4 ~5 期合刊，1931 年 8 月（衍期）。

⑥ 陈率真：《读书杂志》“通信”栏，第 2 卷第 11 ~12 期合刊，1932 年 12 月（衍期）。

潮》、《动力》能够望其项背。即便日后“左翼”拒绝供稿且遭当局查禁，胡秋原仍以至少拥有1万读者自傲。①

时人戏称早期的《新生命月刊》乃做官考三民主义必读，故销至1.8万份；1929年间在陶希圣手中内容“从宣传到研究”，“据说读者也转换”为学生，销量锐减至1万。② 新生命书局由周佛海、陈布雷创办，陶希圣、樊仲云主其事。不过，它也出版了胡愈之的《莫斯科印象记》，恩格斯的《革命与反革命》（即《德国的革命和反革命》，托派刘仁静译）。该书局出版的恩格斯另一著作《家庭、私有财产及国家之起源》，尤堪玩味：杨贤江译，周佛海校，陶希圣序。由此更可见，无论是在意识形态还是在人际关系上，此时国民党左派与共产党人仍有千丝万缕的联系。再如，1920年代末彭学沛在上海商学院讲授三民主义，往往是先讲马列；蔡馥生由是得“启蒙”，后加入社联、中共。③“九·一八”事变后，周杏佛等人由野入朝，陶希圣则无意参与实际政治，往返于南京中央大学与上海新生命书局。

国共之外还有“第三党”，陈卓凡斥资创立南强书局，由王鼎新主持，聘请的编辑、校对多为共产党人，如杜国庠、柯柏年、冯铿等。诸人乃潮汕同乡，国民革命时期且为同事。

因论题的关系，这里还需提及袁殊创办的《文艺新闻》。他自称一开始就“倾向革命”，新闻报道却应“绝对客观”，“不带任何党派成见”，既邀翁毅夫（时为改组派）又请“美联”的于海（后由楼适夷接替）帮忙。④《文艺新闻》创刊不久，即以多种方式报道柔石等人被害消息，同时也刊登了不少“民族主义文艺”、托派及“神州”动向。

---

① 《读书杂志社声明》，该刊第3卷第7期，1933年9月（衍期）。

② 文氓：《国内文坛小消息》，《新文艺》第1卷第3期，1929年11月15日。

③ 蔡馥生：《我参加中国社联的前前后后》，《中国社会科学家联盟成立55周年纪念专辑》，上海社会科学院出版社1986年版，第101页。

④ 于海：《我与〈文艺新闻〉的一段因缘》，《中国现代文艺资料丛刊》1981年第4辑。

改组派、托派、干部派文人，以及国共两方的脱党者，皆是在实际政治领域遭到阻遏之人，遂不约而同地投注精力于文化出版事业。此时的文化空间与政治空间并非重叠一致。党派之间虽势不两立，著作人、编辑之间的往来却颇为频繁，这就形成了一个马克思主义“学者社会”。中国著作者协会之成立，更使有关人士的合作公开化、正式化。

二、中国著作者协会：“另一种形式”的统一战线

1929年1月，潘汉年、朱镜我、钱杏邨等中共作家，与国民党左派陶希圣、程希孟、孙伏园等人，以及一些无党派人士共44人，为“争求思想言论出版之自由”、“用自由的批评与讨论来建设现代的新文化”，发起成立中国著作者协会。① 当时虽有时任中央宣传部干事的潘汉年出面，左翼方面仍意见不一，协会成立后未能开展活动。这就“促使党考虑，用另一种形式团结广大的文艺界”，然后才是1930年成立的左联、社联。②

值得注意的是，邓初民仍是社联发起人之一。以在校学生为主体的社会科学研究会，则有托派参加。王学文日后说，社研是“在同托派斗争中”成立的，又说严灵峰等人也参加了成立大会，因托派“出席人少未敢发言，党在社研牢牢地掌握了领导权”。“事后严灵峰讲：‘这样是搞统一战线吗?’”③ 韩托夫称，“一·二八”事变后他出任社研党团书记，托派却拒绝交出成员名单。④ 如此说来，早期的社研乃干部派、托派以研究马克思主义名义筹组的统一战线。

① 《中国著作者协会宣言》，《思潮》第5期。

② 吴昌泰：《阿英忆左联》，《新文学史料》1980年第1期。

③ 王学文：《回忆“社会科学研究会”》，《中国社会科学家联盟资料选编》，中国展望出版社1985年版，第138页。

④ 韩托夫：《关于中国社联的一些回忆》，《中国社会科学家联盟成立55周年纪念专辑》，第121页。

1931年，陈望道、袁殊、王礼锡、胡秋原等人又倡议成立新的中国著作者协会。次年1月17日，他们与冯雪峰、楼适夷、钱亦石、薛铁珊(《时事新报》主编，托派)等共35人召开了筹备会。与会者提名并通过了一百名左右会员，虽然王礼锡等人主张容纳国民党左派，陶希圣、彭学沛等十余人仍遭否决。① 协会一如既往地“争取出版言论集会之绝对自由”，更要“反对帝国主义文化、封建文化，以及文化上的‘法西斯帝’政策，以集团的力量促进文化事业的发展”。②

就在筹备会召开次日，《文艺新闻》针对胡秋原的《真理之檄》发表社论《请脱弃“五四”衣衫》。胡声称自己是无党派的“自由人”，当前文化运动任务应“继续完成五四之遗业，以新的科学的方法，彻底清算，再批判”封建的、帝国主义的、法西斯当局的意识形态，这正是著协的宗旨。然因左翼把自身对“文化领导权”的要求投射于历史，得出了五四新文化运动由资产阶级领导的结论，因而对“五四”“自由”字样表现出高度敏感。王礼锡则认为，经公开选举产生的执委以无党派人士居多，这说明知识分子不易“受某党某派操纵”。③ 一方强调“自由”，另一方要求领导权，思路明显不合榫。不过，《文艺新闻》社论仍以“把火力集中起来！”的号召作结。④ 胡秋原也暂未发表回应文章。

淞沪战争中，有关人士又发起成立中国著作者抗日协会，经选举产生13名执委：陈望道、王礼锡、胡秋原、梅龚彬、施存统、戈公振、樊仲云、汪馥泉、严灵峰、高语罕、冯雪峰、丁玲、郑伯奇。协会通过了胡秋原起草的《中国著作者为日军进攻上海屠杀民众宣言》，左联、社联主要人物，十余名托派，曾被否决的陶希圣、李石岑等，皆在宣言

---

① 王礼锡：《战时日记》，《读书杂志》第2卷第4期，1932年4月（衍期）。
② 《中国著作者协会发起纪》，《文艺新闻》1932年1月25日第46号。
③ 王礼锡：《战时日记》，《读书杂志》第2卷第4期，1932年4月（衍期）。
④ 《文艺新闻》1932年1月18日第45号。

上签名。① 陈望道、施存统是中共早期党员，然已脱党，1920年代末，施又加入改组派从事讨伐蒋介石的行动。严灵峰、高语罕则为托派。

由上可见，在二三十年代之交，左联、社联之外还有一个意在容纳异党派的“另一种形式”的统一战线。虽说中共中央已多次发出与社会民主党、第三党、托派、改组派等作斗争的号召，可潘汉年、冯雪峰先后参与著作者协会，不大可能是自作主张，上级另有口头指示亦未可知。第一个“中国著作者协会”成立前后，正是改组派积极运动讨蒋之时。“九·一八”事变爆发，民族危机客观上使脆弱而复杂的“马克思主义学者社会”有扩大之势。王礼锡云：“在‘反日战线’之下，应当可以把许多意见不同的知识分子，作一时的战斗的集合。”②

三、左翼的自坚营垒与泛左阵线的解体

民族危机也迫使国民党左派、托派、“神州”同人提出各自的政治主张。1931年9月28日，《文艺新闻》出版了《文化界的观察与意见》特辑，内有鲁迅、王独清等人的文章。鲁迅称“九·一八”事变日帝侵华目的在扑灭中国革命。这与中共中央对事变的决议精神是一致的，此处的鲁迅确可谓“党外的布尔什维克”。王独清对事变性质的看法与鲁迅看法相近，前者提出召开“真正的国民会议”以应对危机的主张，这也是托派的决议。《文艺新闻》随即收到大量驳斥王氏的稿件，袁殊选登一则以示公平，同时表示不愿再刊载双方“政见”。③ 同情革命的文化人，态度大致如此：自身无一定“政见”，想避开派系斗争旋涡，势不两立的党派却催迫他们择定营垒。早些时候，胡秋原认为反帝与土

① 王礼锡：《战时日记》，《读书杂志》第2卷第4期，1932年4月（衍期）。

② 王礼锡：《战时日记》，《读书杂志》第2卷第4期，1932年4月（衍期）。

③ 袁殊：《无从投寄的邮件——致答王独清》，《文艺新闻》1931年10月12日第31期。

地革命相结合乃当前之急务,① 这与中共主张似无不同。沪战爆发后,“神州”同人提出了“市民反日政府”口号,与托派主张相近。

导致中国著作者抗日协会举步维艰的直接原因,是联合抗日,还是以工人运动为先?罢工波及了“神州”印刷所,丁玲等人要求协会给予经济支持;王礼锡愿意出面争取释放被捕工人,但反对把募捐款大半用于支持罢工。对于双方存在的争执,《文艺新闻》遂取述而不论的态度。② 它避而不谈而王礼锡予以披露导致协会解体的关键原因是:冯雪峰先是怀疑“神州”同人为十九路军夺取协会的领导权,2月27日又与丁玲等人以协会吹捧十九路军为由退出。③ 此时,中共中央的一系列决议皆认为,陈铭枢等人“利用十九路军士兵英勇的反日战争……造成革命士兵与革命民众对于他们的幻想,把他们奉为民族革命的英雄”,“以此来扩张他们的地盘与他们的势力”。上海反帝大同盟必须“揭穿国民党及其他各反革命派别的‘反日’‘反帝’的假面具”。要言之,必须区别对待十九路军的军官与士兵阶层。④ 《宣传工作决议案》早就强调,“绝对不能容许”“为了公开宣传,降低或修改党的政治口号”,批评“许多同志还感觉拥护苏联的口号有些说不出口”。陈铭枢的系列举动固然有扩大势力之目的,但是全盘否定十九路军将领的功绩,在“公开宣传”中仍是“有些说不出口”。政治口号在公共空间中还是发生了变形,外围刊物《文艺新闻》仍有十九路军将领的正面报道。

中国著作者抗日协会成立于2月7日,运作20天即陷入瘫痪。社

---

① 胡秋原:《亚细亚生产方式与专制主义》结语部分,《读书杂志》第2卷第7~8期合刊,1932年8月(衍期)。

② 《著作者抗日会援助罢工失业工友》,《文艺新闻》1932年3月28日第48号。

③ 王礼锡:《战时日记》,《读书杂志》第2卷第4期,1932年4月(衍期)。

④ 《中央为上海事变给各地党部的信》(1932年2月15日)、《中央致上海反帝大同盟党团的一封信》(1932年2月11日)、《关于“一·二八”事变的决议》(1932年2月26日),俱收入《中共中央文件选集》第8卷。

联、左联恰于此时有自坚营垒之举措。3月9日，左联对吸收盟员作了补充规定，“蒙有和反对派别有关系的嫌疑者”，须用“真名发表反对那反对派别的文字”，如曾加入“反对派别”，还要把“组织内幕和活动实情完全告诉左联”。① 社联亦于二三月间举行了第二次全体大会。虽说社联一直与托派、“社会民主主义”作思想斗争，党团书记沈志远仍指责上届领导“无所作为，有右倾的倾向，脱离当时政治斗争”，批评邓初民具有“改良主义”思想。邓后被开除出盟，反托斗争更是“居于首要地位”。②

《文艺新闻》也改变了中立态度。4月间，该刊对“神州”展开了系列攻击：声称胡秋原、樊仲云、汪馥泉创办《国际评论》，“一面谈马克思主义，一面反对苏俄及中国革命”。再曰胡氏“近忽多言，今日说某文学家被捕，明日宣传某思想家被枪毙，其用意何在，殊难令人捉摸”，又闻“神州”将把抗战文艺奖金颁给“民族主义文艺”，③ 后又刊登了胡秋原的澄清事实的来函。直到此时，胡秋原才发表了回应《文艺新闻》要求他脱弃“五四衣衫”的文章。④

中国著作者抗日协会召集人、《文艺新闻》“赞助人”、“神州”函授学校教授陈望道，于5月15日作《对于上海事变的感想》（载《读书杂志》第2卷第4期）。他坚持表彰十九路军，批评汪精卫等人在野左倾，入朝即右转；另外还有些人求“门面一致”，“总想束缚别人的手不能动，封闭别人的口不能说。一部分糊涂的新闻记者也有这倾向”。这就不指名地批评了《文艺新闻》和左联。他认为，各方倘若仍想求一致，首先要“让各种不一致的意见都有发表的机会”。

---

① 《关于新盟员加入的补充决议》（1932年3月9日），《秘书处消息》第1期，见《左翼文艺运动史料》，南京大学学报编辑部1980年版，第183页。

② 韩托夫：《关于中国社联的一些回忆》。

③ 《每日笔记》，《文艺新闻》1932年4月4日第49号；《“神州奖”预测》，《文艺新闻》1932年4月11日第50号。两文皆未署名。

④ 胡秋原：《文化运动问题——关于五四答文艺新闻记者》，《文化评论》1932年4月20日第4期。

5 月出版的《读书杂志》第 2 卷第 1 期发表了胡秋原的《钱杏邨理论之清算与民族文学理论之批评》，副标题则是“马克思主义文艺理论之拥护”。王礼锡更是和盘托出“神州”同人的政见。他援引列宁《社会主义革命与民族自决权》、《第三国际第二次大会关于民族与殖民地问题的提案》等文章中的观点，认为在争取民族自由阶段，革命政权不应单单依靠工农，还应容纳小商人和民族资产阶级。① 由于公然号召另立政权，王礼锡又被当局责为“反动”，《读书杂志》遭全面没收。

“神州”与左翼的政治、文化歧见曾因联合抗日而搁置，“政见”不同又导致了联合战线解体。“文艺自由论辩”继之而起。左联并未与对方深入地讨论“政见”，而是只谈文学。王礼锡一再批判了盲动主义，胡秋原也曾一语代之：“随着中国‘内乱’之尖锐，独裁政治之强化，盲动主义之急进与败北，所谓普罗文学之盛极而衰，在感觉最敏锐的文艺领域中，开始见法西主义之萌芽。”② 此时中共中央已批判了李立三的盲动主义，左翼也无法回应王礼锡、胡秋原问答。唯有胡风追问道：“继盲动主义而起的是正确的路线”，“批评者为什么装作不知道呢”?③ 继李立三而起的王明路线，仍是“神州”予以批评的。胡风也没有去论证其正确性何在。

四、文艺哲学的党性与自由

茅盾称，文艺自由论辩时期，左联“有提高文艺理论到‘伊里支阶段’的运动，有‘强调文艺党派性’的呼声”。④ 可见 1932 年春，

---

① 王礼锡：《“九·一八”周年的清算》，《读书杂志》第 2 卷第 9 期，1932 年 9 月 1 日（衍期）。

② 《阿狗文艺论——民族文艺理论之谬误》，《文化评论》创刊号，1931 年 12 月 25 日。

③ 谷非：《现阶段的文艺批评之几个紧要问题》，《现代文化》第 1 期，1933 年 1 月。

④ 《一张不正确的照片》，《文学》第 1 卷第 4 号，1933 年 10 月。

左联不但在组织人事上作纯化运动，且欲借论战加强思想上的党性。正是在此年3月底，世界革命作家联盟（左联乃其支部）机关刊物《世界革命文学》第1～5期一并到沪。① 内中文章被陆续译载于《文艺新闻》《文学月报》等刊物上，它们集中反映了苏联文化新政：把文化哲学“提高到列宁阶段”，反对以普列汉诺夫为正统，批判托洛茨基，攻击卢那察尔斯基“腐败的自由主义”。

党性（时人译为“党派性”）而非阶级性，才是文艺自由论辩核心议题。文化哲学的党性，广义上指思想理论的实践性。在社会史论战中，王礼锡即援引过列宁名言“没有革命的理论，就没有革命的行动”，② 批评“离实践而孤立的思想的讨论，那是经院学派的论争”。③ 狭义上，党性则要求文艺家做革命机器的螺丝钉和齿轮。瞿秋白论胡秋原的首篇文章，即援引列宁《党的组织和党的文学》，指责对方有意回避“问题的中心”：谁领导着这新的文化革命？④ 周扬批评论敌割裂了文学的党派性、真实性和艺术性，前者重心仍在党派性：文学必须“从属于”“服务于”政治。⑤ 胡风亦称：应“把握到哲学上以及艺术理论上‘党派性’的意义。这个问题周起应先生在《现代》第6期上提起过。……苏汶先生胡秋原先生对这一点投来了最大的嘲笑”。⑥

胡氏自称思想“出发点，是马克思——普列汉诺夫——列宁主义”，也不否认“有浓厚的自由主义与无政府主义倾向”。⑦ 瞿秋白要求他明示对于“党的文学”之态度，不容躲闪。胡秋原只好说，作为

---

① 《每日笔记》，《文艺新闻》1932年4月4日第49号。

② 《中国社会史的论战》第一辑，“第三版卷首语”，神州国光社1932年版。

③ 《论战第二辑序幕》，《读书杂志》第2卷第2～3期合刊。

④ 瞿秋白：《“自由人”的文化运动》，《文艺新闻》1932年5月23日第56号。

⑤ 周起应：《文学的真实性》，《现代》第3卷第1期，1933年5月。

⑥ 胡风：《粉饰、歪曲、铁一般的事实》，《文学月报》第5～6号合刊，1932年12月15日；周起应：《到底谁不要真理，谁不要文艺》，《现代》第1卷第6期，1932年10月。

⑦ 《胡秋原自记》，自传，《读书杂志》第3卷第1期，1933年1月。

政治家的列宁曾言，“文学者没有反对的必要”，“然而既谈文学，仅仅这样说是不能使人心服的”。① 瞿氏要文学家做“巧妙的留声机”，胡秋原却注意到，列宁说他不懂颇具宣传鼓动色彩的马雅可夫斯基诗歌，而更喜欢普希金。② “至哉，列宁！”未以普列汉诺夫的政治立场否定其理论造诣。苏联的现状却是：托洛茨基、布哈林曾“受过分的礼拜；及其失势，又受过分的侮辱”。③ 抹杀政敌的一切成就，在思想文艺领域要求无条件服从的做法，恐怕只能说是斯大林主义。胡秋原所谓“自由人”者，指运用唯物辩证法研究艺术哲学时，“不一定在政党的领导之下，根据党的当前实际纲领和迫切的需要来判断一切”。④ 仍心仪苏联道路的他，不免流露出隐忧：“何以在喜沉思好自由的俄国民族艺术上专制主义的气味这么浓厚呢？……俄国的知识阶级也不高兴疑问，而只是服从。”⑤

鲁迅的态度至为微妙。《论“第三种人”》强调了文学的阶级性、斗争性，这是胡秋原也能承认的；关于阶级性、党性、政策性的辩证关系，亦即这场论战的焦点问题，鲁迅存而不论。他和冯雪峰于 1920 年代末致力于绍介普、卢、托氏文论，以及卢、托二人与布哈林主导制定的文艺政策。诸人的文艺思想如今已被彻底否定。1932 年，鲁迅也翻译了《苏联文学理论及文学批评的现状》，却未加任何按语。⑥ 我们自然不能把译作等同于译者的思想。不过，从译文的社会功能来看，则鲁迅仍是与党人协同一致的。

---

① 冯雪峰在《并非浪费的论争》中特地摘录予以批驳。

② 胡秋原：《浪费的论争》，《现代》第 2 卷第 2 期，1932 年 12 月。

③ 胡秋原：《唯物史观艺术论》，校后记，神州国光社 1932 年版，第 12、21 页。

④ 胡秋原：《浪费的论争》，《现代》第 2 卷第 2 期，1932 年 12 月。

⑤ 《最近世界各国文坛之主潮（三）》，《读书杂志》第 1 卷第 6 期，1931 年 9 月。

⑥ 参见［日］上田进：《苏联文学理论及文学批评的现状》，《文化月报》1932 年 11 月 15 日创刊号。

所幸张闻天没有在文艺政策上追随斯大林主义，而是批评左联犯了关门主义错误。冯雪峰随即代表左联认错。胡秋原遂以为，这是一场浪费的论争，左联又回过头来承认1925年苏俄文艺政策之根本精神："革命团体应承认文艺创作之自由，进步作家最好正确认识时代解放斗争之内容。"① 冯雪峰、瞿秋白则坚称他们不得不辩，因为胡秋原"不能心服列宁的原则之在文学上的应用"，"反对《世界革命文学》杂志和苏联共产学院对于朴列汗（普列汉）诺夫等的批判"。②

五、"自由马克思主义"与"党外的布尔什维克"

左联与胡秋原所论虽是文艺问题，党派之间的纷争仍是挥之不去。冯雪峰的首篇论战文章即指责胡秋原"显露了一切托洛茨基派和社会民主主义派的真面目!"③ 鲁迅亦称："这三年来关于文艺上的论争是沉寂的，在指挥刀的保护之下，挂着'左翼'的招牌，在马克思主义里发现了文艺自由论，列宁主义里找到了杀尽共匪的论客的'理论'，几乎没有人能够开口。"④ 为学识、资料所限，笔者无法排查托派是否有"杀尽共匪"的切齿之声，至少《读书杂志》无之。鲁迅既不愿旁观，又不愿显豁地攻击托派，批胡秋原也只有半句话，然而笔锋着实凌厉。胡秋原回应道："倘以文艺创作自由论系攻击左翼文坛，或系出自指挥刀保护"，"那恐怕至少要人类有盲目或健忘之必要"。⑤ 言下之意是：鲁迅也曾翻译过《苏俄的文艺政策》，那时的政策正是予非党作家以创作自由。鲁迅文字大概是勉强遵命之作，面对胡秋原的反唇相讥，

① 胡秋原：《一年来文艺论争书后》，《读书杂志》第3卷第2期，1933年2月。

② 《并非浪费的论争》，《现代》第2卷第3期，1933年1月。冯雪峰日后透露此文乃瞿秋白代他写的。

③ 《阿狗文艺论者的丑脸谱》，《文艺新闻》1932年6月6日第58号。

④ 鲁迅：《论第三种人》，《现代》第2卷第1期，1932年11月。

⑤ 胡秋原：《浪费的论争》，《现代》第2卷第2期，1932年12月。

一向坚持以牙还牙的鲁迅遂保持了沉默。

不过，鲁迅的那半句论胡秋原之语，仍被周扬引作文章题词，周且云“政治上的社会民主党……文学领域内的社会法西斯也穿起‘自由人’的衣裳”。① 胡风重复周的论说，又称胡秋原放“烟幕”，“比民族主义之类的文艺理论的反动效用更大，成为目前最大的危险”。② 民族主义文艺从理论到创作，都是外强中干。胡秋原则通读了马恩全集，熟悉列宁、普列汉诺夫、托洛茨基等人思想，因而被胡风视为最主要的敌手。

陈望道在“文艺自由论辩”中策略性地支援了“作家”。杜衡以“作者之群”自居，当然，他也具有一定的理论实力，然把陈文中的“作家”置换成胡秋原，我们才能完全读懂其意旨。左联理论家在“学得一些常识以前，还是让作家自己各人尽量发表各人的所得有益些”，尤其是“对于破坏这一面，不必禁止别的立场的批评。……不必以为非我莫属”。这个意思，在前揭之《对于上海事变的感想》，陈望道已经表达过了。他还批评左联中人面对“别人树着大纛来攻”，“只懂得缩回到阶级的立场上架搁遮拦”，想“用警棍主义加帽子主义取胜”。左联理论家目前任务应是学习、读书，因为论辩暴露出他们“并未读过比作家更多的理论书，至少在一切论文中是显出来并未读过比之作家更多的理论书”。③ 这也是话中有话。此时的周扬、胡风属于没有读过多少马恩列原典的，瞿秋白的理论修养不同一般，但是为了与中共中央及苏联保持一致，他在论战中只能引用列宁的《党的组织和党的文学》，只能以普列汉诺夫的孟什维克主义全盘否定其理论。

胡秋原倒也知道这一点，“普氏是不是一个纯粹的孟什维克，对于

---

① 参见绮影：《自由人文学理论检讨》，《文学月报》第5~6号合刊，1932年12月。

② 参见谷非：《现阶段的文艺批评之几个紧要问题》，《现代文化》第1期，1933年1月。

③ 参见陈雪帆：《关于理论家的任务速写》，《现代》第2卷第1期，1932年11月。

俄国革命史很熟悉的易嘉先生也应该说一句平心的话。列宁怎么谈普列汉诺夫，他的夫人怎么谈他”，他人可以不懂，瞿秋白也人云亦云：“真太使我失望啊！”既然如此，“我们谈什么理论呢”?① 而承续政统的左联理论家，目的也不在丰富深化马列文论，而是为了借论辩贯彻世界革命作家联盟的指示，强调文学的党性原则。追根溯源，则是左联方面首先展开人身攻击，胡秋原则从理论方面予以咄咄逼人的反击，左联不得不动员力量维护自己的正统性。所论虽是文艺问题，左联心中仍有《读书杂志》影子在：该刊提出了不同于政统的革命路线，并容纳托派。

由于中国托派不大关注文艺问题，左联中人常常在机关刊物上泛泛攻击托派。社联则在中国社会史论战中首当其冲。如今，左联既不满于《读书杂志》刊载托派反对斯大林的言论，似又无法正面应对，遂纷纷借批胡秋原之机一语带及，以表立场。瞿秋白则翻译了别德内依攻击托洛茨基、拥护斯大林的《没工夫辱骂》一诗。1932年12月12日，鲁迅致信身在苏联的曹靖华，告知此诗已译载，要他寄一插图本，以便出单行本。② 在《又论“第三种人”》中，鲁迅断定“站在甲乙对立或相斗之外的人”“是不能有的”，“平时有意的或无意的遮掩”，“一遇切要的事故，它便会分明地显现”。③ 从上下文看，甲乙指国共、苏德斗争。在这个维度上，胡秋原和杜衡无疑是同情苏联和中共的。可是政治文化斗争并非两极而是多极。到了1936年，的确发生了“切要的事故”：托派竟写信给鲁迅寻求支持，不容其遮掩态度。

六、泛左派别的“公共空间”之碎裂

神州国光社有意开放自己所掌控的出版舆论空间，《读书杂志》声

① 胡秋原：《浪费的论争——对于批判者的若干答辩》，《现代》第2卷第2期，1932年12月。

② 鲁迅：《鲁迅全集》，12卷，北京：人民文学出版社1981年版，第130页。

③ 《文学》，创刊号，1933年7月。

称它将延续中国社会史论战中的做法，接受各方文艺论战文章。① 坊间却传言《读书杂志》乃社会民主党机关刊物，严灵峰等人亦加入了社会民主党。王礼锡闻某方“悬投稿购买之厉禁”，他以为对方于“理论的公开讨论感到不便”，避免成员受异端思想感染，方出此策。② 在这种情况下，《现代》遂成文艺自由论辩的公共“战场”。冯雪峰等人有意息争，也希望胡秋原能在《现代》撰文（该刊编辑杜衡等被传为官的帮凶，乃后来之事）。

就字面意义而言，成立社会民主党又意味着与当局合作，故王礼锡、胡秋原屡次辩诬，后者甚至说“只有畜生反对布尔什维克，只有畜生组织社会民主党”。③ 然左翼用词亦不严格，前揭冯雪峰文章即用“社会民主主义派”。从1930年社联颁布的《反社会民主主义宣传纲领》来看，它把改组派、第三党、托派一概纳入社会民主主义，意谓宣传马列而又反对革命在现阶段实行无产阶级专政之思潮。

国民党上海市党部也指“神州”同人是社会民主党派，策略上要联络托派，才刊布托派文章；新生命书局更是沦为托派“出版机关”。④ 由国民党特务之人创办的小报《社会新闻》，又谣啄胡秋原、施存统、严灵峰辈均为AB团成员，⑤ 迫杨邨人在“团机关报”《读书杂志》发表脱离中共声明。⑥ 且不说AB团早已不存在，此时出面揭发托派、杨邨人、胡秋原皆为国民党特务，岂非贻笑千古之怪事！杨氏固然“门面太小”，且已脱党，《社会新闻》仍大造其谣，目的显然在加剧反蒋诸党派之间的猜忌、加剧苏区肃反。胡秋原、王礼锡、杨邨人又不得不辟谣。杨仍想“回家”，下面一段文字或谓自己无意加入托派或

① 《年终的话》，《读书杂志》第1卷第9期，1931年12月。

② 《王礼锡小传》，《读书杂志》第3卷第1期。

③ 《“第三种人”及其他》，《读书杂志》第3卷第7期，1933年9月。

④ 《上海市党部文艺宣传工作报告》，《左翼文艺运动史料》第318页。

⑤ 《左翼作家的失节》，《社会新闻》第2卷第8期，1933年1月23日。

⑥ 《杨邨人投降AB团》，《社会新闻》第2卷第8期。

社会民主党：《读书杂志》"并非反革命的宣传品"，"至于她登载着取消派的理论，正如她也登载着干部派的理由一样，只是公开杂志的一种态度——不过任人去批判谁是谁非而没有她固执的主张吧了"。① 有党派的文化人各有机关刊物。那些无意被裹挟进党派之争的文化人，为避免麻烦起见，也不大愿意向《读书杂志》供稿。陈望道、茅盾、郁达夫各发表了一篇文章后，就不见了踪影。②《读书杂志》本拟接受各方文艺论战的文章，可结果并不如意，胡秋原很无奈地说："我也向各方面的朋友'拉'过稿，但结果成绩不佳，仅有侍桁先生交来两短篇。"③ 这就使得《读书杂志》越到后来越像是"神州"同人加托派的刊物。

倘若"神州"组党并联络托派，在当局看来自然是极大的罪名。胡秋原愤称"用什么'党''派'之类的名称来陷害他人，这阴谋实在近于残酷"。④

收束论战之际，冯雪峰、瞿秋白承认了胡秋原个人的"爱洁，高尚"，然其若"不真的从反动派别里面脱离出来"，还是"社会民主主义派托洛茨基派的文艺理论家"。⑤ 换言之，他们仍希望胡秋原从神州国光社中脱离出来。后者则毫不讳言自己"佩服"斯大林，"同情"托洛茨基，"对于陈独秀邓演达也都觉得可惜"。在20世纪30年代，倘若公开表同情于陈独秀、邓演达、托洛茨基，即不可能被政统视为"左翼"。参加"福建事变"之前，胡秋原写道：应对当局杀害胡也频、邓演达，囚禁陈独秀、丁玲等罪行，必须有笔墨以上的抗议！"怎么

① 杨邨人：《我的供状》，《读书杂志》第3卷第5期，1933年5月1日。

② 第2卷第4期《读书杂志》（1932年4月出版）发表了郁达夫的《沪战中的生活》、陈望道《对于上海事变的感想》；第2卷第6期（1932年6月1日，衍期）有茅盾的小说《小巫》。

③ 参见侍桁：《文艺时评》，编者按，《读书杂志》第3卷第6期，1933年6月。

④ 胡秋原：《浪费的论争》，《现代》第2卷第2期，1932年12月。

⑤ 冯雪峰：《并非浪费的论争》，《现代》第2卷第3期，1933年1月。

办?”“首先第一，同盟地实力地反对法西”。时有托洛茨基愿出任苏联外交官之传言，若成事实，“无疑是可庆贺的”。①背后虽有十九路军的政治支持（联合反蒋各党派），不过，王礼锡、胡秋原具有左派特色的“自由”理念、兼容并包泛左派别之政见，一直没有变化。

事后看来，王礼锡通过创办书局、杂志，起到了为陈铭枢网罗人才的作用，不过双方是互动的。本文在一开始已强调“九·一八”事变之前陈乃蒋介石亲信，“神州”同人则是政治文化上的左派。在淞沪战争中，“神州”同人才明确支持十九路军抗日。陈起兵反蒋，“神州”同人方加入行动。福建“中华共和国人民革命政府”的带有社会主义色彩的政纲，主要是由“神州”同人起草的。

只有待共产国际改变策略，陈铭枢、胡秋原、王礼锡方得以在莫斯科与中共代表团合作，建立抗日统一战线。然而胡秋原与马克思主义的情缘，也因苏联肃反而终结。鲁迅讽刺胡秋原居然在马克思主义中发现了自由论，我们可以理解为，鲁迅并不认为在党派冲突激烈的时代，革命的知识分子有摆脱利害自由发言的可能。综合本文所述鲁迅的种种表现，我们确可称之为“党外的布尔什维克”。这也是“左翼”阵营能够持久的关键所在；反过来说，这也是两个中国著作者协会及中国著作者抗日协会甫成即亡的原因。

《读书杂志》《现代》在左右两翼的挤压下停刊，此后就没有期刊愿意成为公共“战场”了。“上海习惯，凡在或一类刊物上投稿，是要被看作一伙的。”②虽说“神州”与左翼最终还是交集于抗日这一点，然而前者开辟可供公开、自由讨论的文化空间之努力，显然是失败了。

---

① 《“第三种人”及其他》，《读书杂志》第3卷第7期，1933年9月。

② 《鲁迅全集》，13卷，北京：人民文学出版社1981年版，第214页。

“文化”谁来“运动”？

——胡秋原五四观念溯源

□ 尹 捷

胡秋原先生出生于1910年，第二年就在武昌发生了辛亥革命。今年是他的百年诞辰，去年为五四90周年，明年就是辛亥革命百年纪念。在这个意义上，就胡先生这一代知识人而言，他们的出生和成长，青年和中年，都和中国处在战争与革命这样一个动荡不安的时代背景密切地联系到一起。应该说，他们这一代人所承担的现实与思想上的重压，是远非处于升平之世的我们所能恰当理解与深切感知的。当我们重新来追思胡先生的时候，这一点，是首先要考虑到的。本论文就是在这方面的一个初步尝试：将胡秋原先生的五四观念，放回到他所经历并且深刻地卷入其中的现代思想史、文学史的现实场域之中，并结合我对胡先生论辩性言说风格的认识，来考察他这些“作为事实的思想”（竹内好语）生成、演变的历史轨迹。

一

1931年年底，胡秋原和几个朋友编辑了一本小型的同人杂志《文化评论》。在发刊词《真理之檄》里，胡秋原指出，“现在是夜与昼交替的时代……寄托于旧的废墟上的一切新旧偶像，在落后的文化思想界，得以发挥其势力，残害麻醉青年与群众之神经”。因此，“五四运动之使命，反封建文化的使命，并没有完成”。“现在正是需要我们来彻底重新估定一切价值的时代。”在他看来，今后的文化运动，就是要继续完成五四之遗业，以新的科学的方法，彻底清算，再批判“封建意识形态之残骸与变种”、“各种帝国主义时代的意识形态”以及“文化上出现法西斯主义之倾向”这些“思想上的十字军”和“文化自由发展的死敌”。他强调说，“思想批评是我们智识分子当前的天职”。“我们是真理之守护者，我们要以古印度学者的严峻精神，以真实的科学方法，为真理之光复，铁也似地抨击一切非真理的思想。”进而他指出，“我们完全站在客观的立场，说明一切批评一切。我们没有一定的党见，如果有，那便是爱护真理的信心”。最后他呼吁道：“现在是一个伟大的转折期。一切进步的智识分子正不应该放弃了这严重关头的责任啊!”① 胡秋原站在知识分子的“客观”立场上，对知识界发出的“彻底地”重估一切价值的极端吁求，表现了他对五四激烈反传统的文化批判精神的强烈认同。这在当时众多的受到五四时代精神影响的知识分子中，很容易引起共鸣。

可是他的这一要求，却遭到当时认为五四运动是失败了的资产阶级文化运动的左翼知识分子的强烈反对。在他们中的相当一部分人眼中，在20世纪30年代的中国，新的无产阶级革命文化运动已经兴起。大众化，则是这新运动的中心课题；知识分子，也不再如五四时期那样，被看作新的文化运动当然的启蒙主体。

最先指出胡秋原五四论述这一问题的是时处左联外围的文艺新闻社。在1932年1月18日《文艺新闻》② 社论里，他们要求胡秋原及其同人“脱弃五四的衣衫”。文中指出，五四运动代表着中国新兴资产阶级文化之抬头。他们并不否认五四时代民主科学口号和反封建历史任务的进步性，承认这些都是“无可讳言的”。但接着强调指出，“我们的步伍，却断断乎不是五四的”！而“五卅”、“一九二五——二七大革命

---

① 胡秋原：《真理之檄》，参见吉明学、孙露茜：《三十年代文艺自由论辩资料》，上海：上海文艺出版社1990年3月版，第3~5页。

② 文艺新闻社：《请脱弃“五四”衣衫》，《文艺新闻》第45号，1932年1月18日。

的失败”以及“刚刚过去的九一八事变”，都要求人们“需要——应当——集合在反帝国主义的战旗之下从事于反帝的文化斗争”。进而，他们将问题的重心放置到文化运动的主体界定上来，“（当前的文化运动）不是学者们的，不是智识者群或仅是学生大众的”，它“是大众的——是为大众之解放而斗争的”。最后，文章呼吁道：“把火力集中起来！”

胡秋原很快就对文艺新闻社的批评做出了响应。于“1932 年 1 月 20 日夜 1 时”，他写了《文化运动问题——关于“五四”答文艺新闻记者》① 一文。胡秋原首先感谢了“文新记者”“平心静气作这样很友意的批评”的良好态度，进而他指出，自己并非想要单纯“恢复”五四之精神，而只是认为它的反封建文化的使命没有完成，“只给封建文化以皮相的打击”，且破而难立，并没有进而形成一个强有力的“国民文化”。他提醒道，没有五四，何来“五卅”？但他同时也承认，自己所说的“继承五四之遗业”，不过是为了强调这种文化运动历史连续性的修辞性说法（原文为 Figure of Speech）而已。在大量罗列普列汉诺夫、佛理采和苏联 1925 年前后文艺政策中的一些相关论述后，他指出，“该文作者”的观点，有着“非马克思主义的，经验一元论的残影”，“要根本否定五四，就毋宁否定历史”。“现阶段的文化运动”，与五四相同，也仍是一个“过渡性的革命文化，与现阶段的社会革命运动并行的革命文化”。它的任务仍是破旧立新，以为“更新的”文化奠定一个初步的基础。胡秋原强调说，这更新的文化之确立，却要等到“社会变革完成之后”，方有可能。他提醒道，自己所提出的“继续五四”的说法，只应释为“Aufheben（扬弃——引者按）五四”，“超越五四”，不能理解为“复活”和“抄袭”五四。文尾处，他呼应了前引文中“把火力集中起来”的呼吁，但又指出“必须更深刻地把握马克思主义理论，在马克思主义之旗帜下团结起来”，才能达到真正的“集

① 胡秋原：《文化运动问题——关于“五四”答文艺新闻记者》，参见吉明学、孙露茜：《三十年代文艺自由论辩资料》，上海：上海文艺出版社 1990 年 3 月版，第 22 ~ 32 页。

中"，才不至于将"火力分散"。

大致来说，在文艺新闻社和胡秋原这一回合的"交手"中，双方仍是本着求同存异的态度，着眼于问题的深入探讨，并非对"立场"的简单质疑，可说是"就事论事"的"论争"而非"上纲上线"的"论战"。①

真正带来这种"和而不同"讨论气氛发生质变的则是瞿秋白的介入。1932年5月23日，在替《文艺新闻》代拟的态度激烈的响应社论《"自由人"的文化运动——答复胡秋原和〈文化评论〉》一文中，瞿秋白直接点出胡秋原的名字并指责他的文章"十分渊博，扯上了一大套高尚的理论"，结果却"把问题的中心弄模糊了"。真正的问题在于："究竟是谁担负着反封建的文化革命——是智识阶级的自由人，还是工农大众?"胡秋原对于新时代文化运动的"大众"特征，是"恰好'忘记了'，他半个字也没有答复"。因之，瞿秋白认定，胡秋原所宣称的"自由人的立场，智识阶级的特殊使命论的立场，正是五四的衣衫，五四的皮，五四资产阶级自由主义的遗毒"。而这一立场的根本要求，就是要"先研究理论然后再去行动"。"民众"则被"智识阶级的自由人"教训着要等待他们在"深刻的研究"后再来采取"有理论的行动"。② 这样一来，瞿秋白对于胡秋原的严厉批评，与前引文对其的温和回应，尽管在强调新的文化运动应是大众文化运动这一点上，是一致的，但两者间的差别更为明显，他将这一问题的讨论，上升到了"敌我之争"的高度，将胡秋原提出的自由人理念，直接置换成了"资产

① 这也可能和胡秋原和文艺新闻社中的袁殊、楼适夷都是新起的著作者协会的发起人有关。1932年1月17日，陈望道、袁殊、王礼锡、胡秋原、冯雪峰、楼适夷等35人召开了著作者协会的筹备会。参看《中国著作者协会发起纪》，《文艺新闻》第46号（1932年1月25日）。另外，在同期的《文艺新闻》第四版的《读书顾问》栏里，登载了推介胡秋原发于《文化评论》创刊号上《阿狗文艺论》的文章(《从夜半到清晨》)。

② 瞿秋白：《"自由人"的文化运动——答复胡秋原和〈文化评论〉》，《文艺新闻》第56号，1932年5月23日。

阶级的自由主义"的观念，对他的五四观作了阶级分析式的定位。

从当时以及以后的历史发展来看，这一定位，显然是比较简单的和草率的。而引人思索的问题是：作为当时中共党内最为重要的理论家的瞿秋白，为什么要对当时宣称自己是"不大懂马克思主义之政治理论"，但"笃信唯物史观"的"一个与政治外行"① 且"刚入学问之门"② 的年轻的胡秋原采取这么激烈的态度，以至要将两人对于五四历史地位认识上的差异，上升到阶级论的高度？

这就需要回溯一下瞿秋白撰写此文之前对于五四认识的变迁，以及他在介入论战之前对于胡秋原的基本看法。

二

1927年2月，瞿秋白在为拟由亚东图书馆出版的自选集所写的序言中说：

> 自五四运动中国宗法社会的思想崩溃以来，至今还是遗留着……尤其是妇女问题、青年问题，甚至于在已经开始斗争的无产阶级之中，还保存许多宗法社会封建制度的旧观点。对于这种现象，我们要高呼"持续新文化运动时期（五四）之可宝贵的遗产"！这种可宝贵的遗产，便是无情的彻底的反抗宗法社会及一切舶来的反动妥协的文艺思想。③

由此可见，至少在"四·一二"政变之前，瞿秋白对于五四新文

① 胡秋原：《勿侵略文艺》，《文化评论》第4期，1932年4月20日。

② 胡秋原：《一年来文艺论争书后》，《读书杂志》第3卷第2期，1933年2月。

③ 瞿秋白：《〈瞿秋白论文集〉自序》，《瞿秋白文集·政治理论编·第4卷》，北京：人民出版社1993年7月版，第420页。

化运动仍持肯定态度。可是，到 1930 年代初，在从政治战场退到文学战场之后的瞿秋白，对五四的态度却有了显著的变化。

1931 年 3 月，瞿秋白写了《大众文艺的问题》一文。文中他断言陈独秀当年提出文学革命的三大口号，催生的不过是“旧文艺”“潜移默化”的“脱胎和换骨，借尸和还魂”：

> 贵族变成了绅商（民族），民族道统借尸还魂的表现在绅商的国民文学；山林隐士脱胎换骨成了市侩清客，倡优文艺借尸还魂表现在市侩清客的社会文学；落拓名士脱胎换骨成了高等无赖，古典堆砌无病呻吟的文艺借尸还魂的表现在无赖的写实文学。

同年 5 月，瞿秋白又写了《学阀万岁》① 一文来给他所定义的“文腔革命”和大众化运动开路，因之对五四新文化运动作了更为激烈的批判，甚至认为“‘文学革命’和‘国民革命’大不相同，差不多等于白革了”。而所谓的“新文学”，不过是“非驴非马”的“骡子文学”。所以会出现这种现象，“除出中国社会实际生活里面的许多原因之外”，则是由蔡元培、胡适、陈独秀这一帮“文学革命党”“自己的机会主义”所招致的。

这种对新文学“种下的是龙种，收获的是跳蚤”的指责，近乎是对五四新文化运动的全盘否定。② 在写于同期的一封致友人的信中，瞿

① 瞿秋白：《学阀万岁》，《瞿秋白文集·文学编（3）》，北京：人民文学出版社 1989 年版，第 198 页。

② 茅盾曾指出：“他对于‘五四’以后十二年间的新文学的成就评价过低，当时朋友们中颇有几位不赞同他这意见。记得《学阀万岁》的初稿，有几个朋友就认为不能发表，退还了秋白；后来经过他自己稍稍修改，这才发表了出来（这些事都发生在左联还存在的时期）。”（茅盾：《瞿秋白在文学上的贡献——瞿秋白逝世十四周年纪念》，《人民日报》1949 年 6 月 18 日。）茅盾这里的记忆可能有误，目前能看到的《学阀万岁》最早的发表稿，则是由所存瞿氏手稿辑入《乱弹及其他》，1938 年以霞社的名义出版的。

秋白给出了自己的核心论点：“新的文学革命不是‘五四’的简单的继续，而是它的‘辩证法的开展’。”① 他提出了“第三次文学革命”的口号，提出要写作“真正的白话文”，而这种真正的白话文则是“对于五四式的白话文的否定的开始”。② 这即是说，他所倡导的这次文学革命与五四新文化运动构成了扬弃的关系。但是，作为五四运动的亲历者和后期《新青年》杂志的编者，瞿秋白很难将这一对于五四运动的决绝态度坚持到底。在一次和茅盾的谈话中，他承认自己这样说乃是出自一种“矫枉必须过正”的策略。③

到 1932 年 3 月，在《“五四”和新的文化革命》一文中，瞿秋白调整了上一年的激进看法。他指出，五四是中国资产阶级的文化革命运动。而“现在资产阶级早已投降了封建残余，做了帝国主义的新走狗，背叛了革命，实行着最残酷的反动政策”。因之，“光荣的五四的革命的精神，已经是资产阶级的仇敌”。而新的文化革命的领导权已经落到无产阶级手中，“这是几万万劳动民众自己的文化革命”，是“无产阶级领导下的文艺复兴运动，无产阶级领导下的文化革命和文学革命，无产阶级的‘五四’”。④ 而“资产阶级的智识分子”（指胡秋原——引者按）以“文化运动消沉”为名，提出“智识阶级的使命论”，要求“继续五四的精神”。瞿秋白认为，这不过是些自称“继续五四精神”

① 范易（瞿秋白）：《致迪兄（一）》，《瞿秋白文集·文学编（3）》，北京：人民文学出版社 1989 年版，第 331 页。

② 瞿秋白：《新中国的文字革命》，《瞿秋白文集·文学编（3）》，北京：人民文学出版社 1989 年版，第 281 页。

③ 茅盾回忆道：“有一天，在某处遇到他，我就问他：‘难道你真正认为五四以后十二年间的新文学一无可取么？’他回答说：‘不用猛烈的泻药，大众化这口号就喊不响呀！’那么，他自己也未尝不觉得五四以后十二年间的新文学不应估价太低，不过为了要给大众化这口号打出一条路来，就不惜矫枉过正。”（茅盾：《瞿秋白在文学上的贡献——瞿秋白逝世十四周年纪念》，《人民日报》1949 年 6 月 18 日。）

④ 宋阳（瞿秋白）：《大众文艺的问题》，《文学月报》创刊号，1932 年 6 月。原文末尾注明写于 1932 年 3 月 5 日。

的"资产阶级实行愚民政策的别动队"和"艺术至上的神仙"们"披起粉红色的外套"，所玩的另外一套"把戏"，企图用"一些时髦的摩登化的空谈，欺骗广大的民众"，"要叫人家相信他们是负着特殊的文化使命的诸葛亮"。瞿秋白认定在1930年代的中国，只有无产阶级才是继承五四精神的伟大力量和"真正的群众的领导者"。同时，无产阶级也决不放弃五四"那种极端的深刻的对于封建残余的痛恨"和"对于帝国主义的反抗"精神。他强调指出，这一"劳动民众的文化革命"和"一般的政治经济斗争联系着的"，"是总的革命斗争中的一个队伍"。① 我们注意到，这篇论文和前引他回答胡秋原的社论，写在同一时期，都对胡秋原的具体观点有所响应，几乎可以看作同一篇论文的不同章节。应该说，在这篇发在左联机关刊物《北斗》上的文章里，瞿秋白对胡秋原的态度和判断，甚至比起那篇社论来，更是有过之而无不及的。

后来，瞿秋白在《红萝卜》一文里对胡秋原的五四观给出了类似《文艺新闻》社论但更为具体的评价。文中，他首先肯定了五四运动反帝反封建的伟大意义："十三年前的五四运动前后，反对宗法社会的运动还是大逆不道的。不论当时的运动是多么混沌，多么幼稚，可是战斗的激烈和对于一切腐败龌龊东西的痛恨，始终是值得敬重的。"进而，他比较了五四和1930年代的差别："当时是女子要求解放，而现在，是男子甘心做消遣品了。"因此，"对于这些消遣品，以及一切封建余孽和资产阶级的意识，应当要暴露，攻击"。而这正是"文化革命的许多重要任务之中的一个"。在这一点上，五四运动确实是未完成的事业，要在"新的基础上"去继续"彻底"完成。而真正的问题在于：由谁来继续这一事业？因此，对于"自由智识阶级"胡秋原声称的"完成'五四'遗业"，瞿秋白写道，"好极了，欢迎之至"。但是，"第一，

① 易嘉（瞿秋白）：《"五四"和新的文化革命》，《北斗》第2卷第2期，1932年5月。

假使他们摆出‘科学的’尊严面目，说无谓的有意识的替群众服务……第二，假使他们表现自己的‘超然的清高的无党无偏的’态度，居然要做压迫者和被压迫者之间的‘第三者’……第三，假使他们……自己认为是群众之上的一个‘阶级’，把群众的文化斗争一笔勾销……那么，他们究竟是群众的朋友，或是群众的老师，还是群众的敌人”？瞿秋白重申了他的看法，“新的文化运动”不应由所谓的自由的“智识阶级”来完成，而应由被压迫苦难者自己来完成。他同时给出了知识分子参与其中的必要条件：那些离开了财神菩萨，反对一切财神菩萨的“小布尔”“智识阶级”，则是群众的朋友，“真正肯替群众服务”，也能参与到这一“被压迫苦难者”的“文化革命”进程之中。①

由此看来，瞿秋白“继承五四反封建遗产”这一命题的提出要远早于胡秋原，到20世纪30年代初期，尽管他一度存在彻底否定五四文化革命意义的偏颇之处，但后来他就很快作了纠正。在继续五四反封建的文化使命这一点上，瞿秋白和胡秋原事实上是别无二致的。所差别者，首在如何看待知识分子与大众（新的文化革命）之间的关系，这似乎并非是一个无法经由讨论以建立共识的问题。那么，为什么瞿秋白将“新式诸葛亮”、“别动队”、“神仙”这一类充满了蔑视的词语用在胡秋原身上，并用“理论上的阶级斗争”② 的态度，来评判胡秋原的五四论述呢？

三

据查，在《瞿秋白文集》（包括政治理论编和文学编）中，最早出

① 司马今（瞿秋白）：《红萝卜》，《北斗》第2卷第3期，1932年7月。

② 瞿秋白在写于1932年5月21日的一篇文章中指出，当时进行的中国社会性质论战，不应是学究主义的纯学理的讨论，“这个理论上的斗争，现在已经是实际阶级斗争的延长和开展……是理论上的阶级斗争”。参见何史文（瞿秋白）：《中国的经济和阶级关系——对于方亦如的批评》，《布尔塞维克》第5卷第1期，1932年7月。

现胡秋原的名字，是在写于1931年9月的《青年的九月》一文中：

> 这些狗种，居然这样不要脸，公开地称赞德法劳动者的自相残杀，拿来“证明”民族意识的至高无上（见胡秋原作的民族主义文艺论文——《民族主义文艺论文集》）。这个自相残杀使欧美资本主义延长了一二十年的寿命，使帝国主义巩固了对于印度……中国的统治。①

这里的“胡秋原”可能是瞿秋白的误认。考其引文内容及其所载之书，他所引之文的作者实系叶秋原。叶秋原有《民族主义文艺之理论的基础》一文，以本名连载于自己（以笔名李锦轩的名义——笔者注）主编的1930年8月《前锋周报》第8、9、10三期上，后收入前锋社所编之《民族文艺论集》，② 1930年10月由上海光明出版部出版。可能的原因是瞿秋白对于当时的上海文坛不熟悉，不了解胡秋原和叶秋原都曾以“秋原”的笔名发表了不少文章。③ 这就埋下了后来瞿秋白对于胡秋原反民族主义文艺论的“虚伪性”认知的导火索。

1932年4月，在发表于党刊《红旗周报》上《中国的假革命党和中俄复交问题》一文中，瞿秋白错误地估计了当时的局势，认为

① 史铁儿（瞿秋白）：《青年的九月》，《文学导报》第4期，1931年9月。

② 胡秋原在一篇文章（《阿狗文艺论——民族文艺理论之谬误》，《文化批判》创刊号，1931年12月25日）专对发表在《前锋月刊》第1卷第1期（1930年10月）同时也收入这本《民族文艺论集》中的《民族主义文艺运动宣言》给予了逐节的批判。而他在另一篇文章（《钱杏邨理论之清算与民族文学理论之批评——马克思主义文艺理论之拥护》，《读书杂志》第2卷第1期，1932年5月）里提到了这本论文集，嘲笑它是“民族文艺理论集大成的文献”，对其内容大加鞭笞，还特意提醒读者尤其要看其中“《宣言》与潘公展叶秋原之文”。据施蛰存回忆，这一宣言的起草者，就是叶秋原。参看施蛰存：《我和现代书局》，《中国出版史料·第一卷（下）》，济南：山东教育出版社2001年4月版，第228~229页。

③ 这时的胡秋原为了避免重名，曾一度将自己的笔名改为“萩原”。参见王礼锡：《萩原不祥》，《读书杂志》第1卷第2期，1931年2月。

“中国国民党政府和上海军阀（蒋光鼐、蔡廷锴等）”，用假抵抗的手段，行不抵抗之实，与日本“停战议和”，以便日本“更积极地实际布置进攻苏联的战争”。对于迁都至洛阳的国民党政府放出的“恢复中俄邦交”的消息，他也认为是一种欺骗民众的手段，实质则是“催促帝国主义进攻苏联的暗示”。而断言在此时此地的舆论场域里，就恰到好处地“出现了一些假革命党”来与“中国国民党政府和上海军阀”相配合，“实行奇妙的反对苏联和中国苏维埃运动的宣传”。他以神州国光社由王礼锡、胡秋原创办的《国际评论》为例，来证明这种政府“帮口”的欺骗性。关于王、胡二人，他指出，“这种刊物的主持人，大家都知道是‘AB团社会民主党’的首领。他们表面上假装着‘革命的’神气，甚至于冒充‘马克思主义派’。他们表面上称赞苏联，主张中俄复交”，却在《国际评论》中讨论中苏关系的文章中“暴露出了”他们“社会民主党法西斯蒂的真面目”。瞿秋白指出，其中刊有胡秋原的两篇文章，在其中一篇文章中，胡秋原说：“中国的统一，中国的资本主义化，南京政权之强化，是苏联最可怕的；再明白些说，它是需要中国的俄国化（原文写的是英文），而不是美国化（原文也是英文）。因为中国资本主义的统一，是俄国革命运动最大的障壁。在这一点上，俄国的态度与日本是共同的。”瞿秋白认为胡秋原说苏联要阻止中国的统一，“简直是造谣中伤”，“尤其露骨的是”，胡秋原这种认定苏联试图俄化中国的说法，“岂不是最反动的宣传，最恶毒的反对苏联的阴谋”?！瞿秋白重提了《青年的九月》一文中对于胡秋原说下的断语：胡秋原站在虚伪的“民族”的立场上，故意挑拨民族主义的“恶感”，以图“掀动法西斯蒂的反俄情绪”，这充分证明了他“完全是一个资产阶级的民族主义者”。①这样一来，在中共中央机关报刊上，瞿秋白给胡秋原作了“资产阶级

① 范亢（瞿秋白）：《中国的假革命党和中俄复交问题》，《红旗周报》第34期，1932年4月。

的民族主义者"、"假马克思主义者"和"社会民主党法西斯蒂"的三重政治定性，为中共党员批判胡秋原定下了基调。而在载于左联机关刊物《北斗》上的《新英雄》一文中，瞿秋白再次引用了这段话，并进而斥责胡秋原是"欧化小诸葛"，说的这些都是"绅商大人的小老婆"的话①——可以看出，从党内到党外，从半地下到公开刊物，瞿秋白对于胡秋原的判断，只有出于斗争和发表策略的语辞调整，实际并无多大差别。

值得一提的是，瞿秋白在论及胡秋原时，往往会将他和时任神州国光社总编辑、《读书杂志》主编，十九路军爱国将领陈铭枢的重要智囊的王礼锡②连在一起。③ 这样，问题至少部分清楚了：瞿秋白实际上是将自己对于胡秋原、王礼锡政治身份的判断，带入到了他对于胡秋原五四观的批判上来，进而对其采用了如此激烈的态度。他的这一态度，及他在当时左翼文化界事实上的领导者和理论权威的地位，不可避免地将左翼与胡秋原的论战引向一个政治化的方向。而关于五四历史遗产的争议，也就势必沾染上政治判断的色彩，不断走向"非学术化"以至政治论辩化。接下来，由于胡秋原与左翼论战的焦点主要放在更为根本的文艺与政治的关系上面，加之胡秋原在后来的论战文章里有意回避了对

---

① 司马今（瞿秋白）：《新英雄》，《北斗》第 2 卷第 2 期，1932 年 5 月。

② 王礼锡并不讳言他和陈铭枢的密切关系。在公开出版的《战时日记》中，他特别谈到了自己和"真如"在"一·二八"会战中的会面，而真如，就是陈铭枢的别号，而陈铭枢则是神州国光社的实际持有人。与陈铭枢有密切关系的十九路军，则从 1932 年 10 月到 1933 年五六月间，承担京沪保卫的责任。（参见朱宗震：《陈铭枢回忆录》，北京：中国文史出版社 1997 年 3 月版，第 139 页。）

③ 在一篇批判王礼锡《合法的〈马列主义〉》倾向的文章里，瞿秋白再次将两人与《读书杂志》联系在一起。参见瞿秋白：《唯物辩证法的合法主义化》，《瞿秋白文集·政治理论编·第七卷》，北京：人民出版社 1991 年 10 月版，第 506 页。关于胡秋原和王礼锡、神州国光社以及陈铭枢的关系，由于情况复杂，且与本论题关系不大，笔者将另文讨论。

于瞿秋白质询的表态,① 他与瞿秋白关于五四的争论，并没有进行下去。

四

争论虽说没有进行下去，但这并不意味着胡秋原的五四观就没有遭到这种从现实政治需要出发看待五四历史意义的观念的撼动。在后来的言论中，随着时局和个人心态的变化，胡秋原对自己的五四观进行了一定程度上的调整。

1932 年 8 月，在新创刊的《文化杂志》上，胡秋原发表了《为反帝国主义文化而斗争》② 一文，重新阐释了自己的五四观。他认为，“五四运动无疑是中国第一次文化革命运动，这运动的背景，自然是表现着中国民族资产阶级意识的抬头，它的物件，是中国封建官僚文化，而它的政治意义，无疑是对于当时以日本帝国主义为后援的北洋专制主义反抗。五四运动在其反封建官僚文化这一点上，是革命的；然而因为这运动的基础之薄弱，中国文化水平之低下，以及在忽略反帝这一点上，不得不归于失败”。他强调指出，“中国今日的斗争，非常鲜明：归根结底，不是依赖帝国主义的，便是彻底反帝国主义的。在文化战线上亦复如此。而只有真正马克思主义者，才是彻底反帝的”。他声明自己也并非主张由知识分子来包办文化运动——“这是新僧侣主义”——而只是“提醒智识阶级应该投身于大众文化运动”。而与事实上比较空泛的《真理之檄》不同，胡秋原在由自己执笔的这又一篇发

① 在《浪费的论争——对于批判者的若干答辩》(《现代》第 2 卷第 2 期，1932 年 12 月）一文里，他说“后来我离开上海了，在乡中接到友人寄来的两份《文艺新闻》……其中之一，还是什么‘五四’问题之争，拉拉扯扯，我实在无暇答复”，对这个问题一笔带过。

② 胡秋原：《为反帝国主义文化而斗争》，《文化杂志》创刊号，1932 年 8 月。

刊词中认为,“目前的具体任务”至少需要包括以下条目:

一、争取言论集会结社及出版之绝对自由,以至争取真实理论之胜利;二、在一般抗日反帝原则上迈进,扩大文化上抗日反帝的宣传与运动;反对帝国主义尤其是日本帝国主义进攻中国,挑拨反俄与第二次大战,分析帝国主义之现状与阴谋;三、反对中国落后的资本主义前期文化势力(封建文化之残余等),资产阶级文化,与文化界之恶势力——法西主义抗争,暴露它们相互关系与实体;四、文艺之大众化;努力于勤劳大众政治经济文化斗争之启蒙,文化之普及及文化水平之提高;五、一切真正马克思主义者①联合起来,强化马克思主义文化战线;六、暴露一切反前进的理论谬误;克服马克思主义阵营中一切左右的偏曲倾向;七、在马克思——普列汉诺夫——列宁主义原则下,锻炼马克思主义发展,辩证唯物论之深化,及文艺,科学方面广泛运用,与社会主义文化之建设;八、谋国际马克思主义文化的流通,尤其注意苏联及其文化的研究。

由此看来,尽管说,胡秋原这里提出的“马克思主义阵营”、“社会主义文化之建设”等说法有其有意无意的概念上的含混性,但他在这里对五四“遗产”所持的态度,已在相当程度上吸收了左翼对

① 时人对于马克思主义者的理解并不如现在那么固化。比如,胡秋原就认为自己是自由主义(有时用“自由”——引者按)的马克思主义者。他后来解释说,这一想法,在“学术上”,主张“自由主义与马克思主义可以调和,而且应该合作。自由主义应该采用马克思主义分析方法,同时马克思主义亦必须不背自由主义原则”;在它“应用到政治上即是‘民主主义加社会主义’、‘民主社会主义’或‘社会民主主义’”。参看胡秋原:《忆老友梅龚彬——〈两个谈政治的朋友〉及其他》,转引自梅昌明:《梅龚彬回忆录》,北京:团结出版社1994年2月版,第8、11页。

他的批评。不消说，他仍有自己的独立判断：将问题的重心放置到带有学院气息的理论论争和文化批判层面上；强调当时在苏联遭到激烈批判的普列汉诺夫的重要历史地位，并在由左翼提出的大众化问题上强调知识分子对于大众的“文化”启蒙立场和指导地位。值得一提的是，在1930年代中国严酷的政治与社会环境中，他提出了“在一般抗日反帝原则”下，“一切真正马克思主义者联合起来”以“强化马克思主义文化战线”的统战要求，可谓书生气十足，但仍可说是难能可贵的。

到1932年11月，胡愈之主编的《东方杂志》向全国各界知名人士发出了四百多封征稿信，请他们就“梦想的中国”和“梦想的个人生活”发表自己的看法。作为“神州国光社编辑”，胡秋原也提交了自己的答卷。关于“梦想的中国”，他这样说：①

> (1) 我是一个社会主义者，我的“梦想”，当然是无须多说的。不过，我想，中国命运之解决，总在第二次大战以后吧。我并不绝望于“未来”，然而，“梦想”之实现，总还辽远吧。这就是说，我有点绝望于现在。我深深感觉这民族性是有点恶劣。我梦想我们的“国魂”能够改造一下。
>
> (2) 然而，倘若有若干脑与心都很明亮的人们之存在，我还不觉寂寞。中国虽非星星之火所能照耀的，然而看见他们的微明，应感觉相当的安慰。

在民国最有声望，历史也最悠久的《东方杂志》上，他公开宣称自己是一个社会主义者，虽说不抱希望但仍表达了对于左翼现实革命的

① 胡秋原：《梦想的中国》，《东方杂志》第30卷第1号，1933年1月1日。

理解与同情，这是需要一定勇气的。① 这也充分证明了年轻的胡秋原在这一时期至少在理论上，是站在左翼的“同路人”的立场上的。但他同时又深感“民族性”之恶劣，梦想“国魂”的改造，这说明他仍有限度地坚持了五四文化精神中改造国民性的知识分子立场。

对于胡秋原这一时期“文艺自由”言论持微妙理解态度的茅盾也参与了这次应征，并在晚年的回忆录里，详细地回忆了胡愈之这次选题策划的经过。② 后来，在由他主持的《文学》杂志的创刊号上，茅盾还特意邀请了“社会主义者”胡秋原发表了《五四文学运动之历史的意义》③ 一文。在这篇文章中，胡秋原进一步阐发了一年前的观点。他对左翼关于五四文化运动的资产阶级属性的定义表示了认同。他强调指出，必须将这一文化运动放到第一次世界大战后世界资本主义体系发生

① 这在应征者中，并不显得那么突兀。在经过了左翼人士、中共地下党员胡愈之所特意选择的应征者（多数是“持进步或中间立场的”）中，绝大多数都是和他有着共同梦想，希望将来的世界是一个社会主义的大同世界的知识分子。（参见茅盾：《多事而活跃的岁月》，《茅盾全集（34）·回忆录一集》，北京：人民文学出版社1997年6月版，第619页。）同时，还必须指出的是，当时对于社会主义的定义要远比马克思主义宽泛，有许多国民党左派，比如周佛海、陶希圣都在此时以社会主义者自居。1933年3月，带有CC系背景的力行社还以“上海社会主义学会”的名义出版《社会主义月刊》（创刊时名为《民族与社会月刊》，自第二期起改为现名），却是一本介绍各国的法西斯运动、研究法西斯理论，以积极为蒋系独裁政府辩护的典型官办期刊。而胡秋原在一篇悼念张君劢的文章中，对于社会主义者的罗列更是让人耳目一新：“在一八九五年左右，孙中山先生在英国接受社会主义，罗素在德国接受社会主义，杜威也是社会主义者。张先生在一九一三年赴德留学后，成为社会主义者。欧战后梁启超先生游欧回国之初亦自称社会主义者（后不然）。那时黎元洪亦主张国家社会主义。至于世界各国作家哲学家主张社会主义者比比皆是。在此‘潮流’中，我在一九三四年亦信仰社会主义。然一九三五年我到欧洲，看见希特勒和史达林（斯大林）的两种社会主义以后，我再深切地再思考这个问题，思想一变。”（胡秋原：《张君劢先生之思想》，转引自罗义俊：《评新儒家》，上海：上海人民出版社1989年12月版，第369页。）

② 茅盾：《多事而活跃的岁月》，《茅盾全集（34）·回忆录一集》，北京：人民文学出版社1997年6月版，第619～620页。

③ 胡秋原：《五四文学运动之历史的意义》，《文学》第1卷第1期，1933年7月。

的巨变的基础上思考：“资本主义制度之空前动摇，殖民地半殖民地工业之一时发展，社会主义苏联之出现。”而具体到“东方”，则出现“两个新事实”：日本帝国主义制度得到确立；美日对立，成为远东问题的中心。而正是在第一次世界大战后远东国际格局发生巨变的前提下，五四运动才促成了“新思想战胜旧思想，白话文战胜文言文，西洋哲学战胜孔子哲学”的“举国一致”的运动。但是，这运动最终“是流产了”。而新时期的任务则是：“要将五四运动时代的批判精神，反抗精神，更加复活，更加扩大。”“要完成五四未完之事，作一番清洗运动，肃清五四以前的资本主义以前的一切文化僵尸。”同时还要“争取最低限度的言论出版的自由”，因为，这是“反对文化上的专制主义”的必然要求。他承认，“在今日也只有社会主义者，才是五四之真实继承人，继续五四就是要扩大社会主义文化运动”。总之，这里的胡秋原对于五四运动的阶级属性、历史局限、反抗精神的认识，都和瞿秋白走向了一致。必须指出的是，与瞿秋白极端重视十月革命对于中国的影响不同，胡秋原看待五四的方式，是将其放回到当时的世界资本主义体系的变化中进行思考。他并不否认十月革命的强大影响，但同时指出，除此之外，激进的反日情绪和美国在中国民族自决立场上对于中国的支持态度，也共同构成了五四运动爆发的国际背景。另外，他还强调了对于国民政府文化专制主义的学理批判和对于出版界“最低限度”的言论出版自由①的争取。他们间最重要的差别，仍在文化运动的参与问题上：胡秋原仍旧坚持了一种泛化的“社会主义者”和知识分子的“理论”立场，这和瞿秋白所强调的知识分子要为大众“服务”的基本

① 胡秋原对于“文艺自由”的界定，有一个从激进渐趋保守的变化轨迹，到这时，已将问题从一开始的不加界定(《阿狗文艺论》，《文化评论》创刊号，1931年12月25日)，到强调“创作自由”(《浪费的论争》，《现代》第2卷第2期，1932年12月)，“争取言论集会结社及出版之绝对自由”(《为反帝国主义文化而斗争》，《文化杂志》创刊号，1932年8月)，直到此文中的“争取最低限度的言论出版的自由”。

限定，显然又是相冲突的。

五

到 1934 年 1 月，由于参与很快就失败了的“福建事变”，胡秋原被迫逃往香港，旋即赴欧游历，随后开始了他近四年的西方世界之旅。期间，他于 1935 年到莫斯科，为共产国际中国代表团所办之《救国时报》、《全民月刊》撰写文章，鼓吹一致抗日，并于 1936 年底去苏赴美。在这次长时间大范围的游历中，他最终放弃了对马克思主义的理论信仰，转向了民族主义。到 1937 年 9 月，在得知七七事变爆发的消息后，时在美国的胡秋原立即回国参与抗战，很快成为了国民党在 1940 年代最为重要的理论宣传家之一。①

1941 年 1 月 7 日，胡秋原给陈独秀的学生何之瑜写了一封信，信中谈到对陈独秀《我的根本意见》② 一文的看法，认为文中对于马克思主义的看法“自是新见亦是针砭，然亦是今日之常识也”。而如欲对马克思主义“补充修正之”，则“固已有事实之‘正统’，真正陆稿荐，亦甚麻烦”。③ 他指出，在当时的中国，已有事实之“正统”，马克思

---

① 参看胡秋原：《八十年来——我的思想来源与若干心得》，转引自李敏生：《中华心：胡秋原政治·文艺·哲学文选》，北京：社会科学文献出版社 1995 年 7 月版，第 121～124 页。

② 陈独秀的《我的根本意见》写于 1940 年 11 月 28 日，当时并未发表，仅以油印方式分寄少数友人。胡秋原手头的油印稿，是陈的学生、时在陈独秀隐居地江津九中教书并受北大同学会委托照顾陈氏的何之瑜寄给他的。陈文中提到，“应该毫无成见地领悟苏俄二十余年来的教训，科学的而非宗教的重新估计布尔塞维克的理论及其领袖之价值”。胡信就是针对此点而发的。

③ “陆稿荐”原为苏州的老字号卤肉店，后开至上海，因其名声在外，后起的卤肉店也多以“真正陆稿荐”相标榜，进而形成俗语，有“假冒伪劣”的反讽之意，鲁迅、郁达夫的文章中都有使用，这也是胡秋原 1930 年代写作所惯用的语汇。他在批判孙倬章、钱杏邨和陈高佣等人的文章里，多次用“真正陆稿荐”的说法，嘲讽对方以“真正的马克思主义者（左派）”自居。

主义则已“不无落后”，而“中国今日之大事”，“为独立民治与工业化”。而“真正的”马克思主义必达此结论，但因其在这两点上夹缠甚多，反倒“不如其他理论更为有用”。他建议陈独秀“完全跳出马克思主义之圈子，仍继承‘五四之传统’”，这样，“无论在文化上政治上作用必更为伟大”。① 这有些向陈独秀“喊话”，请他“脱弃”马克思主义之“衣衫”的味道了。

胡秋原吁请新文化运动领袖陈独秀“继承五四传统”的说法，自然在措辞上并不妥当，但这实际上是对他在《真理之檄》里提出“完成五四之遗业”命题的重申。这也可能是有感而发。② 1938 年 5 月，时在武汉的陈独秀在《政论》杂志上发表引起巨大争议的《五四时代是否过去了》③ 一文，指出“要研究五四运动时代已否过去”，必须“明白五四运动时代是什么一个时代”，并要具体地指出这一时代“要求的是什么”，而现在“是否还有这些要求”。进而他指出，“五四运动时代不是孤立的，由辛亥革命而五四运动，而北伐战争，而抗日战争，是整个的民主革命时代之各个事变”。它们之间的差别，只在“参加社会势力”的广度和“运动要求的深度”，而这种“民主革命的时代性”，则是一以贯之的。在罗列五四运动所提出的种种“要求”之后，陈独秀强调说，尽管它的缺点很明显，“主力仅仅是些青年的知识分子，而没有生产大众”，但是，运动中提出的这些要求中包含的时代性——无保留地以百分之百的力量参加一切民主民族的斗争——之“不会过时”，“这是中国历史发展的条件所决定的，人们头脑中的幻想不能够

① 参见沈寂：《胡秋原建议陈独秀“继承五四之传统”》，《陈独秀研究（第二辑）》，合肥：安徽大学出版社 2003 年 8 月版，第 332～333 页。

② 可以引为旁证的是：到晚年，在评价周策纵的《五四运动史》时，胡秋原对于陈独秀的这一“五四运动延长到现在（按：抗战时期）的观点，仍旧记忆犹新并深以为是（胡秋原：《周策纵著〈五四运动史〉之介绍与批评》，《中华杂志》第 3 卷第 5 期，1965 年 5 月）。在同期杂志上，胡秋原还将发表于 1942 年 5 月 27 日《重庆扫荡报》《悼陈仲甫先生》的文章重新刊出。

③ 陈独秀：《五四时代是否过去了》，《政论》第 1 卷第 11 期，1938 年 5 月。

改变它”。

在写于同年12月的《中国文化复兴论——中国文化之过去、现在与将来》一文中，胡秋原详述了他在前引信件中没有明示的“五四事实之‘正统’”及他对于马克思主义在中国传播所起到作用的认识。他指出，五四新文化运动和五四运动，充分表现了民族主义与现代精神。可惜的是，五四精神没有得到继续与光大，却“日益晦蔽而歪曲”，其直接原因是整理国故运动和马克思主义运动。前者“不知贻误了多少青年”，后者则使得“一个还没有工业文明的国家，早熟地接受了这种工业文明之批评的思想”，最终导致中国文化界离本来是五四精神之正统的“战斗的民族主义与严肃的科学精神”日远。由此他认为，五四以来中国的文化确实有进步，但“就时间的进步来说，是一个逆流”，这一情况，到“九·一八”之后才稍有“转向”。但只有到抗战军兴，“我们才痛切地了解民主主义和科学的重要性”。中国近代产业的幼稚，在他看来，是导致五四运动没有完成民族运动的历史使命的根本原因。而知识分子在马克思主义中逃避现实和“领导人物之无真知定见”，也同是重要原因。结果则导致文化与实际的需要脱节，形成“文化贫血”，“社会无知”，进而导致“一个有深长文化传统的民族竟逐渐丧失其理智信心和创造力”。他认为，中国革命的最终目的，在于建设现代化（即工业化）的民族国家。与之相对应的现代文明，则在形式上应是民族的，在内容上应是科学的。这种文明，既非中国旧文明的复活，也非所谓的“全盘西化”或者“苏维埃式的”，而应为“让腐朽的消灭”、“让文化买办们破产”的能够复兴民族文化，创造“精神国货”的现代文明。进而他指出“民族主义是我们现在抗战建国的中心精神”，一切学问，都应该首先是“为了我民族之生存与进步”。他批评一些“文化人”脱离国民与大众，实际上是一种“文化贵族”。他要求“今日一切从事于教育文化事业者”，都要“用心血来浇灌未来文化之根苗”和“用自己的赤诚与热血，贡献于国民精神之铸造”。① 最后，他总结道：“近世中国文化固已落伍，西方文化亦见枯衰。独裁恶焰，由此而来。必有新的精神，始能复兴世界之文运。”这种精神，即是他认为构成了“民族主义的灵魂”和“民主主义的基础”的“新自由主义”：“以祖国自由为枢纽，外以争人类自由，内以留国民自由。”②

显然，此时的胡秋原是同意陈独秀所言的“五四时代并没有过时”的说法的。如果胡秋原对于陈独秀有什么“规劝”的话，那就是：胡秋原对于马克思主义在中国社会中所起到的作用，持全盘否定的态度，认为它导致了知识分子逃避现实，脱离“五四精神之正统”；而陈独秀，在他看来，仍旧拘囿在这一“不那么有用”的理论“圈子”里，则必将离五四“民族主义”与“科学”的精神越来越远。

陈独秀见到此信后，回了一封很客气的信，他对于胡秋原“继承五四遗产”的吁求，并没有作正面响应，仅阐明了自己“探讨真理之总态度”和“终身反对派”的立场，强调自己“喜根据历史及现时之事变发展，而不喜空谈主义，更不喜引用前人之言以为立论之前提，此种‘圣言量’的办法，乃宗教之武器，非科学之武器也”。《我的根本意见》一文“未涉及何种主义”也并不“以马克思主义为尺度”，自己的一切判断均以事实和历史经验为准绳。而“‘圈子’即是‘教派’，‘正统’等于中国宋儒所谓‘道统’”，自己与之“胃口不和”，只是“见得孔教道理有不对处，便反对孔教，见得第三国际道理有不对处，便反对它”，与是否“陆稿荐出品”并无关系。以陆稿荐之标准来定取舍，往往流于迷信与成见两端，而“迷信与成见，均经不起事变之试验及时间之淘汰，弟两不取之”。在给何之瑜转信的附言里，陈独秀指出：“（胡等）希望我跳出马克思主义圈子，乃彼等一向之偏见，不足

① 参见胡秋原：《文化复兴与超越前进论》，台北：学术出版社 1980 年 3 月版，第 33～59 页。

② 胡秋原：《文化复兴与超越前进论》，台北：学术出版社 1980 年 3 月版，第 31 页。

为异。我辈与之讨论实际问题（历史的及现状的），使之无可逃避，不必牵涉抽象之理论及主义的圈子，免得夹缠不清也……”①

陈独秀对于胡秋原信中观点的判断，来自他对其喜欢“牵涉抽象理论及主义”的定位。从某种程度上来说，当时处于建构新自由主义和文化史观时期的胡秋原，确实如此。三四十年代以迄，胡秋原并不极端排斥马克思主义，但他力图将对之的讨论压缩到一种思想文化意义上的方法论或者说价值判断标准的地步，试图按照五四精神传统，对马克思主义在中国的播撒作真伪之辨，以求重估马克思主义的价值。这显然不是更为看重“实际问题（历史的及现状的）”并有着丰富革命经验的陈独秀所能接受的。

由此回溯到20世纪30年代初期那场论战，胡秋原与瞿秋白之间认识上的分歧就很清楚了。应该说，在如何理解马克思主义理论和苏联经验这一层面上，他们关注的压根不是同一性质的问题。对瞿秋白来说，“革命的理论永不能和革命的实践相离”。②“具有意义的问题是如何发现在中国环境里行得通的理论。一个理论如果仅仅是理论，那它就不会有什么意义。换句话说，理论只有在人们把它运用到实践中去，并成功改变了中国的面貌，解决中国问题时，它才有意义。”③在运用马克思主义来分析中国具体文化运动问题时，胡秋原一直都试图将其限制在一个普列汉诺夫式的比较泛化的文化解读上面，宣称自己“从不考虑为谁而战的问题”，也“没有一定政治立场，也决不愿站在一定政治立场来‘立论’”。④大致来说，与以“共产主义人间化”为信仰旨归的瞿

① 参见沈寂：《胡秋原建议陈独秀“继承五四之传统”》，《陈独秀研究（第二辑）》，合肥：安徽大学出版社2003年8月版，第333页。

② 瞿秋白：《〈瞿秋白论文集〉自序》，《瞿秋白文集·政治理论编·第4卷》，北京：人民出版社1993年7月版，第414页。

③［美］田辰山：《中国辩证法：从〈易经〉到马克思主义》，萧延中译，北京：中国人民大学出版社2008年版，第85页。

④ 胡秋原：《一年来文艺论争书后》，《读书杂志》第3卷第2期，1933年2月。

秋白不同，胡秋原这一时期关于文化运动的讨论还是限定在一个理论的或者说“研究”的层面，所追求者，也仅为建立“真正马克思主义者”的文化“统一战线”。而在“永远坚定地从文艺同当前政治任务的严密结合上来提出问题的”① 瞿秋白那里，新的文化运动，首先是一个政治问题，其次才是一个理论问题；那么，他对胡秋原这种颠倒现实政治与文艺运动关系的“纯”理论化倾向，最终必然走向一种“资产阶级的虚伪的客观主义”立场和对“马克思主义的合法化”的追求上去，进而在事实上有利于统治者文化统制的判断，也就理所当然，势所必至了。

六

但我们不能简单地以陈独秀或者瞿秋白对于胡秋原的判断为准绳，来看待胡秋原1949年以前的理论探索。作为以现实政治为圭臬的革命理论家，他们将胡秋原看作书斋里的马克思主义者，这在情理之中。但如果我们将胡秋原放到中国现代思想史上，并结合他一生的学问事功来加以考察的话，他并非是一个简单的可以用“坐而论道”加以概括的知识分子。作为一位半生辗转于大半个地球，一生几乎见证了所有现代中国重大历史事件的发生与演变的现代文化人，胡秋原对理论的态度绝非超然的、非功利的，仅纠缠于所谓学术问题之上的。尽管说，由于他对中国现实的介入之深，以及政治和学术选择上的不断转向，他的言论显得复杂多变。这些都使得我们很难在现代思想光谱中为他建构一个清晰明确的定位；但仍可以发现的是，在“明道救世”② 的终身学问追

① 茅盾：《纪念秋白同志，学习秋白同志》，《人民日报》1955年6月18日。

② 胡秋原曾指出，顾炎武的“君子之为学，以明道也，以救世也”的看法，对自己有终身影响。而他立志之开始，则是从顾炎武对于“明道救世”的解释而来：“君子之为学也，非利己而已也。有明道淑人之心，有拨乱反正之事，只天下之势之何以流极而至于此，则思起而有以救之。”参看胡秋原：《八十年来——我的思想来源与若干心得》，转引自李敏生：《中华心：胡秋原政治·文艺·哲学文选》，北京：社会科学文献出版社1995年7月版，第117页。

求之外，还有一条红线贯穿始终，即：胡秋原继承了五四启蒙思想传统中对于现代民族国家危机的宏阔关怀及为这一危机探求一条出路的顽强意志和批判精神，而这恰恰证明了“本质性的思想家，往往只探究一个课题”（海德格尔语）。究其一生，从青年时代在自由主义与马克思主义两个当时被认为是截然对立的思想范畴间寻找结合点的失败尝试，到晚年在俄化、欧化与中国传统间寻找一种中体西用式的民族文化主体性的艰辛努力，胡秋原体现了一种融会贯通的学术理路和对五四时力求“再造文明”的知识分子思想传统的固守与执着。在这个意义上，他在《中国文化复兴论》文末所引张载之“为往圣继绝学，为万世开太平”的警句，就不能简单地归结为一个学院式带浪漫色彩的迷思和僭越。

1930年代是胡秋原一生学问事功的起点。他和瞿秋白关于后五四时代新的文化运动的论争，可以说是我们理解这一时期胡秋原文化行迹和思想脉络的一把钥匙。而在置身于20世纪30年代文艺与现实场域中的知识人群体中，对于刚刚过去的五四的评价之争，不仅是单纯的历史认识问题，更多的是一个现实文化运动问题。与当时将五四当作资产阶级文化运动而刻意与之切割的瞿秋白不同，当胡秋原提出强调历史连续性的“继承五四遗产”的命题时，他实际上追求的是一种建立在新“社会科学”基础上的更为彻底地实现五四文化启蒙的目标指向。这就使得他在知识界的分裂已极为严重的1930年代言论场中显得非常“可疑”，除了鲜明的反帝大政治立场之外，在相当多的具体论题上，文化身份极为复杂的胡秋原都扮演的是站在知识立场上的“反潮流”的辩手角色。进而他就形成了一种坚持终身的论辩性的学术思想特色，在中国现代思想史上的许多重要问题上发出了批判的声音。

从上文的分析也可以看出，在漫长的思考和写作生涯中，胡秋原提出的一些重要理念，诸如超越前进论，对五四启蒙价值观的忠诚，对思想文化和知识分子社会与历史主体地位的强调，二重危机论，道统与政统的现代分野，内外构造式分析方法等，在1930年代均已有所萌发。现在很多研究者将这一时期的胡秋原的文论归结为自由主义一脉，这显然是有问题的。且不说胡秋原后来对于自己极端自由论调的多次整饬，单看他当时对自由主义“唯心论”的激烈批判来说,① 要作这样纯粹的价值定位，都是很困难的。应该说，今日的研究者，怀着对自由主义的同情之理解，是很容易犯陈寅恪曾经指出过的一个研究历史上的错误：

> 但此种同情之态度，最易流于穿凿附会之恶习；因今日所得见之古代材料，或散佚而仅存，或晦涩而难解，非经过解释及排比之程序，绝无哲学史之可言。然若加以连贯综合之搜集，及统系条理之整理，则著者有意无意之间，往往依其自身所遭际之时代，所居处之环境，所熏染之学说，以推测解释古人之意志。②

尽管说，陈寅恪这里所借题发挥者，只是针对1930年代“整理国故”思潮中一些不良风气。但如果将其中哲学史换成文学史，将“古代”换成“现代”，恐怕也是适用的吧？

笔者认为，回到原始文献，结合对胡秋原所处之文化场域和思想变化之流变的考察，我们可以发现这时的胡秋原，还不过是一个思维方法和价值判断均处于探索期的年轻人而已。按照他自己的说法，就是一个

---

① 胡秋原在多篇文章里，都对胡适、梁实秋为代表的自由主义观念，作了极为激烈的攻击，而梁实秋也曾对其述译《唯物史观艺术论——朴列汗（普列汉）诺夫及其艺术理论之研究》（神州国光社1932年版），写过长篇的书评《朴列汗（普列汉）诺夫及其艺术理论——读胡秋原著〈唯物史观艺术论〉》（天津《益世报·文学周刊》第23、24期，1933年4月29日、5月6日），文章寓贬于褒，目的不在推荐此书，倒可说是借胡著以讽刺“鲁迅派的翻译”。由此可见，1930年代双方在文化观念上的差别，并没有如胡秋原与左翼的关系那么复杂微妙，仍可称为视如水火。

② 陈寅恪：《冯友兰中国哲学史审查报告（一）》，转引自冯友兰：《三松堂全集·第2卷·中国哲学史（上）》，郑州：河南人民出版社1988年5月版，第373页。

以唯物史观为手段，以文艺美学和文艺思潮史为对象，思想来源驳杂，① 同时又不能忘情于现实救亡大政治的 radical（急进派）。② 若说他形成了有所创获、堪称体系的理论，则要到他的学问第三期（台湾时期）。③ 他通过对中国古代和近现代思想史的通盘考察，加之以自己对于西方理论和社会现实长时期积累下来的认知，所提出的超越前进论，④ 可视作他为处于大转折期的中国文化寻一出路的思考——但是，1930年代胡秋原思想探索的独特性却是不容否认的。正是建立在这种"初生牛犊不怕虎"的理论勇气之上，胡秋原以一种"对国民党共产党

① 在为自己主编的一期《读书杂志》写的编者手记里，他说："至于我个人，或者顺便一说罢，从来在治学上是尊重一元论的历史观，而同时受自由主义影响乃至无政府主义也不浅的；个人从来研究学问之不专，也实在是站在一种方法论上来发挥我个人所尊重的哲学见解而已。"参见胡秋原：《关于〈读书杂志〉》，《读书杂志》第3卷第5期，1933年5月。

② 胡秋原：《第三种人及其他》，《读书杂志》第3卷第7期，1933年9月。

③ 他曾总结道，自己一生的工作，是由"学问求中国应有之将来"，而自己的学术思想则有"三变"：(1) 由普列汉诺夫到自由主义的马克思主义。(2) 新自由主义与文化史观时期。(3) 理论历史学时期。这三个时期恰可以对应1930年代、抗战和港台时期。参见胡秋原：《八十年来——我的思想来源与若干心得》，转引自李敏生：《中华心：胡秋原政治·文艺·哲学文选》，北京：社会科学文献出版社1995年7月版，第115～136页。

④ 如果我们将胡秋原这一会通中西、"超越前进"的思想进路，放置到东亚现代思想史的视野中观察，即可发现：除却理论对象和立场上差异甚至对立之外，在民族主义内涵和理念脉络上，都与和他生于同年（1910）的日本著名的鲁迅研究专家和思想家竹内好在第二次世界大战后所着力清理的日本"近代的超克"论有相似之处。在这个意义上，胡秋原又属于典型的现代东亚思想谱系中的一员。由于此点与本论文主题不合，在此从略。关于"近代的超克"这一概念的来龙去脉，可参看下列诸书——［日］竹内好：《近代的超克》，北京：生活·读书·新知三联书店2005年3月版；孙歌：《竹内好的悖论》，北京：北京大学出版社2005年2月版；［日］高坂史郎：《近代之挫折：东亚社会与西方文明的碰撞》，石家庄：河北人民出版社2006年12月版。

都不赞成”的独立姿态,① 通过大量的激昂论战文字，冲击了当时已有走向僵化危险的“五四”历史评价、文艺与政治的关系、知识分子的主体地位等诸多时代问题，并起到了对于主流激进互斥观念的平衡作用。

据冯雪峰在《鲁迅先生计划而未完成的著作》里回忆说，1936 年 6 月鲁迅先生大病前后还在构思一部关于四代知识分子的长篇小说：第一代是章太炎先生们，第二代是鲁迅先生自己这一代，第三代是相当于例如瞿秋白等人的一代，最后则是冯雪峰他们这一代。而在另一次谈话中，鲁迅又提到这部小说，他说：“如果还能够再活十年——慢慢写，一年写一本是可以的。”冯雪峰感慨道：“这将反映中国近六十年来的社会变迁，中国知识阶级的真实的历史，并将创造了新形式的巨制的计划，终于因为鲁迅先生的死从我们的文学史上被夺了去了，这才是永久无法补偿的损失。”② 冯雪峰他们这一代，正是五四运动所召唤的“新青年”的一代。继承了五四以“意识形态”③ 救国和文化政治传统的胡秋原也是其中代表性人物之一。如果说，假以天年，鲁迅这部长篇巨

---

① 参看胡秋原：《八十年来——我的思想来源与若干心得》，转引自李敏生：《中华心：胡秋原政治·文艺·哲学文选》，北京：社会科学文献出版社 1995 年 7 月版，第 120 页；亦见胡秋原：《忆老友梅龚彬——〈两个谈政治的朋友〉及其他》，转引自梅昌明：《梅龚彬回忆录》，北京：团结出版社 1994 年 2 月版，第 11 页。

② 冯雪峰：《过来的时代——鲁迅论及其它》，上海：新知书店 1948 年 6 月第 2 版，第 23 ~ 24 页。

③ 笔者对于意识形态的理解，接近于章清在一篇讨论胡适的文章中给出的概括。章清不是把意识形态看作一个带有贬义的批判性概念，而是视其为解读中国现代思想史的一个带中性色彩的有效分析性概念，即“对人、社会及与人和社会有关的宇宙的认知与道德信念的通盘形态，它对与它有关的各种事物都有高度而明显的‘系统性’意见，并往往把系统中的其他成分整合于一个或几个显著的价值之下”。(章清：《意识形态与文化重建》，转引自耿云志：《胡适研究丛刊·第二辑》，北京：中国青年出版社 1996 年 12 月版，第 160 页。)

著最终能够完成，和自己表达了足够敬意的论战对手瞿秋白相比，① 年少气盛的胡秋原会在其中占据一个什么样的位置呢？

（稿成之后，曾蒙笔者导师解志熙先生及王中忱、张宁、黄悦、葛飞、西渡、张松建、裴春芳、陈越、张芬诸师友拨冗阅读并提宝贵意见，特此致谢。）

① 通过《浪费的论争——对于批判者的若干答辩》一文来看，胡秋原似乎知道了易嘉（瞿秋白）的真实身份，并对其论战态度和理论素养，表示敬意。比如，胡秋原曾这样说："熟悉俄国革命史的""易嘉先生毕竟是曾经写过好些文章的人，尤其是文艺与革命的问题，既革命，又艺术，有这双重资格，所以他的文章，也是一篇'美丽的'，革命的散文——是一篇革命的'艺术品'，不像有一些文章使人望而却步。"

胡秋原文化思想研究

□ 介江岭

近现代意义上的文化观念及其关于文化的各种理论的产生，一方面是在西方文化体系内部，由于科学技术在近代的飞跃发展而带来巨大的眼前效益和对人的理性的狂热信仰，从而导致人欲的横流和道德伦理的价值沦丧，引发各种社会弊病，由此进行的反思。另一方面是，西方在领先的技术条件支持下，以高级文明的姿态侵入世界其他地区，从而引发其他文化体系与西方文化体系的冲撞、激荡。在这冲撞之中，不同的文化体系不仅对自身原有的文化传统进行反思，而且思考自身在世界文化整体中之未来。近代的中国亦不可避免地在这世界文化整合的激荡中，然而由于种种历史原因，近代的中国文化处于被整合的地位，所以在近代中国，涌现出一批反思传统文化和西方文化，寻求中国文化复兴与现代转型的有志之士。胡秋原先生即为其中重要一员。

胡秋原先生是近现代著名的爱国者，民族主义思想家，其一生都在汲汲思求中国安平治、天下和的道路。他少年就以文章知世，对中国近代以来所受的屈辱饱含愤慨之情。在惊闻“九·一八”事变后，他毅然放弃了在日本即将完成的学业，留居上海，撰文呼吁抗日。在20世纪20年代末至30年代初，他关注文艺问题，深入研究了马克思主义，特别是马克思主义经典作家普列汉诺夫，倡导自由的马克思主义，在参与“文艺自由论辩”之中，提出“自由文艺”的主张，这不仅使他的文化思想日益趋于成熟，而且推动了当时国内对马克思主义的传播和研究，进而使“中国向何处去”这个重大的时代问题在思想界得以深化。20世纪30年代，胡秋原游历欧美、苏联，博览西方各家哲学思潮，抗战回国后，分析国内外政治形势，在继续对文化问题的思考中提炼出新自由主义和民族主义，并深入研究中国传统文化，继而对近代以来国内泛起的各种文化思潮逐一辨析源流，以自创的“内外构造法”的历史研究方法对中外文化历史进行同期比照分析，从而提出“超越前进论”的文化思想，以回应中国文化发展道路上的重大时代问题。

一、近现代中国文化危机

中国文化发展至近代遭遇到前所未有的生存危机，一系列不平等条约签订带来的耻痛促使仁人志士对传统文化和西方文化进行反思、比照，他们提出各种复兴文化的理论主张，并相应地发起各种文化复兴运动，以期盼中国文化走出近代困境而焕发出应有的蓬勃生命力，能够平等地对话西方文化。从早期龚自珍、魏源等的“师夷长技以制夷”、洋务派的“中体西用”，到康梁的托古改制，再到五四新文化运动，近代中国文化的自我反省经历了技术到制度再到思想文化大致三个时期。胡秋原即处于五四新文化运动以来的时期。他将近现代中国文化的遭遇概括为“二重文化危机”或“双重文化危机”。

简单地说，双重文化危机即中国文化危机和西方文化危机。首先，发展至近代的中国文化遭遇西方文化的强势入侵而面临被整合的危机。其次，西方文化虽然在近代发达技术的支持下获得文化霸语权，但其自身亦出现无引导的物欲横流和价值信仰沦丧的危机，进而使中国文化在自身危机之下“念佛求生西方”的愿望幻灭。双重危机之下的中国日益困顿于向何处去。

中西文化的危机为什么会发生呢？胡秋原分析认为，西方文化危机首先表现为近代西方哲学自身陷入了认识论困境。从18世纪启蒙时代以来，人的理性在知识体系中被提升到至上高度，随之而来的是，一方面科学从哲学中独立出来而获得迅猛发展，科技的成果极大地改善着人类的生活，另一方面，取得巨大成功的科学妄图在认识论领域获取独尊地位，这不仅使哲学陷入为自身合法性辩护的尴尬境地，而且瓦解了传统的基督教伦理道德价值体系，从而引发极端的虚无主义、机械主义和强权主义等精神危机，进而导致经济危机和政治危机，走向世界大战。而中国文化危机可以追溯到明末清初，满族入关获取中国政治的领导地位，开始采取一系列的闭关锁国政策。纵观清朝历史，政府与民众之间始终泾渭分明，至清朝末期西方入侵之时，政府抱着得过且过的心态，而民众认为政府的兴荣不关己事，最终，政治危机导致文化危机全面爆发。

胡秋原对中西文化危机发生原因的探讨建立在他对中西近代史的考辨和游历欧美、苏联的经验基础之上。值得特别注意的是，胡秋原对文化危机的辩证认识。他认为“到了整个文化发生危机，那也便是整个思想和政治经济制度有改变之必要”。① 在人类文化历史的长河中，文化危机并不是近代独有的现象，如中国的春秋战国时期，甚或每一朝代更替时期，都为文化危机时代，而西方的文艺复兴，19 世纪的德国浪漫主义和马克思主义都为应对文化危机之可歌之举。所以，中国文化发生近代危机亦为文化新生的兆象。这种对中国文化持有的生命乐观精神，时时体现在胡秋原的文化哲思中。

另外，双重文化危机中，20 世纪初开始的新文化运动无疑将文化反思推向高潮。胡秋原对这一运动作了专门的考察。首先，他区分了新文化运动和五四运动，认为“新文化运动是一思想运动……五四运动是一政治运动”。② 新文化运动是以《新青年》杂志为中心的思想革新运动，为五四运动准备了精神基础；而五四运动是因山东问题而起的民族自强运动，使新文化运动的精神得到更广泛的传播。两者相互区别又相互联系，是“一整个运动，即鸦片战争以来，中国应付现代世界的

① 胡秋原：《西方文化危机与二十世纪思潮》，台北：学术出版社 1981 年初版，第 3 页。

② 胡秋原：《西方文化危机与二十世纪思潮》，台北：学术出版社 1981 年初版，第 1032 页。

一种民族的，国民的建国运动”。① 同时，胡秋原认为新文化运动并没有实现它的目标——“使中国成为一个现代世界中一个富强而文明的新的国家。”② 这样的目标是近代中国文化发展的大方向，是不同文化主张的各派所共尊的奋斗理念，胡秋原也常常在此意义上以新文化运动的继承者自称。但新文化运动对传统文化的过激否定不为胡秋原所认同。

然而这里有一个问题，即新文化运动虽然是以《新青年》杂志为中心开启的，但新文化运动是否只有反传统这一面，需要进一步的讨论。现在，对新文化运动的研究中比较有代表性的看法大致有三种："全盘性的反传统”、“有针对性的反传统”和“两面论及其他”。③ 笔者比较认同的观点是：“五四时期是多元的外来文化与多元的传统文化相互激荡、渗透、涵化和整合的时期。”④ 不能将新文化运动作单维性的解释。胡秋原以新文化运动的继任者自称而又不认同其反传统的态度也表明新文化运动是多维的。

总之，胡秋原在考察总结中国近现代文化历史发展时，不仅归纳了近现代文化危机的现状和发生原因，而且明确地提出文化危机带来的任务——创造中国新文化。为此，胡秋原更为详细地将应对文化危机的不同文化主张放入近代文化史的发展中，并按照它们各自的不同倾向划分为西化派、传统派、折中派和俄化派，进而考辨四派的源流，分析其得失。

---

① 胡秋原：《西方文化危机与二十世纪思潮》，台北：学术出版社1981年初版，第1033页。

② 胡秋原：《西方文化危机与二十世纪思潮》，台北：学术出版社1981年初版，第1033页。

③ 参见邵汉明：《中国文化研究二十年》，北京：人民出版社2003年1月版，第544～546页。

④ 参见郭齐勇：《郭齐勇自选集》，桂林：广西师范大学出版社1999年3月版，第4页。

二、对西化派、折中派、传统派和俄化派的批判

相比于其他三派，西化派是中西文化冲撞中最先诞生的，也是历时最长的。胡秋原以这一派随着时局的重大变化而发生的变化为据，将其大致分为三个时期：

第一时期为鸦片战争至甲午战争时期。鸦片战争打破了中国“天朝上国”的美梦，惊异于前所未有的时代变局，有志之士开始寻求中国战败的原因。林则徐、魏源等目击西方船坚炮利而提出“师夷长技以制夷”，而同时的洪秀全则以基督教宣传起家，重演以往小农运动寻求“太平”“大同”理想的历史。虽然两者所接触到的西方文化资料非常有限，但分别从技术和精神层面开启了向西方学习的浪潮。之后，清政府因时局日坏而不得不开展的洋务运动促使西化加快发展。其中以曾国藩、李鸿章等为代表发起的洋务运动着重于工业技术的学习，而王韬、郑观应等人的反思开始从技艺延伸至政治文化层面。总的来说，此时期的主调为技术的西化，是中国文化被动回应西方文化的开端。

第二时期为甲午战败至辛亥革命失败时期。此时期的西化主要反映在制度层面。不论是戊戌变法还是辛亥革命都是以西方政体为蓝本，发动政治变革和革命。然而戊戌变法维新只有百日，辛亥革命虽然推翻了清政府，成立了中华民国，但政权落入复辟的袁世凯手中，这两者的失败意味西化派第二时期的失败。

第三时期为新文化运动时期。经过半个多世纪的文化摩擦、碰撞，国人对西方的了解日益丰富和深入，特别是辛亥革命使民主、科学等现代观念深入人心。到了1915年《新青年》杂志的出版，标志着文化精神反思的高涨，如陈独秀发表《东西民族根本思想之差异》，李大钊发表《东西文明根本之异点》等皆列出东西文化思维精神之不同，提倡吸收西方文明之长以补东方文明之短。此时，思想界的活跃已远超以往，随新文化运动而接连发生的大大小小的论争，使西化派开始分裂与

转变。1920年9月，《新青年》成为中国共产党的理论刊物，意味着“八十年来整个西化运动之失败”。①

从以上所述来看，胡秋原认为整个西化运动经历了从技术到制度再到文化思想的反思过程。梁启超亦在《五十年中国进化概论》中提及这一反思的历程，认为“这五十年思想界的血液流转得很快，可以证明思想界的体气实已渐趋康强”，“这五十年诚然是进化了”。但与梁启超不同的是，胡秋原认为这一反思过程并非是进步的，“每一时期皆知其一不知其二，而且亦皆所见甚浅，所以后一期的人有的地方反不如前人之处……第一期的人只知器物；第二期的人则过重制度，未免对器物忽视；第三期的人过重文化或文学，对器物、制度皆未免忽视”。②

胡秋原在把西化运动分为以上三个时期之后，又专门分析了西化派的分裂转变及其后来的法西斯主义的西化论和“全盘西化论”。西化运动对中国文化的近代发展有筚路蓝缕之功，使国人意识到中国并非天朝上邦，而是世界中的一国，有许多需要与其他文化进行交流学习的地方；另一方面，西化派与其他文化主张者的长期论辩使得思想界一扫沉闷，激发文化思维的活力。这些都为胡秋原所肯定。他对西化派的批评主要着力于西化派否定传统的做法，尤其是法西斯主义的西化论和“全盘西化”论。法西斯主义的西化论主张只有独裁才能解决中国面临的问题，而“全盘西化”论者，在批判复古和折中的同时，主张完全的西化才可以创造中国的新文化。胡秋原认为，法西斯主义西化论的主张是因为当时德意两国的强势对中国知识界造成很大的刺激，国民政府也有效法德意政体的意图；而全盘西化论者不仅没有看到西方文化亦为不断发展的历史，所谓的先进也只是近代的事情，而且没有认识到，近代的西方文化也不是整齐划一的，英美与欧洲大陆就极为不同。此外，

① 胡秋原：《一百三十年来中国思想史纲》，台北：学术出版社1983年第5版，第32页。

② 胡秋原：《一百三十年来中国思想史纲》，台北：学术出版社1983年第5版，第32页。

西方文化在近现代也出现多种弊病，对亚非地区开展的侵略和世界大战都是病态的表现。中国文化并非一无是处，对此传统派虽然有夸大之处，但亦有实情。所以“全盘西化与创造新文化不是一回事”。①

与西化派针锋相对的，莫过于传统派。而这种对立不独是中国近代文化所有的现象，如佛教传入中国时，曾引发长期的三教论争；拿破仑时代，德国“民族精神”对法国“普遍文化”的抵抗；俄国“斯拉夫派”对西化的抵抗等。从逻辑上看，传统派应该与西化派同时产生。但胡秋原认为在西方文化的危机未表现出来之前，反对西化者称不上是传统派。原因有二：首先，倭仁、叶德辉等顽固派只是为统治阶级的利益谋算，抨击西化多为强烈的情绪发泄而少有学术上的论证。其次，当时的西化也处于模仿西方技艺，并没有真正触及文化思想的深层。所以，胡秋原认为传统派的第一人当为辜鸿铭，之后，“以极真挚态度，深沉的思索，言之成理者，是梁漱溟先生”。② 同时，还有钱穆、王国维、陈寅恪和此时的梁启超等。

胡秋原认为传统派有两大类型，一为以梁漱溟为代表的绝对传统论，二为以熊十力为代表的温和传统论，其他传统论的主张不出两者的范围。绝对传统论认为文化分为不同的类型，各有发展的道路，所以，中国文化不能西化或俄化；温和传统论认为近代的科学、民主早已昭示于六经，当世之人可以从传统中找出今日发展的道路。胡秋原对传统派抱着一种同情的态度，对于他们所坚守的中国传统文化精神不仅认同，也持守之；但他也认为，不论是苦心于村治，还是劳心于六经中寻找科学民主的开端，都不如把科技看作天下之公器，努力营建中国的工业，其更能转变文化危机的现实困境。

在西化与传统对抗的过程中，折中调和派的出现是必然的。胡秋原

① 胡秋原：《一百三十年来中国思想史纲》，台北：学术出版社 1983 年第 5 版，第 139 页。

② 胡秋原：《一百三十年来中国思想史纲》，台北：学术出版社 1983 年第 5 版，第 64 页。

在后来反思自己学术思想时，就认为自己在刚开始学术生涯时，虽不至于盲从，但有折中派的倾向。与西化派相对应，他将折中派分为三个时期：

第一时期，中体西用论。张之洞在戊戌变法时期，发布《劝学篇》，对当时新旧文化之争做出评析，提出“旧学为体，新学为用”①的主张，试图调和双方激烈的交锋。对于折中派中体西用的观点，严复予以批评，认为体与用是统一的，“中学有中学之体用，西学有西学之体用，分之则两立，合之则两亡”。② 而胡秋原认为，这一折中论反映了当时文化发生变化的事实，在中西文化碰撞中，“中学”已不可能复有旧面貌，同时也不可能完全西化。取“中学”的伦理纲常与“西学”的科学技术成为“一种常识的态度”，“最易于中国人所接受，也能雅俗共赏”。反映到政治上，即表现为“一种实用主义的态度”。③ 然而，即便折中论的出发意图是好心的、苦心的，却极容易造成一种文化畸形，甚或集两种文化的糟粕于一身，如“文明棍”之类。究其原因，胡秋原认为“折中论的毛病在于缺乏创造的意义”。④ 只将中西文化看成两个机械的东西，拆卸拼凑一番，即可变成全新的。

第二时期，孙中山的三民主义。胡秋原对三民主义十分推崇，认为与自己提出的超越前进论最为接近。三民主义既是孙中山的建国理想，亦是其建国的实际纲领，其所缺乏的是细化的实行办法，这一方面由于孙中山的逝世，无人为继，另一方面，国民党一直处于内部势力的分化斗争中，外有共产党的斗争和抗日的时局，这些因素使得三民主义依然

---

① 张之洞：《劝学篇》，桂林：广西师范大学出版社2008年10月版，第76页。

② 严复著、许祖华编：《严复作品精选》，武汉：长江文艺出版社2005年1月版，第208页。

③ 胡秋原：《一百三十年来中国思想史纲》，台北：学术出版社1983年第5版，第23页。

④ 胡秋原：《一百三十年来中国思想史纲》，台北：学术出版社1983年第5版，第24页。

只是“原则”，“只有种种理论上政策上的折中，没有一个全新的文化理想”。① 胡秋原认为孙中山的三民主义的目标就在于中国实业的兴办，这正是它与超越前进论的相同之处。

第三时期，“本位文化建设”的提出。1935年，黄文山、陶希圣和陈高佣等十位教授在国民党《文化建设》刊物上发表《中国本位的文化建设宣言》，反对传统派的固守和全盘西化论的极端，认为他们都轻视了中国的特殊性，主张以中国现在的需要为标准，检视传统，吸收欧美文化中所应当吸收的东西，建设中国新文化。这个宣言代表着当时的国民党在文化问题上的立场。胡秋原认为该宣言的用意是好的，但是没有讲清楚中国之特殊性何在，也没有明确何为中国现在之需要。而紧接着到来的抗战，使大多数人的注意力转到救亡上，第三时期的折中派也就偃旗息鼓了。

俄化指中国早期的俄式马克思主义，以1918年李大钊在《新青年》上发表《庶民的胜利》、《布尔什维克的胜利》等文章为开端。后期的《新青年》为俄式马克思主义宣传的主要阵地。俄式马克思主义借助新文化运动和五四运动在中国迅速传播，主要是因为马克思主义在俄国取得胜利的消息极大地刺激了当时中国仁人志士救亡图存的神经，而近代以来应对民族文化存亡危机而起的西化派、传统派和折中派所提供的方案又接连失败。此外，马克思主义是为解决西方近代文化危机的产物，这使马克思主义更易于为急切救亡的国人所认同。更为重要的是，如许多学者发现的那样，马克思主义与中国传统文化有许多呼应之处，这也是当时人们易于接受马克思主义的最主要原因。胡秋原早期醉心于马克思主义，认为“唯物史观是理解社会、文化、艺术起源变化唯一正确方法”。② 但他发现马克思主义在中国的理解是不一致的，于是在文艺自由论辩中，他与左联就文艺自由的问题发生论争。胡秋原敏

① 胡秋原：《一百三十年来中国思想史纲》，台北：学术出版社1983年第5版，第77页。

② 胡秋原：《文学艺术论集》，台北：学术出版社1979年11月版，第2页。

锐地认识到俄国的马克思主义与马克思主义有不同之处，而且俄国对中国并非坦诚相待。中国共产党的一些早期错误也证明了这一点，马克思主义的中国化并非朝夕之事，需要持久的历程。

需要特别指出的是，马克思主义传入中国之时，正是救亡压倒一切的时候，多数马克思主义者自然地接受并把重点放在了阶级斗争的部分，并以之为求生存发展的理论武器。而胡秋原从一开始就秉持自由主义的信念，这使他在任何时候也不能认同以阶级斗争为纲。所以，胡秋原批判了早期马克思主义者为苏俄马首是瞻的态度和学术政治化的做法，呼吁回到民族独立的立场上来。

胡秋原不仅对以上四派分别作了考辨源流的细察，而且总结出它们共有的特点。首先，四派都从各自的视角深入地进行了中西文化的比较工作，皆提出一些中西文化同异之处。其次，四派都认为中西文化是两种异质的文化。再次，在西方文化的强势逼迫下，表现出普遍的文化自卑心理。主张西化或俄化的自是看不起传统，而传统倡导者动辄就要表白一番：西方有什么而传统中也有什么。这样零碎且人言人殊的文化比较模式明显地暴露出消极的文化情绪。另外，文化反思在经过技术到制度再到思想的历程后，集中偏重于形上的道论层面上而忽视早期器物层面的反思成果。

胡秋原认为四派对中国文化的近代发展都起着不容忽视的作用，但是它们的共同前提，即认为中西文化为两种先天存在优劣的文化，是站不住脚的。文化“是人类为其自由与幸福所创造之工具，亦其成绩之总称”。① 中西文化皆为中西人类的生活工具，并不存在先天上的优劣而只有历史发展阶段的不同。此外，胡秋原认为我们要创造民族新文化就必须摆脱文化自卑心理，以平等的心态促使不同文化间的对话交流。技术是衡量文化水平的主要标准，所以在对文化进行形上的比较分析的

① 胡秋原：《文化复兴与超越前进论》，台北：学术出版社1980年3月版，第323页。

同时，应该以科技工业的兴建为创造新文化的重心。

三、超越前进论

胡秋原在长时间的文化思索中，逐渐发现已有的应对中国文化危机的方案——西化派、传统派、俄化派和折中派都行不通，且在学理上站不住脚。所以他更为深入地探研中西文化，思索中国文化的近代出路。经过苦心孤诣地“对帝国主义与民主政治，及与资本主义、社会主义之关系澄清以后”，胡秋原认为“中国问题既是发展民族工业而又必须促进民主，则鉴于中国过去现在及将来之情形，必须采取自由资本主义”。① 对于这一思索的成果，胡秋原概括为“超越前进论”。

对于“超越前进论”这一概念，胡秋原作了颇为详细的解释。“超越”有两个来源：一为明末徐光启对西方文化的看法“大统既不能自异于前，西法又未能必为我用。愚以为欲求超胜，先求会通。会通之前，先须翻译”，② “超越”原取其中的“超胜”意义；一为康德的“transcendent”，康德用该词意指超越唯理论和经验论。胡秋原借用两者表示超越西化派、传统派、折中派和俄化派。“前进”指“向历史之明日前进”。③ “论”意味着不是在四派之外另添一派。

胡秋原认为“超越前进”的观念“虽由我自得，但实是古今为学之通义”。④ 这一观念的基本意思不仅体现在孔子、孟子和荀子那里，为徐光启、孙中山所认同，也与德国哲学家康德、西班牙哲学家阿特加

① 胡秋原：《一百三十年来中国思想史纲》，台北：学术出版社 1983 年第 5 版，第 214 页。

② 徐光启撰、王重民辑校：《徐光启集》，北京：中华书局 1963 年 12 月版，第 321 页。

③ 胡秋原：《一百三十年来中国思想史纲》，台北：学术出版社 1983 年第 5 版，第 210 页。

④ 胡秋原：《一百三十年来中国思想史纲》，台北：学术出版社 1983 年第 5 版，第 207 页。

（奥尔特加·加塞特）和匈牙利社会学家曼罕（曼海姆）等的学问精神相印证。

与对西化派、传统派、折中派和俄化派的批判相比，超越前进论是胡秋原文化思想的正面建构，其主要内容有：

第一，超越前进论认为要超越西化派、传统派、折中派和俄化派而前进。在上述对四派的批判中，可以得知，它们虽然有一些文化上的真知，但都视中西文化有先天立判的优劣。超越前进论的首要内容就在于廓清这种思想上的虚妄，匡正文化自卑心理，恢复中国文化本有的自信心，进而着手新文化创造。

第二，对文化的普遍性和特殊性的认识。胡秋原认为文化的普遍性主要在于“一切文化如中西文化，有共同之根，即人格与理性观念，又有共同的兴衰之法则”。① 文化之所以有普遍性，是因为人性的一致，这里的一致不仅指人的食色之性，更重要的是指人的仁义之性。在结构上，文化分为制度、学艺和技术三大相互作用的系统，自然环境和某文化之外的文化为这一文化的外因。内因与外因相互作用，共同决定着文化的走向。在整个文化中，技术是文化生命力强弱的标记。另外，胡秋原著有《中西文化史对照简表》，从中可以清楚地看出，现存的文化都经历过和经历着发展的兴衰。文化的特殊性就在于不同的文化“发展方向不同，兴衰与发展迟速不同”。② 文化的特殊性体现着文化普遍性的规律，文化的普遍性寓于不同文化的特性发展中。

第三，对中西文化发展的比较。超越前进论采用同期比较法，对中西文化的发展史作了比较，认为：唐朝以前，中西文化大致并驾齐驱；唐朝至明末，中国文化领先于西方文化；然而明末以来，西方文化日益变革精进，中国文化日益固步自封。所以，中国文化落后于近代。依文

---

① 胡秋原：《文化复兴与超越前进论》，台北：学术出版社 1980 年 3 月版，第 16 页。

② 胡秋原：《一百三十年来中国思想史纲》，台北：学术出版社 1983 年第 5 版，第 218 页。

化的普遍性和特殊性来看，中国文化与西方文化一样为一相似的系统，只在近代发展的进程中出现了差距。比照之下，中国的技术发展不仅落后于近代的西方，而且与自身以往的技术发展水平也不相符合。所以，中国文化的近代任务主要为发展科技，兴造近代工业。

第四，中国传统文化的精神和创造中国新文化的可能。在分析中西文化的发展过程中，胡秋原审视中国传统文化，以文化对人类自由的贡献为价值标准，总结了传统文化对世界物质文明的贡献和传统文化中应被继承发扬的基本精神。他认为中国文化的基本精神有：第一，自由平等。政治思想中的民本主义传统是中国文化重视自由平等的集中体现，因此，开明专制使得中国文化历史上没有如西方那样的宗教思想仇杀和阶级制度的压抑。第二，尊重劳动的精神。中国文化记载流传的始祖皆为带领民众艰难开创文明的科学家、发明家，成为勤俭朴实的人文象征，而不是高高在上的神明。后来的文化书写皆着重笔墨于此。第三，正义自尊与坚毅的精神。如周朝提出对他族生存发展的承认——德的精神就是对正义的最好诠释。而孔孟追求的杀身成仁、舍生取义等精神是从古到今的人道的主要内容。第四，经世致用的精神。从六艺之学到孔子的“学而优则仕”，再到修身齐家治国平天下，无不体现着卫道济世的学以致用精神。第五，博爱和平精神。孔子的德治、墨子的兼爱、老子的小国寡民等一直引导着中国对和平的追求。第六，中国文化的独立创造精神。这一点尤为体现在系统化的汉语。在这六种基本精神中，胡秋原认为经世致用的精神是中国文化的根本精神，和独立创造的精神同为近代中国文化所急需振兴的对象。

正是这些优秀的中国传统文化的基本精神，保证了创造新文化的自信而不是自大。具体到现实中，新文化的创造不仅有民族基本精神的重兴，重要的是有工业化的具体实践。胡秋原认为现代文化“在形式上是民族的，在内容上是科学的”。① 民族的形式是不同文化的特性，而科学技术的内容是文化的共性。所以，新文化的创造关键在于兴办实业，支持民族工业的发展。

第五，新文化的建设两大标准和三大风气。胡秋原认为创造现代新文化必有两个标准，即民族精神和科学精神。民族精神标准有两个意思，一为发扬传统文化中的优秀精神，一为新文化以民族的福利为依归。科学精神标准也有两层意思，一为从方法上看，思想行动都要从科学事实出发，依据科学规律；一为从目标上看，“吾人之创造，必合于最新的科学水准”。②

胡秋原不仅从学艺与技术的相互关系出发，提出创造超越前进的新文化应当注意的内容，还从制度和学艺相互影响的角度，提出了三大风气，即尊理性、重自由、尚创造。以此风气促进学术发展，进而影响政治，反过来政治又促进文化的新生。从超越前进论所讲的内容看，胡秋原主张端正文化认识的态度，以文化的形式和内容为框架分析文化的发展及近代文化的共性和个性，从而提倡走发展民族工业的道路，创造出自由的新文化。

另外，胡秋原还给出了超越前进论实现的具体实施步骤。第一步，求取一种相信中国文化能够独立自主的意志。第二步，应用现象学的“括号”将西化、传统、折中和俄化括起来，搁置不理。第三步，以历史的眼光对中西文化的发展历程加以比较，从而认准我们文化现在的位置，借鉴以往兴荣的经验和牢记近代落后的政治教训。第四步，在文化落差中力求知识技术交流的平等，同时注重培养现代科技人才。第五步，号召全国青年以极大的热情投入到科技研究中，“集全国个人之努

① 胡秋原：《文化复兴与超越前进论》，台北：学术出版社1980年3月版，第52页。

② 胡秋原：《文化复兴与超越前进论》，台北：学术出版社1980年3月版，第31页。

力，就是整个国家之成就”。① 第六步，制订符合自身文化发展能力的详细计划，如在某一时间内达到某一目标。同时，将第二步所设的“括号”去掉，广开言路，搜罗甄别各方面有益的经验，修缮计划。第七步，时常怀着忧患意识，以教育和法律为手段，防范国内外因素对计划进行的破坏。

胡秋原依照超越前进论描述了中国新文化的面貌。第一，国土保持完整。现有的国土是生存国界的最低保障。第二，“中华民国属于全体中国人民，一律自由平等”。② 第三，为各民族团结于统一的国家意识计，可以考虑实行联邦制。第四，“在自由经济原则下，发展三种资本：国民资本，国家资本和国际合作的资本”。以发展大工业带动农业。依法制止腐败贪污。第五，“在政治上自必实行民主政体”。“除中央与地方之均权及基本人权之确保外，应以保障知识、资本、劳力三权平衡。”第六，有意识地保护民族文化特色，普及文化教育，奖励自然科学和社会科学的发明独创，“对国内及世界学术取自由、开放、竞争之态度”。“崇洋媚外、把持教育之恶风必须禁绝；而迫害思想、侮辱学人及洗脑之罪行，应与盗匪同视。”第七，“对外政策：民族独立，国际正义，与邻邦和平共处，不干涉，非战，中立，非强权，非核子，是我们的对外原则。……不以武力推行国策，绝不干涉他国内政，视力之所及，促进国际合作与世界和平，中国自将开放门户，与各国加强互惠通商，及文化经济之合作，并欢迎外资”。③

胡秋原对新式中国图景的描述表达了振兴中华民族的迫切愿望，与传统中“小康”“大同”的社会理想一样都是基于现实的合理推想，对

---

① 胡秋原：《一百三十年来中国思想史纲》，台北：学术出版社 1983 年第 5 版，第 230 页。

② 胡秋原：《一百三十年来中国思想史纲》，台北：学术出版社 1983 年第 5 版，第 232 页。

③ 胡秋原：《一百三十年来中国思想史纲》，台北：学术出版社 1983 年第 5 版，第 232 页。

于现实社会的病态有一种讽劝的作用。两者的不同之处在于，胡秋原是在近代民族危亡之下提出的，内容上带有强烈的时代色彩。而且，胡秋原的新式中国图景是在中西两大相当的文化体系碰撞中融会中西文化的尝试，它所设想的不是重演尧舜之政，而是谋划美好的未来，这容易激励起人奋发前进的勇气，即便困难重重，也会在“知其不可而为之”的践行中摸索出一些经验。所以，胡秋原新式中国的图景与“大同”的社会理想既不相同，又可以在一定程度上相得益彰。

总之，超越前进论是胡秋原辩难西化派、传统派、折中派和俄化派，为中国近代文化提供解决危机的理路。其中对文化多有真知灼见，如认为中西文化无本质的区别；近代中西文化反思中普遍存在的自卑心理；对文化作整体上的历史观察，鉴往知来，认为政治对文化发展有决定性作用等。这些都是胡秋原留下的宝贵的文化哲思。同时，超越前进论也是胡秋原早期文艺思想的发展。在早期文艺思考中确立的自由主义和民族主义的立场和精神原则，使胡秋原在对中西文化进行审辨的过程中，能够“依自不依他”,① 不盲从于其他文化主张而破除门户之见，以民族的幸福利益为依归来找寻中国文化的复兴道路。

超越前进论还是对孙中山三民主义的继承和发展。胡秋原认为孙中山的三民主义对中国近代文化危机问题有着最清晰的认识。三民主义有三层意思，即“发扬民族的信心”、“发扬民族的优秀传统”和“操纵现代的科学技术”。② 超越前进论是对这三层意思的进一步解释，对西化派、传统派、折中派和俄化派的批判是恢复民族自信心；对中西文化的历史考究和提炼是总结并发扬传统文化的精华；而对文化功能性的强调和发展工业的设计是对孙中山实业救国理想的发挥。同时，三民主义虽妥帖地勾勒出了中国文化危机问题的解决途径，但只为高屋建瓴式的

① 胡秋原：《一百三十年来中国思想史纲·代序》，台北：学术出版社1983年第5版，第16页。

② 胡秋原：《文化复兴与超越前进论》，台北：学术出版社1980年3月版，第185页。

把握，而超越前进论则详细地解释了文化的本质和发展规律，论证了中国文化复兴的前途。

四、胡秋原文化思想的贡献

胡秋原是近代中国知识分子的代表之一，与同时代的有志之士一起为解答中国文化的近代危机问题而殚精竭虑，奉献一生。他对学问用意之诚、用力之勤、功夫之深令人叹服。胡秋原有着广泛的学术兴趣，因而在文化、社会、政治、历史等领域皆取得不菲成就，这里只就胡秋原及其文化思想对近代中国文化的贡献，总结为以下几点。

第一，自由主义和民族主义的精神贯穿于胡秋原文化思想理论的始终。从早期的文艺自由抗争到破除西化派、传统派、折中派和俄化派的门户之见，再到对知识分子社会作用的解释和强调，都充分体现了他自由主义的立场：使学术与政治保持一定的距离，能够自由地研究问题，提供解决问题的各种理性主张，同时以自由的学术影响政治管理。而他对民族文学和文艺美学的重建设想、超越前进的主张以及对中国传统知识分子精神的体会无一不表露出追求民族独立的精神。可以说，自由主义精神与民族主义精神是胡秋原文化思想的两面旗帜，自由是民族独立的体现，而民族是自由的保障，两种精神交相辉映。自由主义和民族主义的精神并不为胡秋原所独有，它是近代所有寻求中国文化出路的仁人志士共有的精神风貌，但胡秋原及其文化思想将之阐释得淋漓尽致，激励并引导后人的价值追求。

第二，对近代文化自卑心理的匡正。中国近代政治遭到来自西方船坚炮利的接连打击，使国人乃至文化精英们对传统文化的自信心逐步丧失，以致造成对西方文化的盲目跟风或畸形吹捧传统文化。胡秋原继承孙中山恢复民族自信心的主张，耗费极大心力对中西文化史作整体上的同期比较，以破除西方文化先天优于中国文化的认识误区，重振文化自信心。胡秋原找回文化自信心的努力与现当代新儒家的工作相呼应，他早年与熊十力有师生之谊，虽然不同意熊十力的一些观点，但“先生大力精思，至意无非欲国人自知其性，共宏爱其族类之心。此实为儒学之血脉，为我无刻或敢忘”。① 后来，他与徐复观交往近半个世纪，两人交流各自对文化的心得体会，虽时有观点分歧，但在恢复文化自信心这一点上是共同的。

第三，对中国文化的现代化设想。关于中国文化与西方文化的近代落差，胡秋原认为这只是制度技艺上的一时落后，我们如果能在思想上民主讨论，深入分析文化的内外构造和传统文化的因革损益，具体实践上大力支持和发展民族工业，就能够弥补这一落差。胡秋原的这一设想基于他对文化作内容形式上的区分，他认为，作为人类谋幸福生活的工具，近代科技是文化的普遍内容，不专属于某一民族。所以我们应该虚心学习西方的科技，培养研究科技的青年人才，以此为改观中国近代文化的重点。现在中国因科技取得的一定先进成就而使中国的国际话语权不容被忽视，就历史地证明了胡秋原对科技性质的认识。

第四，“现代中国知识分子的镜子。”② 郑学稼称胡秋原为“现代中国知识分子的镜子”，这对胡秋原来说是再恰当不过的评语。胡秋原中学时代就提出“人格、国家、科学”三观念，立志科学报国，后因历史原因而转入文化批评事业，在他后来的漂泊生涯中，用心用力皆在此处。对自由的无尽追求、对民族的无限热爱和对学术“任重道远”的责任担当交织出胡秋原独特的人格魅力。

胡秋原文化思想对中国近代文化贡献颇多，并不限于以上几点，有许多问题值得进一步的梳理和探讨，如晚年关于台湾“乡土文学”的讨论、两岸统一的爱国思想等。同时，我们也应该看到胡秋原文化思想中值得商榷的地方。首先，胡秋原早期对马克思主义的研究是以普列汉

---

① 胡秋原：《一百三十年来中国思想史纲》，台北：学术出版社 1983 年第 5 版，第 70 页。

② 《胡秋原先生之生平与著作——祝贺胡秋原先生七十寿辰文集》，台北，学术出版社 1981 年版，第 35 页。

诺夫为研究对象的，而普列汉诺夫是否能完全代表马克思主义，是值得商榷的。另外，胡秋原对马克思主义的批判集中在阶级斗争理论，这是针对当时国内马克思研究的重心而发，但对于后来马克思主义在国内的新变化、新发展，胡秋原的表述过于粗略。其次，胡秋原的文化思想诞生于中国民族文化存亡的严峻形势中，相应地其时代任务主要在于建立民族自信心，寻求中国文化的因革损益的途径。在对中西文化的认识中，胡秋原驳斥了中国文化长于精神而西方文化长于物质的观点，认为西方文化的精神方面有不输于中国文化精神方面之处，但胡秋原并没有就这一方面对西方文化与中国文化进行更进一步的比较研究，这大概也是时代对每位思想家的限制之处。

五、结　语

回顾近现代中国仁人志士救亡图存的奋斗史，那不仅仅是历史的陈迹，他们对文化的深沉忧思既为我们理性地认识现在和谋划将来提供借鉴的经验，也鼓舞着我们乐观热忱地面向未来。胡秋原先生对中国文化抱有极大的热情，一生都在忘我地为民族国家的独立自强奔走谋划。超越前进论是胡秋原先生文化思想的主要内容。这是他考察 19 世纪末至 20 世纪初中国文化的发展历史而得出的对近代中国文化思潮的总评，也是对近现代中国文化发展道路的设想，对中国文化近现代发展的问题多有澄清。尤其是，他将文化与历史结合起来，以考察文化史的方式回答中西文化的比较问题，认为中西文化的差别在于发展阶段的不同，这样就较好地避免了将中西文化作简单二元对抗式的理解。同时，他将科技作为不同民族文化的共性，秉承孙中山实业救国的理念，认为中国近现代文化的中心任务在于发展民族工业，以此作为中西文化沟通交流的基础，这对中国文化的近现代发展有一定的深远影响。

纵观近现代中国文化发展的历史，胡秋原先生的文化思想与其他各家文化思想理论一起构成我们近现代文化的多元传统。其实，任何一种理论都难免有偏颇之处，同一时期的多种理论之间既相互攻伐又相互补偏救弊，历史发展的中道就形成于它们之间的张力中，所以，不论是西化派，或传统派，或折中派，或俄化派，还是胡秋原主张的超越前进论，都在中国文化的近代发展史中占有不可替代的历史地位。如此，每一理论主张或每个人作为历史发展的一个力点都有着基于自身的知性选择，而胡秋原对中国传统文化采取一种同情的理解态度，认为在中西文化的激荡交汇中，应当诚挚地辨清中国传统文化的因革损益。笔者愿意努力地感受这份理性的同情，追寻近现代仁人的文化自省。

民族主义与文化复兴

——胡秋原先生《文化复兴与超越前进论》读后

□ 田文军

在20世纪的中国学术文化舞台上，胡秋原先生是一位具有重要影响的历史人物。胡先生从20世纪30年代即开始关注、思考、探索中国文化的建设与复兴，在对中国文化建设与复兴的长期思考与探索中，积累了大量有关中国文化建设理论的研究成果，构成了中国现代文化理论系统的一个颇具特色的组成部分。在台湾学术界分类整理、编辑、出版的胡先生学术论著中，《文化复兴与超越前进论》（上下册）即较为集中地展现了胡先生自1931年以来至1979年近50年间以不同的文化视角，在不同的理论层面上对于中国文化建设的思考。这些思考，具有不同的历史文化背景，也包含不同的学术旨趣与理论追求，但其总的指向都集中于中国文化的建设与复兴，记载了胡先生对民族文化深沉的挚爱之情，读后令人感佩不已。胡先生青年时代曾立志以“科学报国”，后又坚定地致力于国家的统一和民族文化的复兴，毕生追求国家民族的强盛，代表了20世纪初叶登上中国学术文化舞台的一代知识分子独有的思想品格与人生追求。今天，中华儿女正以前所未有的步伐前进在富强与复兴的历史大道上。在这样的历史条件下，我们重新阅读胡先生有关中国文化建设的理论著述，不仅可以领略胡先生的思想风貌，人格情操，从中得到鼓励，获取教益，而且可以从胡先生的文化理论中汲取思想营养，帮助我们在新的时代条件下深化对于民族文化建设的理论思考，促进现实的民族文化建设。下面笔者记下阅读胡先生《文化复兴与超越前进论》的一些感悟，并对胡先生的文化理论作一些粗浅的梳理与评析。

一、以民族主义的立场考察中国文化的历史与现实

胡秋原先生的《文化复兴与超越前进论》（上下册）为胡先生“文章类编”之九。此书内容由第一部、第二部、第三部等不同板块组成，不同的板块中都收有胡先生论及中西文化问题的文稿。其中，论及中西文化较为集中者又数第二部中的《中西文化与文化复兴》和第三部中的《中国文化之前途》。《中西文化与文化复兴》中的《中西文化论》，《中国文化之前途》中的《论中西文化》等又是胡秋原先生较为集中地论析中西文化的文字。此外，在《文化复兴与超越前进论》中收录的《纯粹民族主义》、《民族主义即国民主义，为今日所必需》、《略评台湾三种反民族主义的怪声》等也是令人比较感兴趣的文字。读胡先生的这些文章，能使人感受到胡先生的文化理论与其民族主义的立场存在一种内在的连结。这是笔者选读胡先生的《文化复兴与超越前进论》，并以这部文集为据评析胡先生文化理论的重要缘由。

胡秋原先生探讨中国文化问题，源于他因近代中国的贫弱而引发的爱国情怀，也源于他因自己的民族文化落后于西方先进民族的文化而产生的文化忧患。因此，可以说胡先生思考中国文化问题的思想原动力即是其民族主义。这种民族主义，胡先生自己谓之“纯民族主义”，也谓之“绝对的民族主义”。在胡先生看来，近代中国之所以贫弱、落后，饱受东西方帝国主义势力的侵侮欺凌，一个重要的原因即在于我们没有“近代民族国家之基础”，缺乏“民族主义的精神，爱国主义的精神”。因此，中国人要复兴自己的民族与文化，急切地需要“一种纯民族主义的精神，一种绝对的民族主义的精神，一种彻底的民族主义之精

神”。① 因此，可以说民族主义既是胡秋原先生所秉持的基本的人生理念与价值取向，也是胡秋原先生在其长期的学术活动中始终坚持的理论原则与思想前提。

五四以来，人们对文化问题进行理论的思考，除了从理论的层面论析何谓文化以及文化的形成，更多地是辨析中西文化的异同优劣。胡秋原先生的《中西文化论》也曾专门论析中西文化异同，这种论析的特色即在其基本立场与思想基础都根源于民族主义。在胡先生看来，中国自步入近代以来，人们不论是对于本民族文化的评估，还是对于西方民族文化的了解都存在片面。鸦片战争以前，清政府以西方民族为“蛮”为“夷”，导致盲目的自大与虚骄。鸦片战争失败后，中国人开始意识到西方科学技术的先进，对西方的社会政治制度也逐步有所了解，在文化心态方面开始出现“自卑感”。西方文化的大量传介，进一步使人们的“民族自信心日益淡薄，向之妄自尊大，一变为妄自菲薄”。② 而当第一次世界大战结束之后，中国学术界又有人认为西方物质文明的破产，凸显了中国精神文明的价值，“以为中西文化一重精神，一重物质，各有所长，未可偏废”。③ 在胡先生看来，所有这些有关中西文化异同的观念都是片面的甚至是错误的。因为，这些关于中西文化的观念不仅未能正确地论释中西文化异同，使人们对于中西文化特质的理解达到科学，更为严重的是这些观念极大地妨碍着我们从文化的层面去确立自己的“民族自信心”。因此，胡先生将科学地认识中西文化的异同优劣与有利于增进自己民族的自信心看作我们思考中西文化的出发点，理解为我们思考中西文化的理论追求与价值目标。

---

① 胡秋原：《文化复兴与超越前进论》，台北：学术出版社 1979 年版，第 27 页。

② 胡秋原：《文化复兴与超越前进论》，台北：学术出版社 1979 年版，第 72 页。

③ 胡秋原：《文化复兴与超越前进论》，台北：学术出版社 1979 年版，第 73 页。

为什么说五四以来的文化讨论中，人们对于中西文化异同的理解既不科学，也不利于增进民族的自信心呢？胡先生曾有自己的辨析与论证。首先，在胡先生看来，以精神的或物质的两个层面来区划文化或文明本身即是非科学的。胡先生曾针对这种非科学的文化观念指出："所谓文明及文化者，都是人类的创造。……物质的创造叫做文明（civilization），而精神的创造叫做文化（culture）。但文明文化之区别本无鸿沟。金字塔是物质文明的代表，也是精神文明的代表。而政治的制度，也不容易划分其所属。随人类学之进步，我们知道向之所谓野蛮（savage）与未开化（barbarian），亦不过文明之初期阶段。而原始民族之武器工具之类，现在也称之谓物质文化（material culture）了。所以在今天，文明与文化已经成为可以互用的术语。"① 从现实的文化形态来看，物质层面的文化与精神层面的文化也应当是一个整体，而非绝对分离或相互脱节的两个部分，或者说文化本身即是一个涵括物质文化与精神文化的统一体。在一个国家或一个民族的文化中，物质文化与精神文化大体上是同质的或说齐一的。在现实中，不可能存在"一个国家物质文明异常落后而精神文明特别进步"的情形。反之，现实中也不可能存在"一个国家物质文明异常进步而精神文化特别落后"这种情况。② 基于这样的文化观念，胡先生进而认为，中国的固有文化之长也并非如人们所理解的那样专在精神文明方面。事实上中华民族在长期的历史发展中，也曾创造出绚丽多彩的物质文明，或者说在物质文明方面，我们的民族也曾取得其他民族不曾取得的辉煌成就。譬如说，中国生产的丝绸、茶叶、药材、瓷器以及始于中国的轮种方法等很早即开始传入西方，并受到西方民族的赞赏与欢迎；而中国的火药、印刷术、指南针由阿拉伯传入意大利、西班牙以后，更是对人类文明的进步产生过

① 胡秋原：《文化复兴与超越前进论》，台北：学术出版社1979年版，第73～74页。

② 胡秋原：《文化复兴与超越前进论》，台北：学术出版社1979年版，第75页。

巨大影响，如果没有中国人的这三大发明，西方的航海发现与文艺复兴在时间上很可能延后。因此，在胡先生看来，“迅速使欧洲中世闭幕现代开幕者，是中国人和阿拉伯人之功”。①

胡先生肯定中国历史上在物质文明方面取得过巨大成就，当然也肯定中国历史上在精神文化方面取得的巨大成就。因为，文明或文化本身即是物质文明与精神文化的统一体，以这种观念推断，中国既可取得物质文明方面的巨大成就，也可在精神文化方面获取巨大的成就，事实上也是如此。胡先生不仅在理论上将文化、文明理解为物质文明与精神文明的统一，肯定中华民族创造的物质文明与精神文明对于人类进步都产生过巨大影响和做出过重要贡献，而且将肯定物质文明与精神文化的统一，强调精神文明不能脱离物质文明的思想传统视为“中国的本来精神”。胡先生认为，清人章学诚“道不离器”的学说，即是中国学者主张精神文化不能脱离物质文明的思想结晶。如果中国人能够坚持和弘扬这种“本来精神”，中国步入近代以后，其发展情形将会与中国的现实情况截然不同。近代中国贫弱，一个非常重要的原因即是人们丢弃了中国文化的“本来精神”；或者说近代中国的贫弱，实乃物质文明与精神文化脱节与分离的结果。换言之，在胡先生看来，步入现代以后的中国，不仅物质文明落后于西方，即使在精神文化方面，现代中国与西方发达国家之间也存在巨大的差距。因此，胡先生断言：“今天中国文化问题，并非精神文化甚优，唯有物质文明落后，而是我们固有文明文化在今天都未能有效地保障我们的生存，增进我们的福利。如果我们的文明文化不能有效地抵抗侵略，则不仅证明我们的物质文明应该改进，而精神文化也应该改进了。”②

应当肯定，胡先生当年对于文化、文明的界定，及其对于中国文化

① 胡秋原：《文化复兴与超越前进论》，台北：学术出版社 1979 年版，第 77 页。

② 胡秋原：《文化复兴与超越前进论》，台北：学术出版社 1979 年版，第 81 页。

现实的解析评断，既充满理性，也比较符合中国文化的实际。在我们今天看来，胡先生当年对于文化以及中国文化的理解之所以能够充满理性，较为实际，除了胡先生在学术理论方面的素养之外，最根本的原因应当是他坚定的民族主义立场与强烈的民族主义情感。坚定的民族主义立场与强烈的民族主义情感，使得胡先生不能不去如实地审视自己民族文化的历史与现实；坚定的民族主义立场与强烈的民族主义情感，也让胡先生意识到了自己对于民族文化的历史责任，使得他不能不去探寻现实的中国文化发展道路，从而使得他在思考中国文化问题的时候，能够确立起自己的视角与方法，形成自己有关中国文化问题的思想认识成果。在胡先生的文化理论活动中，这种民族主义立场与其关于中国文化的认识成果之间无法分离的内在连结，是值得我们今天认真总结与解析的。

二、基于民族主义的立场辨析西方现代文化的价值

胡先生基于民族主义立场解析历史的中国文化与现实的中国文化，认定中国文化之长不限于精神文化方面，强调中华民族在物质文明方面对人类文明的进步也曾做出自己的贡献。这种考察，目的在于提振民族的自信心，探寻中国文化现实的发展道路。而要具体思考中国文化的现实发展，则又无法回避中西文化的比较，这使得胡先生也不能不考察西方文化。但在胡先生看来，考察西方文化的目的仍在于帮助我们探寻和确立自己民族文化的发展方向和具体道路。在这种意义上也可以说胡先生对于西方文化的考察，同样是以其民族主义的立场为基础的。而考察西方文化的这种立场与目的，也使得胡先生对西方文化的考察同样充满理性，并力求使自己的论释符合西方文化的实际。

胡先生对西方文化的解析与五四前后的一些学者对西方文化的评估有两点不同。其一是他认为西方文化同样是涵括物质文明与精神文化的整体，如果尊重西方文化的实际，就既不能否定西方民族在物质文明方

面取得的成就，也不能否定西方民族在精神文化方面同样取得了重要成就。近现代学术史上，一些学者视西方文化为“动”的文化，认定西方文化之长在物质文明。胡先生认为，这种观点背离了西方文化的真实。实际上西方民族在精神文明方面同样具有自己优秀的成果与传统。胡先生曾经在比较中国和西方国家历史上的精神文化以后认为：“精神文化中，最精神的部分可以数道德、文艺和哲学，中国过去在文艺上曾有很高的成就，但知道西方文学的人，一定了解西洋人之文艺，也决不劣于我们。哲学也是一样。先秦哲学水准并不超过希腊，而中国固有哲学，也决没有超过培根、笛卡尔以后的水准，更不要说康德和斯宾塞了。”① 胡先生从中西文化的实际出发，克服人们在比较中西文化时存在的主观与片面，否定那些以为中国文化在精神文化方面优越于西方文化的文化观念，实事求是地看待中西文化中的精神文明成就，不仅形成了自己别具一格的中西文化异同论，实际上也深化了人们有关中西文化异同优劣的辨析与认识。

胡先生比较中西文化，最有价值的内容还不在于他对西方文化价值的一般肯定，而在于他针对中国学术界对于西方道德文化的误解，较为正确地论释了现代西方道德文化的价值。胡先生认为，中国学术界对西方道德文化的非难，一是针对其个人主义，一是针对其功利主义。但是，人们对于西方的个人主义和功利主义的理解都存在误区，其具体表现即是人们将西方的个人主义理解为自私自利，西方的功利主义则被人们定义为“唯利是图”。其实，这两种理解都不符合西方道德文化的实际。实际上西方的个人主义与功利主义所体现的正是西方道德文化的核心价值。依胡先生的理解，在西方，“个人主义的意思是：全体国民各尽其义务，各享其权利。现代西方人尊重个人权利，同时尊重个人责

① 胡秋原：《文化复兴与超越前进论》，台北：学术出版社 1979 年版，第 81 页。

任。个人的自由与财产不容他人侵犯，然个人对于全体，必尽其应有义务”。① 胡先生对西方个人主义的这种解释，实际上是将西方的个人主义理解为权利和义务、责任的统一，这样的解释是比较符合现代西方个人主义的意涵的。在胡先生看来，在现代西方形成这种权利与义务统一的个人主义，与西方社会的进步、发展有关。这样的个人主义是西方民族在克服“家族主义”、“地方主义”与“教派主义”的基础上形成的一种文化观念，这样的文化观念也可以纳入民族主义。因为，民族主义保护个人权利，个人对民族国家尽其义务。基于对西方个人主义的这种理解，胡先生反对简单地否定西方的个人主义，并认定近代中国尚未形成超越西方个人主义的道德文化观念。西方个人主义实际上蕴含国家、民族的观念，中国人用以否定西方个人主义的思想观念实为家族主义，而中国人在现代社会仍然尊崇家族主义，是因为中国人的生存仍主要依靠家族而非依靠国家。因此，胡先生主张：“如果我们不否认中国家族主义在政治上发生很大的流弊，而国家对人民之保护尚未能更普遍而有效，我们就不要望文生义地反对个人主义。”胡先生的理由和根据是“西方的个人主义爱国，除个人外，就是国家；而中国的个人主义则爱家，因家对于个人主义最为亲切”。② 应当肯定，胡先生的对西方个人主义的这种理解，是有其理论价值的。

同时，胡先生认为，在近现代学术史上，中国人对西方人的功利主义同样存在误释与误解，其表现是人们简单地将西方的功利主义归之于“唯利是图”。其实，西方的功利主义作为一种道德文化观念，远非中国人所批评的那样简单。在西方，功利主义实际上表现了理想主义的一个方面，这种理想主义一方面主张尊重个人利益，一方面也主张尊重社

---

① 胡秋原：《文化复兴与超越前进论》，台北：学术出版社 1979 年版，第 82 页。

② 胡秋原：《文化复兴与超越前进论》，台北：学术出版社 1979 年版，第 82 页。

会利益。因为在功利主义者看来，“没有共同利益，也就没有个人利益”。① 在社会生活中，如果每个人都尊重自己的利益，国家又保护个人利益，那么，则不存在实际的“损人利己”。因为，“功利主义尊重个人幸福，但尊重个人幸福以不侵犯全体幸福为条件，而在个人利益与全体利益不调之时，更要牺牲个人利益”。② 胡先生基于自己对西方功利主义的这种理解，肯定“功利主义的真精神是求最大多数之幸福”，将功利主义与个人主义理解为最有价值的现代西方的道德文化观念，他说：“个人主义提高了人格观念，消灭了主奴观念。功利主义提高了职务精神，增进了人生福利，而因人权之提高，使压迫他人为非法。这在社会生活及政治上便是群己权界，权利义务之分明，于是而有法治的有组织的国家，并使人事弊端贪污病象减少到最低限度。”③ 这种以个人主义与功利主义为代表的西方精神文化的价值表明，西方的道德文化的水准“决不低于我们，而甚至高于我们”。由于胡先生比较中西文化，理解中西文化异同，并与不同民族的社会生活条件、生产方式联系在一起，这使得他不仅对中西文化的实际具有较为真实的理解，而且使得他对中西文化的差异也做出了较为合理的判断。在胡先生看来，中西文化的不同，既不能简单地以“物质”和“精神”来做出区划，也不宜以“进取”与“保守”、“法治”与“人治”、“征服自然”与“调和自然”、“向前的”与“持中的”等观念来进行区划。中西文化的根本区别在于文化进化阶段之不同：“古代中国文化与中古的欧洲文化，纵有地方色彩与国民色彩之差异，但大体相似；而今日中西文化之不同，只

① 胡秋原：《文化复兴与超越前进论》，台北：学术出版社 1979 年版，第 83 页。

② 胡秋原：《文化复兴与超越前进论》，台北：学术出版社 1979 年版，第 82～83 页。

③ 胡秋原：《文化复兴与超越前进论》，台北：学术出版社 1979 年版，第 84 页。

是西方现代化了，而我们尚未现代化之故。"① 作为现代形态的西方文化，其基本精神是理性精神。这种基本精神的要素是个性的观念与法则的观念。个性的精神要求独立与自尊，法则的观念要求科学的态度与方法。只有具备个性的观念与法则的观念，才有可能培养出健全的国民，也只有具备个性的观念与法则的观念，才能够建立法治的国家，实现真正的民族主义。因为，真正的民族主义，既追求民族的独立、国家的自主，同时也主张维护正常的国际秩序，反对侵犯别的民族和别的国家。从胡先生对西方文化的解析和中西文化异同的理解中，我们可以发现，胡先生一方面将合理与合法理解为西方现代文化的精神，一方面又将合理与合法理解为"我们今天检讨自己和改进自己的一个标准"，这样的标准实际上是胡先生理解的现代中国文化的发展方向。在胡先生看来，中国文化唯有沿着这样的方向更新与发展，才有可能改变自己的落后形态，加快自己的进步，重新回到先进文化的行列。因此，可以说从胡先生对西方现代文化价值的辨析和理解中，我们仍然可以清晰地发现他思考中西文化问题时所秉持的鲜明的民族主义立场。

三、从民族主义出发探讨中国文化创新

现代中国文化的发展方向是中国文化的现代化，那么，如何实现中国文化的现代化呢？或者说通过什么样的途径或通过什么方式来实现中国文化的现代化呢？近代以来，人们的回答很多，胡先生将人们对于发展中国文化的这些回答称之为"四个口号"，即"中学为体，西学为用"、"中国本位文化"、"全盘西化"和"学术中国化"。胡先生认为，中国现代学术史上的各种文化建设理论或主张（即他所谓的"四个口号"）都是非科学的，都存在其自身的认识误区与理论片面，同时，这

① 胡秋原：《文化复兴与超越前进论》，台北：学术出版社 1979 年版，第 85 页。

些文化建设理论也存在共同的理论局限。在胡先生看来，“这些口号的共同缺点有二：一是对于学术文化之内容妄分界线。二是不了解重要的问题要中国创造自己的新学术，适应世界的水准，能有益于中国之富强”。① 就“对于学术文化之内容妄分界线”而言，张之洞的“中学为体，西学为用”的理论可说是将中国文化与西方文化绝对对立，他不了解中国文化作为一个整体，其内容并不限于纲常名教，同理，西方文化作为一个整体，其内容也并非没有纲常名教。张之洞将中西文化理解为绝对对立且永久不变者，当然是错误的。胡适的“全盘西化”论也存在对学术文化“妄分界线”的片面性，其表现是这种文化建设主张不了解西方文化的内容和精神，中国人同样也可以创造与拥有。同时，在胡秋原先生看来，胡适的“全盘西化”论完全忽视文化创造者自身的“心思才力”，这种片面也集中地显露了胡适文化理论的错误。

“中国本位文化”论源自20世纪30年代中叶何炳松、萨孟武、陶希圣等人的《中国本位的文化建设宣言》。在论及“中国本位文化”论时，胡先生认为这派理论“其主要之缺点，首先在其是消极的而不是积极的。所谓以中国为本位吸其所当吸收，固为不易之理，然充其量不过说我们要一个批评取舍之标准而已。……我们纵能取舍得宜，亦不过如开一百货店，贩卖之物，能适应需要而已。但这和‘文化建设’，还隔得很远。商店只能贩卖，工厂才能建设。所以，该宣言之主要缺点，是忽略了创造”。② 文化的创造所体现的是作为文化主体的民族的实践活动能力，忽视文化的创造，实即忽视中国人自身的文化创造能力。因此，在胡秋原先生看来，“无创造即无建设”。“中国本位文化”论作为一种无视自己民族文化创造能力的文化理论，不可能对于中国现实的文化建设具备有价值的指导作用。

① 胡秋原：《文化复兴与超越前进论》，台北：学术出版社1979年版，第130页。

② 胡秋原：《文化复兴与超越前进论》，台北：学术出版社1979年版，第126页。

“学术中国化”作为一种文化建设理论，也受到了胡先生多方面的批评。在中国现代学术史上，“学术中国化”问题是与马克思主义中国化问题联系在一起的，大陆学术界即有学者专门研探《二十世纪三四十年代“学术中国化”与“马克思主义中国化”的思潮互动》这类课题，并已形成系统的研究成果。据大陆学者研究，“中国化”、“马克思主义中国化”、“学术中国化”这类概念或提法的形成与出现，在现代中国学术界有一个历史的发展过程，“中国化”这种概念在20世纪20年代的中国学术界即已经出现了，① 其后，瞿秋白、陈序经等学者的文章中也曾出现过“中国化”的提法。“学术中国化”作为一种文化思潮，则主要是20世纪30年代中国学术界一些学者为因应中国共产党“马克思主义中国化”的号召而提出来的。大力提倡并积极论释“学术中国化”的学者主要有李达、侯外庐、艾思奇、胡绳、沈志远、潘梓年、潘菽、柳湜等。这些学者主张“学术中国化”，并认为“‘学术中国化’，正确的了解是将世界学术理论的最新成果，应用于中国各种现实问题之解决，要使理论的研究与发展，适应于现在和将来的中国民族和社会的需要”。②

在我们今天看来，“学术中国化”作为一种文化建设的理论或思潮，主张吸纳世界上最新的学术文化成果以解决现代中国存在的各种实际问题，提倡学术研究适应“中国民族和社会的需要”，这在理论与实践两个层面上应当都是可以成立的。胡秋原先生批评“学术中国化”，一是他认为所谓“学术中国化”实为“马克思主义中国化”。他说：“所谓学术中国化，乃将马克思主义中国化通俗化之意。但是，第一，马克思主义不过是学术之一部分。第二，马克思主义是欧洲发生的东西，今天中国人用不着，也就没有法子‘中国化’了。”③ 胡先生批评

① 参见张静如：《关于“中国化”》，《党史研究与教学》2006年第5期。

② 《理论与现实·创刊献词》第1卷第1期（1939年4月15日）。

③ 胡秋原：《文化复兴与超越前进论》，台北：学术出版社1979年版，第128页。

“学术中国化”的另一个理由是他认定“马克思主义中国化”即是“俄化”。胡先生曾经说过：在抗日战争年代，为了中国的胜利和富强，为了中华民族文化的复兴和创造，自己“批评当时有代表性的四个口号：‘中学为体，西学为用’、‘中国本位文化’、‘全盘西化’、‘学术（马克思主义）中国化’。此即传统、西化、俄化之三派”。① 胡先生对他理解的“俄化”可谓深恶痛绝。因为，在胡先生看来，苏俄也在帝国主义国家之列，中国文化建设中的“俄化”，实即意味俄国文化对中国的入侵。直到晚年，胡先生都未能改变这样的文化观念。“学术中国化”是否即可以等同于马克思主义中国化，马克思主义中国化是否即等同于“俄化”，这类问题直到今天仍可讨论。今天，大陆学者仍然主张马克思主义中国化，历史也已证明马克思主义中国化确使中国文化走上了现代化的发展道路。但是，政治方面的歧见并不影响胡秋原先生对中国文化建设思考的价值。胡先生当年对“学术中国化”思潮的批评，有他自己对现代中国文化建设道路的理解，也有他自己的思想认识基础。这也值得人们去深入地研究探讨。因为，在这种研探中我们会更深入地了解胡先生在中国文化建设思考中所始终坚持的民族主义的立场，以及他基于这种立场所表达的对于国家民族强盛的期盼。

胡先生毕生思考现代中国文化的建设问题，批判各种他所不能认同的文化建设理论，那么，胡先生自己如何理解现代中国的文化建设呢？胡先生在不同的历史时期对于如何建设现代中国文化的回答内容不尽相同。譬如，胡先生在抗战年代批评他所认定的各种错误的文化建设理论之后曾经提出：“提高民族精神，科学精神，以加强抗战建国力量及效率，使我们能达到现代水准，这是今日一般任务。政治经济军事都应如此，学术也应如此。”② 胡先生在抗战年代所主张的“民族精神”、“科

① 胡秋原：《文化复兴与超越前进论》，台北：学术出版社 1979 年版，第 12 页。

② 胡秋原：《文化复兴与超越前进论》，台北：学术出版社 1979 年版，第 130 页。

学精神”、“现代水准”，大体上可视为他对现代中国文化建设方向和内容的最基本的理解。从总体上来看，胡先生在现代中国文化建设理论方面坚持一种“超越论”。在胡先生看来，文化建设的“超越”是一种“会通超胜”。这种“会通超胜”既意味着民族文化的复兴，也意味着民族文化的创造。不论是其理论的层面还是其实践的层面均与他所批评的“传统派”、“西化派”有别，也与他所反对的“俄化派”不同。通过“会通超胜”而形成的中国文化才是中国的现代文化，或说中国的现代文明，才意味着实现中国文化的现代化。

同时，胡先生认为，在现代中国文化建设中，要求超越与创新，实现中国文化的现代化，有两个基本点必须兼顾，其一是中国现代文化在形式上应当是民族的；其二是中国现代文化在内容上必须是科学的。这种观念使得胡先生在抗战年代将“发扬民族主义”与“发展科学技术”看作现代中国文化建设中必须努力坚持的方向，并提出过自己对于“发扬民族主义”和“发展科学技术”基本内容的理解。在胡先生看来，“发扬民族主义”应当包括以下内容：（一）“民族主义的文化运动要发扬我们文化固有的伟大精神”；（二）“民族主义文化运动是独立自主的文化运动”；（三）“民族主义文化运动要提倡民族的道德”；（四）“民族主义文化运动要提倡尚武精神”；（五）“民族主义同时是民主主义”；（六）“民族主义同时是全民主义，民族主义文化运动同时不能不是国民文化运动、民众教育运动”。“发展科学技术”的内容则主要是“要在建立国防产业中培养科学人才”，“充实高深科学研究机构”，“要整顿教育”，要造就“抗战建国的干部，同时要派遣真正有相当程度的人赴外国真正深造”，“必须传播科学知识”。胡先生曾经说过：“罗马不能成于一日，树木也要十年。”他强调要使“发扬民族主义”与“发展科学技术”的内容变成现实，需要一个长期的历史的过程，但胡先生也主张为现代中国文化建设尽责尽力应从当下做起，用他的语言表达即是“今日要广为种树”。因为，“今日辛勤之培植，就是将来新文化花园之基础”。因此，“今日一切从事于文化教育事业者，也必须立志做中国文化花园中的一个辛勤的园丁，用心血来灌溉未来中国文化之根苗”。① 胡先生对于“发扬民族主义”与“发展科学技术”的这些理解写成于抗日战争时期，有其具体的历史的内容，但在今天仍能给予我们许多启示，值得致力于中国文化复兴的人们借鉴与思考。

胡秋原先生对于现代中国文化建设的思考，可以说伴随了他的整个学术人生。在不同的历史时期或说不同的历史条件下，他对于中西学术文化价值的认同、评断在不断变化。但就胡先生思考现代中国文化建设的思想路数和认识成果而言，有两个特点最为显著，这就是他所始终坚持的民族主义立场，他所始终提倡的科学精神。民族主义的立场要求他关注一般的文化理论，了解中国文化的现状，也激励他追求对西方文化的学习、考察、理解。科学精神则使得他不断考察中西文化的历史与现实，不断深化自己对于中西文化的比较研究，不断调适自己对于中西文化价值的理解与认同，努力使自己对中西文化的了解合于实际，并力求使自己对于中国文化建设的思考有益于现实的中国文化建设。也正是这种民族主义的立场和科学精神，使得胡先生晚年坚决反对“台独”，极力主张通过海峡两岸的中国人共同努力，结束民族分裂，实现祖国统一。在胡先生的学术生涯中，学术研究与学术理论，政治立场和政治主张，都服从于其民族主义的立场和科学精神。在胡先生的人生中，学术追求曾经改变，政治立场也曾经改变，其不变者则是他的民族主义立场，是他提倡的科学精神。我们今天研探胡先生的文化理论，应该肯定的也是他的民族主义立场以及他所倡导的科学精神。

因为，在我们看来，今天所有谋求中国文化现代化或说民族文化复兴的志士仁人，都应当高扬民族主义的旗帜，都应当弘扬科学的精神。现代民族主义作为一种思想理论，主张将自己的民族作为政治、经济、文化的主体，肯定民族利益的至上价值，强调个人对于民族和国家的忠

---

① 胡秋原：《文化复兴与超越前进论》，台北：学术出版社 1979 年版，第 59 页。

诚超越于其他任何对象。今天，在我们建设现代中国文化的实践中，民族主义仍然应当是我们的一面旗帜。因为，我们高扬民族主义的旗帜，有利于团结所有的中华儿女，为共同的文化建设目标而不懈地奋斗。当然，在我们为复兴中华文化而奋斗的过程中也需要科学精神。科学精神不仅有助于解决我们所面临的各种现实问题，不断地为我们民族的文化建设增添思想的动力，也将会帮助我们不断开辟新的文化建设领域，形成新的文化学术成果。同时，科学精神也有助于我们正确地坚持民族主义的立场。因为，我们主张的民族主义与民粹主义具有本质的不同。我们主张的民族主义既反对文化的自闭与守旧，也反对文化的排外与侵略。在我们看来，中华文化的复兴只能实现于多民族文化成果的交会与融合之中。这样的文化复兴不仅有益于我们自己的民族，也会有益于整个人类文明的发展与进步；也只有这样的中华文化，才真正可以说既是民族的，也是世界的、人类的。总之，回顾胡秋原先生对于中国现代文化建设的深沉思考，给人的感受与感悟是：我们必须坚定不移地朝着中国文化现代化这一伟大目标，不断地推进自己的民族文化建设，不断地获取现代的优秀的民族文化建设成果。惟其如此，才足以告慰胡秋原先生，告慰胡秋原先生这类为中华文化的复兴终生奋斗的前辈学者，告慰历史上所有为中华文化的复兴而抛头颅洒热血的仁人志士。

以上是笔者阅读胡秋原的文化论著之后的一些感想。胡秋原先生有关文化问题的论著卷帙浩繁，思想内容十分丰富。但笔者对胡先生论著的阅读范围有限，加之本文于匆促中写成，文中对胡先生文化理论的评析不可能是全面的、深入的，而只能是初步的、粗浅的。因此，文中的不妥处甚或失误处，诚挚地期望大家指正。

胡秋原民族主义论的三个面相及其评析

□ 何卓恩

胡秋原先生是大陆赴台知识分子中具有影响力者之一，这种影响力，在很大程度上与他矢志于民族主义密切相关。王晓波称他为“以民族复兴为志业的胡秋原先生”;① 邝骤节说他一生的精神努力就是“希望大家在民族主义立场上团结起来，拓展共同的命运，并在学术上证明其可能，在道德上证明其应该”;② 陈映真感慨，“在政客官员、教授和知识分子对于民族主义和爱国主义尽情嘲笑、不以媚外事大为士大夫之大耻，在民族统一问题上含混、暧昧甚至到以反统一、反民族为光荣先进的时代，胡秋原坚定地、鲜明地、凛然地高举了爱国主义和民族主义的光辉的火炬”;③ 袁懋如也赞誉，“在一片追求享受，政治上昏昏欲睡的情况下，秋原先生毅然扛起了民族主义的大旗”。④

近代中国的社会思潮，20 世纪到来之前集中在“常”“变”之争，20 世纪则转向“主义”之争。从价值追求上说，最有代表性的社会主张，无过于民族主义（民族国家至上）、自由主义（个人权利至上）、社会主义（阶级平等至上）三大系统。胡秋原并非自始即为一个民族

① 王晓波：《以民族复兴为志业的胡秋原先生》，《胡秋原先生 80-90 寿辰纪念文集》，台北：学术出版社 2001 年版，第 30 页。

② 邝骤节：《我所知道的胡秋原先生》，《胡秋原先生 70 寿辰纪念文集》，台北：学术出版社 1981 年版，第 88 页。

③ 陈映真：《寿民族主义爱国主义火炬的胡秋原先生》，《胡秋原先生 80-90 寿辰纪念文集》，台北：学术出版社 2001 年版，第 19 页。

④ 袁懋如：《一位心胸坦荡无私的长者胡秋原先生》，《胡秋原先生 70 寿辰纪念文集》，台北：学术出版社 1981 年版，第 170 页。

主义者，从他早期的文字和晚年自述看，他最先是一个马克思主义者，“我既然是马克思主义者，当然是社会主义者”，在信仰社会主义的同时他也信仰自由主义，“我认为马克思主义与自由主义是可以而且应该合作的”，这使他与排斥自由主义的教条社会主义者常陷于争执中，被斥为“马克思主义之‘异端’”。① 游历“自由主义的故乡”英国和“社会主义的祖国”苏俄之后，他观念大变，放弃了自由主义和社会主义。按他自己的说法，他转为主张“新自由主义”和“资本主义”了。其实这个“新自由主义”和“资本主义”，实际上表达的都是民族主义的内容。他说：中国的前途是民主化和工业化，“要迅速工业化，不可不发展民族资本主义”；② 要实现民主化，必须使自由主义有超越西方的发展，克服其片面性，“而余所谓新自由主义者，则以祖国之自由为枢纽，外以争人类自由，内以保国民自由。于是此新自由主义，即是民族主义之灵魂，亦是民主主义之基础”。③ 他认为“民族主义同时是民主主义”，④ 国家内部政治、经济都要体现出平等民主的精神。从此，民族主义伴随胡秋原终身，成为他最钟情的一种主义。

胡秋原学识渊博，关怀广阔，他的民族主义内涵十分丰富，本文试就政治、文化、学术三个角度略作观察。

一、政治面相：国家至上论

胡秋原思想归于民族主义，起因于民族灾难对他的刺激。“九·一

① 胡秋原：《谢启并自述八十年来我的思想之来源与历程》，《胡秋原先生80-90寿辰纪念文集》，台北：学术出版社2001年版，第47页。

② 胡秋原：《谢启并自述八十年来我的思想之来源与历程》，《胡秋原先生80-90寿辰纪念文集》，台北：学术出版社2001年版，第49页。

③ 胡秋原：《中西文化与文化复兴》，自序，《文化复兴与超越前进论》，台北：学术出版社1980年版，第33页。

④ 胡秋原：《中国文化复兴论》，《文化复兴与超越前进论》，台北：学术出版社1980年版，第56页。

八”事变发生，胡秋原放弃在日留学的学业，在国内宣传抗日。这一行动虽然并不等同于向民族主义转变，① 但却无疑表示他对于民族命运的关怀。② 因不满国民政府“攘外必先安内”的政策，1933 年胡秋原参与了主张民主抗日的“福建事变”。而事变后的流亡过程，特别是他领悟到海外华侨父老对他的欢迎“不是欢迎我，而是欢迎抗日，要求抗日”③ 之意，和感受到“在各国旅行中，处处表现民族主义是各国立国第一义”④ 时，则更推动了他的民族主义信念的形成。按照他的说法：“如中国为三等国，头等人物亦三等人。如中国为头等国，三等人亦头等人。思至此，使中国为头等乃第一要事，其他皆不足道。”⑤ 在当时，日本侵略是中国强盛的最大障碍，所以他将努力方向确定为“抗日便是一切，一切归于抗日”。⑥ 这便是国家至上的民族主义论述。抗战全面爆发后，流亡归来的胡秋原 1938 年 3 月 21 日为《时代日报》撰写社论，就将“纯粹的、绝对的、彻底的民族主义精神”作为全民

① 据胡秋原自述，他放弃留日学业与朋友的意见有关系，“我原来在日本早稻田大学读书，且有官费。民国二十年，回国省亲时，九月十八日到了上海买好九月二十日船票赴日继续学业。不料次日阅报，大变发生了。我问一切亲密的朋友，有的人说，蒋介石都不管，你管他干什么，你去拿文凭和官费。也有的人说你何能再去，你去了，你是反对日本侵略的，你会讲话，一讲话日本人把你抓了去。最后，我放弃留日文凭”。参见：《访亲历廿世纪百年的思想家胡秋原》，《胡秋原先生 80-90 寿辰纪念文集》，台北：学术出版社 2001 年版，第 228 页。

② 本文所称的民族主义，并不简单等同于爱国主义，而是指在个人、宗族、阶级、地域、民族国家等社会构成之中，强调民族国家的价值无条件高于一切。一般关怀民族命运的爱国主义则不必然具有这种绝对性。相对于这种民族主义而言，社会主义以阶级解放为最高价值，自由主义以个人权利为最高价值。

③ 胡秋原：《谢启并自述八十年来我的思想之来源与历程》，《胡秋原先生 80-90 寿辰纪念文集》，台北：学术出版社 2001 年版，第 49 页。

④ 胡秋原：《谢启并自述八十年来我的思想之来源与历程》，《胡秋原先生 80-90 寿辰纪念文集》，台北：学术出版社 2001 年版，第 50 页。

⑤ 胡秋原：《谢启并自述八十年来我的思想之来源与历程》，《胡秋原先生 80-90 寿辰纪念文集》，台北：学术出版社 2001 年版，第 50 页。

⑥ 胡秋原：《谢启并自述八十年来我的思想之来源与历程》，《胡秋原先生 80-90 寿辰纪念文集》，台北：学术出版社 2001 年版，第 52 页。

的信仰来提倡，指出："我们因为没有坚实的近代民族国家之基础，民族主义的精神，爱国主义的精神，一般确是非常缺乏。地方主义常压倒民族主义。……中国人之一般的爱国观念，与其说是一种鲜明的民族意识，毋宁说多是一种扩大的乡土观念，文化的和种族的自尊心。"①

他提倡的民族主义，最主要的即要以民族国家利益为中心，以民族国家利益高于一切。民族国家的价值高于一切，也就意味着社会主义的阶级解放与自由主义的个人权利，都应该置于民族国家生存和发展之下。他在《历史哲学概论》中明确以民族史观代替阶级史观来解释历史，是民族高于阶级的公开表达；而抗战后期雅尔塔体制下的中苏谈判断送外蒙，他更痛心得"一时几乎陷于疯狂",② 置自身前途于不顾公开发表反对声明，招致职务全免的惩处，则印证了他损己奉国的旨归。

胡秋原的民族主义，与国民党官方意识形态三民主义有极大的亲和性。胡秋原并不讳言他对三民主义的认同。他说即使从自由主义角度看，三民主义也是众望所归，自由主义只是不借助权力而传播思想的态度和制度，本身不预设思想内容，"自由主义在中国政治上的结论，必然是三民主义"，因为"三民主义合乎逻辑，合乎科学，合乎全民族的需要，愈取自由的讨论方式，必能愈使此种思想为全体人民所接受"。③他认为三民主义其核心精神是民族主义，民权主义和民生主义都是服务于民族主义的。"中山先生的三民主义，首先将民族主义带到中国。'中国者，中国人之中国'，'前代为英雄革命，今代为国民革命'，同盟会宣言中这两句话，就是民族主义的精义。"④ 他并指出，孙中山已

---

① 胡秋原：《纯民族主义》，《文化复兴与超越前进论》，台北：学术出版社1980年版，第27页。

② 胡秋原：《谢启并自述八十年来我的思想之来源与历程》，《胡秋原先生80-90寿辰纪念文集》，台北：学术出版社2001年版，第56页。

③ 胡秋原：《论自由主义》，《文化复兴与超越前进论》，台北：学术出版社1980年版，第156页。

④ 胡秋原：《抗战以来之思想界》，《文化复兴与超越前进论》，台北：学术出版社1980年版，第135页。

经看出中国民族主义不发达的障碍，特别主张将家族主义变为民族主义，到了抗战时期全国奉行三民主义，妨害民族主义发展的地方主义、阶级主义、边疆分离主义得到克服，“国家至上民族至上”、“军事第一胜利第一”、“意志集中力量集中”三大口号“较之五四时代的赛因斯和德莫克拉西，是更生动，更强有力”。① 鉴于他对三民主义的认同，胡秋原不仅很早加入了国民党，并作为国民党的代表担任了国防参政会参政员。

但是，胡秋原并不满意于国民党对民族主义的实际维护。正如陈孟坚所说，“胡先生曾长期有国民党党籍，却不专门地党言党语”，而是很注重独立思考，“只说他基于知识、基于民族大义而该说的话，即使开罪了国民党的大佬权贵，也在所不惜”。② 他因为反对进行签订出卖外蒙的条约的谈判而被免兼任各职，就是分歧之一例。除此之外，他与国民党不同调的主张还有许多，以赴台后为例，他在保钓运动、乡土文学、美丽岛事件、参访大陆等问题上，都与国民党立场不一致。“国民党派多人要求胡先生不再刊载保钓文章，未为接受”；③ “当国民党御用文人猛扣红帽子，要把乡土文学诸君子置于死地的时候，胡秋公挺身而出，仗义执言”；④ “高雄事件发生，鉴于政府态度之严厉……胡先生在《中华》写了一篇社论，劝当局以违反戒严令处理此案，从宽发落”，“引起有关单位不谅解”；⑤ 1988 年毅然访问大陆，更遭到国民党开除党籍的处分。

---

① 胡秋原：《抗战以来之思想界》，《文化复兴与超越前进论》，台北：学术出版社 1980 年版，第 136 页。

② 陈孟坚：《盛名重言荫翼多》，《胡秋原先生 80-90 寿辰纪念文集》，台北：学术出版社 2001 年版，第 87 页。

③ 钱江潮：《中华同人为秋公九秩暖寿的开场白》，《胡秋原先生 80-90 寿辰纪念文集》，台北：学术出版社 2001 年版，第 85 页。

④ 寒山碧：《我在大陆香港和台湾认识的胡秋原先生》，《胡秋原先生 80-90 寿辰纪念文集》，台北：学术出版社 2001 年版，第 99 页。

⑤ 蔡天进：《我和胡秋原先生四十年交往》，《胡秋原先生 80-90 寿辰纪念文集》，台北：学术出版社 2001 年版，第 133、134 页。

他在这些事件上的立场与国民党有异，基本的思想支点都是民族主义。国民党由于现实的政治利害关系，在民族主义价值上要么妥协，要么变调，在胡秋原看来这有违三民主义精神。保钓运动国民党明知是正当的，却顾虑影响其与美日的关系，采取了压制态度；而到大陆访问时，国民党已开始本土化蜕变，当然反对被“统战”。胡秋原作为主张维护统一和领土完整的民族主义者，在这两件事上与国民党相左①是完全可以理解的。比较难以理解的是他为何要对台湾乡土文学和有分离倾向的美丽岛事件仗义执言。其实这些仍然是从民族主义出发的。胡秋原认为民族主义的国家离不开民族主义的文化，他正是理解到台湾的乡土文学是相对于洋化文学而兴起的民族主义文学，是在朝“从自己的同胞和土地上汲取创作的泉源，建立民族的风格”的方向上努力，相信“今以此处的乡土始，究必以到大乡土之大陆终”，② 所以愿意支持台湾乡土文学。胡秋原又认为，民族主义是爱同胞的主义，③ 台湾人也是中国的同胞，只有确立同舟共济意识，才能弥合省籍嫌隙，达成全民族的团结。

在台湾生活的半个世纪里，胡秋原开展了多项以民族主义为宗旨的事业，除上述提到的以外，比较重要的还有创办《中华杂志》和创建“中国统一联盟”。《中华杂志》持续30年，不仅“集合了一批志同道

① 关于参访大陆的原因，大陆改革开放后，胡秋原认为加强双方交流十分必要。“几年前胡秋原先生在《中国时报》发表一篇文章……所以我们要透过海峡两岸和海外的学人互相访问，互相了解对方，来讨论民主统一建国问题，来影响两岸政策，缩短大陆与台湾的距离，为苦难中华民族找出民主、团结统一的中国道路。”参见蔡天进：《我和胡秋原先生四十年交往》，《胡秋原先生80-90寿辰纪念文集》，台北：学术出版社2001年版，第129页。

② 参见陈映真：《中国文学的一条广大的出路》，《胡秋原先生70寿辰纪念文集》，台北：学术出版社1981年版，第297页。

③ 参见成舍我：《民族主义与学术自由》，《胡秋原先生70寿辰纪念文集》，台北：学术出版社1981年版，第493页。

合的民族主义爱国者",① 还主办七七纪念会等民族主义活动，使台湾青年"上了活生生的一堂爱国爱民的历史课"。② "中国统一联盟"则对于抑制"台独"至今仍发挥着重要作用。

二、文化面相：超越前进说

胡秋原的民族主义，回答的是"中国到何处去"的问题，但影响到这个问题之回答的，为中国文化的出路。"中国文化的出路是'中国到何处去'的理论前提"。③ 中国文化出路是近代中国学术思想的根本课题，学人相继提出了传统主义、西化主义、俄化主义、折中主义等不同的解答。

胡秋原主张民族国家至上，当然也热爱民族悠久的文化。抗战以后，中外交通被日军封锁，胡秋原获取外文著作困难，这使他有了系统阅读中国经籍的机会，"我愈读中国书，我愈感到中西文化在基本原理上是相同的，因为人性是相同的，而且都是自由思想的结果"。④ 不过因环境不同，有发展之快慢，也各有特殊成就而已。因此，他反对妄自菲薄民族文化。很早他就说"民族主义是今日抗战建国的中心精神，也是我们文化运动的中心精神。我们要有为民族所有，为民族所造，为民族所用（of our nation，by our nation，for our nation）的文化。一切非民族反民族的文化，我们都要拒绝。一切必须服从民族的利益，一切必

① 毛铸伦：《请翻开中华杂志》，《胡秋原先生 80-90 寿辰纪念文集》，台北：学术出版社 2001 年版，第 95 页。

② 参见蔡天进：《我和胡秋原先生四十年交往》，《胡秋原先生 80-90 寿辰纪念文集》，台北：学术出版社 2001 年版，第 128 页。

③ 胡秋原：《文化复兴与超越前进论》，前记，台北：学术出版社 1980 年版，第 1 页。

④ 胡秋原：《谢启并自述八十年来我的思想之来源与历程》，《胡秋原先生 80-90 寿辰纪念文集》，台北：学术出版社 2001 年版，第 53 页。

须适合民族的环境”。①

但他却并非固执自闭的复古主义者，相反他反对一味保守的传统派，很注重学习和吸收外国文明以创造自己的现代文明。他在上文提到的为《时代日报》撰写的社论里，已经将“发扬中国民族固有的光荣尊严的德性和伟大的创造精神”与“要充实民族力量，要补救自己弱点，要现代化，要科学化”② 作为民族主义的要点。现代化、科学化就必须吸收外国现代创造的文明。他不同意东方精神西方物质的流行看法，说：“抗战以来，在空前对外战争中，提高了我民族自信心，这是极其可喜的。然而同时所谓中西文化的二元见解，即中国文化长于精神，西方文化长于物质的见解，也流行起来。这种意见是错误的。这种错误如不纠正，结果也有害于民族自信心。……民族自信心不是叫我们相信中国固有文化可以自给自足，而是相信中华民族自己已有科学化的能力，来创造中国自己的现代文明。”③

胡秋原主张学习和吸收外国文明补救自己弱点，却非常反对用外国文化“化”中国。20世纪展现在中国面前的外国文明，有英美为代表的资本主义文明，也有苏俄为代表的社会主义文明，他归宗民族主义后反对最彻底的是“俄化”，但“西化”他也反对。

他之所以反对“俄化”，乃在于他认为俄国文化是西方文明病态发展与落后的农业文明之联姻。西方文化经历民主、科学的革命之后，文化创造力逐步丧失，“西方文明之主角已不忠于自己得以发展的原则——即自由的原则，而积极地以侵略为国策”，④ 走向帝国主义。他

① 胡秋原：《中国文化复兴论》，《文化复兴与超越前进论》，台北：学术出版社1980年版，第54页。

② 胡秋原：《纯民族主义》，《文化复兴与超越前进论》，台北：学术出版社1980年版，第28、29页。

③ 胡秋原：《中西文化论》，《文化复兴与超越前进论》，台北：学术出版社1980年版，第72页。

④ 胡秋原：《中国之悲剧》，《文化复兴与超越前进论》，台北：学术出版社1980年版，第247~248页。

说，这不是中国所需要的文化。而他之所以反对“西化”，固然因为在他看来西方文化的病态至今尚未完全克服，更主要的原因却是任何文化都必须在自己民族传统的根基上自由创造。“问题不在于如何接受西方现代文明，而在如何发展自己的文明，如何在自由主义（指自由创造——引者注）的路线上迅速前进，创造中国自己的现代文明。所以真正的维新和守旧是一事而非二事。我们自己进步，才真正能保存固有文明。而能发展固有文明，亦必能达到西方人智之同等水平。不由本国历史出发，是不能长大的。而不能长到西方人（特别是今天的美国人）的高度，是不算成年的。”①

胡秋原对中国近代以来的传统派、西化派、俄化派、折中派都进行了批评。他认为传统派的东方精神西方物质说，西化派的西方民主科学中国蒙昧专制说，俄化派的中国封建主义西方资本主义苏俄开创社会主义新方向说，都没有弄清中国文化失败之由来，“我日益发现他们的论据都站不住，他们的错误都是以一时之事势立论，或误信他人的宣传，根本没有学问的根据”。② 而折中主义，在政治上也许必要，在学问上则根本不可，“因为学问之目的就是要对于一个问题得出一个确实的结论，没有确实的结论，一切折中也是错误而危险的”。③

传统派、西化派、俄化派、折中派既然都不可靠，中国文化究竟应该走向何方才能符合民族主义的目标呢？他提出正确的文化路线是“超越传统派、西化派、俄化派而前进”，就是不走传统派的保守路线，不走西化派、俄化派的盲从路线，也不走无原则的折中路线，而走自主创造新文化的路线。这条路线他自名为“超越前进论”。

① 胡秋原：《论中西文化与创造中国新文化》，《文化复兴与超越前进论》，台北：学术出版社 1980 年版，第 236 页。

② 胡秋原：《文化复兴与超越前进论》，前记，台北：学术出版社 1980 年版，第 4 页。

③ 胡秋原：《文化复兴与超越前进论》，前记，台北：学术出版社 1980 年版，第 3 页。

他对超越前进论的内涵，有如下的表达：

> 所谓超越前进论者，不是否定或不理中国传统文化或现代西方文化的意思，甚至也不是否定马克思主义或社会主义中若干真理的意思。“超越”首先要了解，彻底了解；然后才能辨别其中何者是有价值的，何者是无价值的；然后才能用自己的心思才力，将有价值的加以结合和发展，形成为一新的东西。我所谓超越前进，在学问上说，是超越三种门户之见（指传统派、西化派、俄化派三派及三派之折中——引者注）以作独立创造之思考之意；而其逻辑引申，自是超越世界上的种种意识形态……来重建新中国、新世界文明之意。

根据这一定义，超越前进论是不承认文化类型的，认为文化基于人性，而人性是全人类相同的，环境的不同可以影响到文化的特色，却不会导致不同“类型”的文化，文化与其说有斯宾格勒、汤因比、梁漱溟等人所说的不同类型，不如说只有程度不同的发展过程，“人类到最后将有一种统一的世界文化、人类文化，在这个意义上，以前的文化都是一种过程”,① 尽管在一定阶段常以某一民族或国家代表一种文化，因人类智性大抵相同，这种文化的价值也将是全人类可以共享的。超越前进论也不承认文化的固化性和整体性，主张文化创造者随时可以根据社会需要在各色文化中择善而从，“各国文化有先有后，甚为寻常。任何国家后来居上，亦皆经此一过程。近代英国人是向意大利学习的，结果超过意人。德国人是向英法学习的，结果与英法伯仲，且或过之。美国人是向英德法学习的，而结果逐渐走到西欧之前。有为

---

① 胡秋原：《论中西文化、共产主义与新自由主义》，《文化复兴与超越前进论》，台北：学术出版社1980年版，第290页。

者，皆如是”。①

胡秋原的研究指出，在中国传统的文化中，有许多与现代西方的文化是相通的，“许多人以为驾驭自然发明科学是西洋人之特长。其实中国人自古以来就讲究‘开物成务’‘利用厚生’。有人以为向外追求勇猛精进是西洋人的特色。其实中国人自古以来就讲究‘自强不息’‘富有日新’，‘无逸’和‘无惧’的”，在许多基本观念上，“中国文化和西洋文化是最容易对话的。我们有共通的尊重人道，尊重个性，尊重人格尊严，尊重家庭幸福，尊重公共福利的观念；我们有共通的尊重理性，尊重学问，尊重宽恕的观念；我们有共同的中庸之道以及博爱与和平的观念。我曾说西方正统文明可以称为自由主义，这自由主义有三个要素或阶段，即人本主义，理性主义和进化主义，由此乃有现代西方的学术政教，民主与工业。而这三者，也是中国思想的核心与源泉，不过没有西方文化发展得深切著明而已”。② 正因为有些方面没有西方文化发展得“深切著明”，我们就要向西方学习，但不是学习它们的一切，而是“学与我们精神不相冲突的，学我们所不及的，而我们所不需要，世界也不需要的则不学”。③ 我们要学习西方发展很充分的科学和工业化，理性、法治精神和民主制度，诚信、服务的观念及平等的道德，但绝对拒绝它们的帝国主义，这就是超越前进。

胡秋原认为中国20世纪政治的悲剧，根本就是文化路线的失败，是文化门户主义的失败，是“传统派为西化派开路，西化派为俄化派开路”的结果。他坚信，超越前进论才是中国未来唯一的出路，只有超越前进才能救中国，才能发展中国，“我曾提出‘超越前进’代替传

① 胡秋原：《论中西文化、共产主义与新自由主义》，《文化复兴与超越前进论》，台北：学术出版社1980年版，第296页。

② 胡秋原：《论中西文化、共产主义与新自由主义》，《文化复兴与超越前进论》，台北：学术出版社1980年版，第291～292页。

③ 胡秋原：《论中西文化、共产主义与新自由主义》，《文化复兴与超越前进论》，台北：学术出版社1980年版，第297页。

统、西化、俄化、折中的四种主张。我的构想，意在基于确实根据，解决中国前途问题，俾能团结八亿同胞的思想，共同建立新中国”。① 这才是摆脱左右各派纠缠的正道，“我不是左派，我不是右派，我是正派”!② 他不自称中派而自称“正派”，带有根本否定左右各派的深意。因为“所谓中派，对左派右派而言，肯定了左右，然后有中。而首先肯定正道，然后左右皆是旁门”。③

三、学术层面：理论历史学

胡秋原说他的“超越前进论”是“基于确实根据”，这个“确实根据”从哪里来？当然是从学术中来，“由学问求一个中国应有的将来，是我一生的工作”。④

胡秋原的学问，涉猎人文、社会领域的各个学科，对哲学、历史、文学、艺术、政治、经济，都有深入的研究，“不过秋原可贵的，还不在此。秋原对各科学问，都是入而复出，以民族观念为中心，打破各科的界限，加以融会贯通”。⑤ 其中他用力最勤、贯通最充分的则是史学。出于对中国前途的深切关怀，他不认为历史是过去之学，而认为是将来之学。他说：“将来来自现在，而现在来自过去，所以我终于走向历

① 胡秋原：《一百三十年来中国思想史纲》，台北：学术出版社 1983 年版，第 207 页。

② 刘添财：《堂堂中华道路》，《胡秋原先生 70 寿辰纪念文集》，台北：学术出版社 1981 年版，第 275 页。

③ 孟德声：《一位纯正的自由主义者与民族主义者胡秋原先生》，《胡秋原先生 70 寿辰纪念文集》，台北：学术出版社 1981 年版，第 157 页。

④ 胡秋原：《谢启并自述八十年来我的思想之来源与历程》，《胡秋原先生 80-90 寿辰纪念文集》，台北：学术出版社 2001 年版，第 42 页。

⑤ 朱云影：《胡秋原先生与其文章》，《胡秋原先生 70 寿辰纪念文集》，台北：学术出版社 1981 年版，第 26 页。

史。"① 他一生为学的宗旨，即在着力发挥史学鉴往知来的功能，以史学探求中国可能和应有之前途。

着眼于"中国在现代世界中的立国之道",② 着眼于"以史学燃吹希望",③ 他的史学大别于流行的史料学派的考据学风。他认为史学要发挥鉴往知来的功能，不能止于考据，史学应该作为说明文明兴衰社会治乱之因缘的钥匙，和未来因革损益的根据。为此他论述了他的"理论历史学"。

他的"理论历史学"主要包括史学方法论和价值判断论两部分。

关于史学方法，他说："一般所谓史学方法指史料之批评、考证。此仅史学方法之初步，确定个别之事实而已。史学方法之第二步必须借助各种辅助科学（年代学、考古学、古文书学等）及社会科学之解释、说明，将个别之事实连结为事态，尽可能看出事态之关联、构造与变化。史学方法之最后一步，在对于一时代一社会内部的构造（社会之道德知识状态、技术、制度、学艺）与外部的构造（地理的、国际的），内部的外部的各种因素，以及内外之间的相互作用（模仿、学习、和平通商与战争）加以考察与联络，理解其先后的因果关联与其一定时期之总结果。"④

关于价值判断，他说："历史学不仅要说明兴衰治乱之由来，最后还要评价文化之成就与得失，为因革损益之根据。此涉及科学技术、行为制度、文学艺术之价值判断。我由史学与科学、哲学之合作建立目的论，说明真善美之原理，而以正义、和平与文化创造力之解放为文化批

---

① 胡秋原：《谢启并自述八十年来我的思想之来源与历程》，《胡秋原先生80-90寿辰纪念文集》，台北：学术出版社2001年版，第42页。

② 胡秋原：《一百三十年来中国思想史纲》，台北：学术出版社1983年版，第207页。

③ 胡秋原：《古代中国文化与中国知识分子》，序言，台北：学术出版社1988年版，第42页。

④ 胡秋原：《古代中国文化与中国知识分子》，序言，台北：学术出版社1988年版，第30页。

评之标准。"①

无论是因果论的史学方法论，还是目的论的价值判断论，他都主张通过比较来实现。"史料之鉴别须比较，事实之关联、变动及其因果关系之判断须比较，文化之评价亦须比较。"②

胡秋原的历史研究就是从比较入手，着力于厘清"因果"，把握"价值"的。其丰富的历史著作，足以印证这一努力的过程，包括《历史哲学概论》(1940)、《近百年来中外关系》(1943)、《中西文化与文化复兴》(1943)、《新自由主义论》(1946)、《中国之悲剧》(1950)、《中国文化的前途》(1953)、《中国历史与文化的发展》(1953)、《古代中国文化与中国知识分子》(1955)、《中西历史之理解》(1966)、《复社及其人物》(1968)、《史学方法之要点》(1970)、《一百三十年来中国思想史纲》(1973)等。这些研究得出的基本结论③包括：

1. 人类史即文化史，亦即各民族文化生长、变动、交涉、竞争之过程。人类除了生物需要之外，还有德性与理性的能力，这是文化创造的原动力；而环境则使文化创造成为现实。

2. 环境的变动引起文化的变动。自然因素、外部民族状况、内部人口面貌等环境的变化，对文化变革提出新要求，在思想的能动作用下，促成固有文化因革损益。

3. 文化变动的成败影响社会的治乱。文化损益能适应环境变化，社会就会重归安宁和谐；反之，社会便处于纷扰动乱之中。

4. 文化变动成败取决于文化创造力，而理性是文化创造力的表现，德性（民德士气）是文化创造力的保障，其中知识分子的品质尤

① 胡秋原：《古代中国文化与中国知识分子》，序言，台北：学术出版社1988年版，第30页。

② 胡秋原：《古代中国文化与中国知识分子》，序言，台北：学术出版社1988年版，第30页。

③ 参见胡秋原：《古代中国文化与中国知识分子》，序言，台北：学术出版社1988年版，第26～28页；《谢启并自述八十年来我的思想之来源与历程》，《胡秋原先生80-90寿辰纪念文集》，台北：学术出版社2001年版，第60～61页。

其重要。

5. 各民族文化的成就和命运，在世界史中结算。文化起于普遍人性，没有类型之分，只有程度之别，在世界文明的“运动会”中，各民族文化之高下优劣判然可分，优胜劣汰的命运也清晰可见。发展落后的民族应该取长补短，超越前进，才能屹立于世界。

胡秋原以“理论历史学”的内外互动的分析法来把握中国历史，认为中国历史可分为三个大的阶段。自远古至春秋时代为中国从部落同盟到封建国家时期，国际上处于光荣孤立状态；战国以后形成统一帝国，封建经济向早期资本主义发展，国际上与周边民族互动频繁而进入亚洲史时期；元朝打通欧亚后渐入世界史时期，但由于明清闭关政策使中国在西方资本主义突飞猛进的时候掉下队来，未能实现工业化和走向高级资本主义，而终成西方帝国主义和后起的东方日本等的奴役对象，统一帝国瓦解，国家纷乱和分裂，尝试建立统一的民主共和制度而至今未成。

第三阶段的困境之所以难以走出，是因为历史环境变迁所需要的因革损益没有实现，文化因革损益之所以至今未有实现，基本的原因在于知识分子的颟顸（传统派）、盲从（西化派、俄化派）和怠惰（折中派），丧失文化创造力。因此，中华民族要走出第三阶段，关键也是赖于知识分子文化创造力的恢复，“面对国丑世难，如何克绳祖武，益光前烈，开万世之太平，是这一代中国人，尤其是读书人的责任”。① 他的代表作《古代中国文化与中国知识分子》，将知识分子置于文化主体的地位来书写，高扬了中国传统知识分子的文化创造精神，总结出“一个国家的生命，在其文化学术，而一个国家的生命力，在其知识分子，在其知识分子之责任心与自尊心，惟其有责任心与自尊心，也才有

---

① 胡秋原：《古代中国文化与中国知识分子》，序言，台北：学术出版社 1988 年版，第 55 页。

创造力"① 的规律，而另一些重要著作《中国之悲剧》、《一百三十年来中国思想史纲》等，则痛斥了近代中国知识分子的无知和堕落，说他们缺乏责任感，缺乏自尊意识和历史感，始而抱残守缺，既而模仿西方，既而效法苏俄，间或折中调和，结果不仅不能应付列强，反导致自斗自乱。"中国的事不怪谁，怪只怪知识分子自己不好好读书，只是一味迷信，要么西化，要么俄化，没有自己的思想。"②

四、简略评析

胡秋原的人生行程与国难相始终，所以他关心的"第一是国家，第二是国家，第三还是国家"。③ 他的民族主义由政治层面深化到文化层面，进而又深化到学术层面，这是一个追问的过程。同时追问的结果又形成一种支持力量，学术层面支持文化层面，文化层面支持政治层面。尽管他终其一生关心政治，但对实际参与政治、封官授爵并无多大兴趣，主要"立身于道统"。④ 胡秋原曾言："中外古今，是只有学问的心血，才能代替血淋淋的生命的！"⑤ 他少时就学桑梓，习顾黄王颜诸儒爱国思想，尤感顾亭林"君子之为学，以明道也，以救世也"之说，"明道救世"成为他立志的开始，并影响终身。⑥ 文章报国、明道救世这正是中国知识分子的传统。

---

① 胡秋原：《古代中国文化与中国知识分子》，台北：学术出版社 1988 年版，第 12 页。

② 转引自竹林：《中华赤子胡秋原》，《胡秋原先生 80-90 寿辰纪念文集》，台北：学术出版社 2001 年版，第 143 页。

③ 朱云影：《胡秋原先生与其文章》，《胡秋原先生 70 寿辰纪念文集》，台北：学术出版社 1981 年版，第 26 页。

④ 胡秋原：《论道统与政统》，《中华杂志》1980 年 4 月号。

⑤ 参见李想：《爱国者胡秋原先生七十寿礼赞》，《胡秋原先生 70 寿辰纪念文集》，台北：学术出版社 1981 年版，第 236 页。

⑥ 胡秋原：《谢启并自述八十年来我的思想之来源与历程》，《胡秋原先生 80-90 寿辰纪念文集》，台北：学术出版社 2001 年版，第 44 页。

不过，从胡秋原三个层面的论述看，也有一些似乎言不尽意或有可反思之处。

在政治层面，以“国家至上”为信念的民族主义者，焦点关注“国家利益”，而对于国家的构造方式和终极价值，往往难免轻重失衡。改奉民族主义之后的胡秋原，也呈现出这一特征。他对于“自由”、“民主”、“均富”、“人生幸福”等价值虽有所关照（例如他曾维护言论自由抵制台湾当局制定出版法的企图，也声援过雷震的反对党运动），但当这些价值与他所想像的“国家利益”相联系的时候，也常有后者屏蔽前者的情形。20世纪60年代胡秋原以“反民族”、“文化卖国”等名义强力攻击自由派人士即为一例。他原则上认同三民主义，但在推动民权和民生的进展方面，理论和实践上着力都比较少。民族主义者如何将“国家利益”与“国家构造方式”和“国家终极价值”结合起来，仍然留下思考的空间。

在文化层面，胡秋原在现存的西化主义、传统主义、俄化主义、折中主义之外，以史学家的洞见，独立思考，提出“超越前进”的论点。这个观点非常有新意和有意义，但是无论在台湾还是在大陆，其影响力都十分有限，不仅社会上的反响不大，学界也遭到冷遇。这一巨大的遗憾，固然有多种的外部原因，论主所提供的阐释本身清晰性和具体性不足，恐怕是关键。胡秋原在论证的过程中，“破”的工夫多于“立”的思虑，给人留下的更多是“去文化形态观”的意义，而没有提供一种可操作性的文化建设指引，超越了传统、西化、俄化、折中之后，文化究竟怎样“前进”？怎样确立文化前进的方向性？多有尚待进一步探究之处。

而在学术层面，胡秋原的理论历史学的探索，一方面为当代中国重振知识分子精神提供了动力，另一方面也提出知识分子应该对中国历史所遭遇的“第三阶段”困境负责的结论。这一结论显然放过了历代政治人物所应承担的责任，忽略了社会力量自发的成长的现代性意义，而带有唯智论的色彩。不仅如此，他的唯智论还与一元思维相联系，斥其他思想流派为无知的颟顸或无耻的盲从。他劝导青年要“我行我素”地坚定爱国主义的心志，要有“官逼民不反”的修养，① 但对于异见人士却常有抑制不住“嫉恶如仇的正义脾气”。他一生经历的论战很多，如文艺自由论战，中国社会史论战，民族资本主义论争，文字问题论战，中西文化论战，逻辑与方法问题论战，东方社会论问题论战，乡土文学论争，真假民族主义论争，现代化与行为科学论争等。这些论战有些是理性的，有的则是自负而峻急的。对此即使是他的朋友也颇有微词，说他忧国情殷，爱国心切，对见仁见智的政治是非“弄得是非纠结，难解难分”② 者有之；说他“常卷入一些无谓的论争，继以缠讼，无端耗损他许多时间精力”③ 者有之；劝他“放弃现实政治的一切关心，完全埋头到学术著作上去”④ 者有之；而他自己也讲，卷入论争和缠讼，耽误了《古代中国文化与中国知识分子》中古、近代篇的撰写，留下了遗憾。实际上对于民族的困厄和苦难，国家的命运和前途，中国知识分子并非完全是无知和无耻，他们形成传统派、西化派、俄化派也不能简单归结为颟顸和盲从，面对时代大变迁，问题的紧迫性和复杂性促使知识分子从不同侧面了解、思考、寻求答案也是很正常的，只要彼此冷静地思考，系统地阐述，理性平和地讨论，彼此的分歧终会缩小，共识终会增加，而这样达成的共识，可能才真正有益于“超越前进”。

---

① 参见董良骏：《长者的启迪》，《胡秋原先生80-90寿辰纪念文集》，台北：学术出版社2001年版，第92页。

② 黄德馨：《秋原兄七十大庆献言》，《胡秋原先生70寿辰纪念文集》，台北：学术出版社1981年版，第5页。

③ 李秋生：《振大汉之天声，发潜德之幽光》，《胡秋原先生70寿辰纪念文集》，台北：学术出版社1981年版，第95页。

④ 徐复观：《人生道上突破中的友谊》，《胡秋原先生70寿辰纪念文集》，台北：学术出版社1981年版，第27页。

胡秋原民族主义思想管窥

□ 谢远笋

一、民族主义与帝国主义

胡秋原是20世纪中国民族主义思想的重镇。他不仅提倡民族主义，阐扬民族主义，而且身体力行。胡秋原一生以民族大义为重，有知识分子的风骨。每逢事关中华民族的大是大非问题的关键时刻，他都能仗义执言，挺身而出。在胡秋原的思想体系中，民族是一个至高无上的概念，他认为无论中国史抑或世界史，本质上都是民族斗争史。

对第三世界国家而言，民族主义曾为它们反抗西方强权提供了思想依据和力量。但是，20世纪90年代以来，各种种族主义、宗教原教旨主义和政治威权主义裹挟着民族主义的外衣，以其极端排外和种族歧视为特征，日益成为当今世界流血冲突的主要原因。民族主义因此被贴上了负面的标签，人们对民族主义的忧虑日益加深。在这样的背景下，民族权力仅被看成是矫正的工具，是一种纠正错误、补偿民族主义受害者的方法，因而并不具备普世性的正当理由。① 在近代中国，国运衰颓，外侮内乱，有些人陷入了民族虚无主义的泥潭。当前，随着中国国力的逐渐强大，极端民族主义又为许多人所宣扬。可以说，中国人现在正激荡于极端民族主义与民族虚无主义之间。其实，今天汉语中“民族”、“民族主义”是翻译名词，是19—20世纪之交中、西、日等不同文化

① 参见［以］耶尔·塔米尔著、陶东风译：《自由主义的民族主义》，上海：上海译文出版社2005年版，第1～2页。

系统间跨语际文化实践的产物。①

民族主义是个异常复杂的概念，实在有必要对民族主义作一番历史的考察。关于“民族主义”的起源问题，西方学术界通常存在两种观点：一种观点认为“民族主义”是近代才开始出现的政治现象，认为并不存在有待被唤醒的先天客观的“民族特性”，相反正是民族主义的意识形态催生了民族，而不是民族激发了民族主义的情怀，因而不能从近代以前的历史时期（前近代）去探求它的起源。这种主张被称为民族主义起源论的“近代主义”。另一种观点认为“民族主义”起源于古代，一直传承至近代。他们认为，民族是自古以来就有的现象，将其看作是由血统、语言、文化等共同根基而自然衍生的。这种主张被称为民族主义起源论的“原初主义”。一般认为，“民族主义”的极端形式即为“国家主义”（statism，指将国家的权威作为政治社会、经济单位中置于最优先考虑的思想和理论）。“国家主义”的极端形式即为超国家主义（supranationalism，义同“法西斯主义”、“军国主义”）。②

近年来西方学界对民族主义的大量研究，大都扬弃了纯粹“原初主义”的立场，改而采取偏向“近代主义”的观点。大体说来，“近代主义”认为“民族”（nation）作为一种以国家为中心的认同，是西方现代性的产物。“民族国家”是现代主权国家为适应工业社会的同质性和规范化的世俗文化而建构起来的，是解决现代社会一体化的方案。在这个意义上，它的建构与传统所谓的血缘宗族、种族，或民间文化并没有直接且密切的关联。③ 更有甚者，安德森（Benedict Anderson）认为现代意义上的“民族”是一种“想象的共同体”，是为了适应世俗社会

---

① 参见刘禾著、宋伟杰等译：《跨语际实践：文学，民族文化与被译介的现代性（中国：1900—1937）》，北京：三联书店2008年版。

② 参见黄现璠遗稿，甘文杰、甘文豪整理：《试论西方“民族”术语的起源、演变和异同》，四，《广西社会科学》2008年第4期，第17页。

③ 参见［英］盖尔纳著、李金梅译：《国族主义》，台北：联经出版事业公司2001年版。

的现代性发展而人为建构的产物。① 不难看出，这里的“nation”有明确的现代政治的意涵，并非指的是“族群”，因此译为“国族”更为恰当。② 民族主义理论的另一位权威学者史密斯（Anthony Smith）反对这种对“民族”、“民族主义”的片面理解。虽然史密斯并不否认“民族国家”、“民族”与“民族主义”都是现代特有的现象，但是他不赞成安德森将“民族”看成是“发明”（invented）或“想象”（imagined）的产物，他强调现代的“民族主义”并不是凭空而来，而是在原有族群传统基础上的被“重新建构”（reconstructed）出来的。显然，与安德森相比，史密斯以族群来强化“民族国家”的性格。只是史密斯认为“民族”比族群更要求“领土”的具体存在，以及“权利义务”关系的确立。他认为“民族”不仅具备历史、文化、土地等非政治性的特征，而且拥有对所有成员一体适用的政治法律体系。所以，在史密斯的著作里，“nation”也不仅是中文里所称的“民族”，仍被翻译成“国族”更为恰当。③ 学术界一般都认为，“Nationalism”（民族主义）一词于1789年首先在法国被使用，用其来指称推翻封建君主政体的一种社会力量。④ 胡秋原说：“语言、文字、历史传统、风俗习惯相同的人群，结成一个文化的政治的社会之时，谓之民族。民族主义起于人类爱乡心。到了结成民族之时，表现为对外要求民族之独立，对内求每一分子

① 参见［美］本尼迪克特·安德森著、吴叡人译：《想象的共同体：民族主义的起源与散布》，上海：上海人民出版社2005年版。

② “nation”、“nationalism”在大陆普遍被译为“民族”和“民族主义”；目前在台湾，主要还是将二者翻译成“国族”与“国族主义”，这种翻译主要着眼于“nation”的现代政治的意涵，如将盖尔纳（Ernest Gellner）的 *Nations and Nationalism* 译为《国族与国族主义》，将其 *Nationalism* 译为《国族主义》。胡秋原认为：“近代民族主义，指个人之效忠，以‘民族国家’为最高目的而言。故亦可译为国民主义。”

③ 参见江宜桦：《自由主义、民族主义与国家认同》，台北：扬智文化事业股份有限公司1998年版，第33、35页。

④ 胡秋原：《爱同胞与爱学术》，《文化复兴与超越前进论》，台北：学术出版社1980年版，第1204页。

之平权。所以 Nationalism 一词可译为民族主义，亦可译为国民主义（日本人过去译成民族主义，近皆称国民主义）。"①

民族主义作为近代以来声势浩大的思想与政治运动，其成分异常混杂。胡秋原对这些看起来甚至彼此矛盾的"民族主义"，做了一番细致的梳理和分析工作。胡秋原说："民族主义在历史上曾演重要角色，发生无比力量，直至今日，还是世界上一大问题。但世界上没有不变的东西。在世界复杂局势中，民族主义的意义，经过很重要的变迁。而在今天，由于共产主义之扩张，由于新的文化与技术条件之出现，它的概念，已经多少有点模糊；它的价值，亦须重新估定了。"② 胡秋原将欧洲民族主义的发展概括为三个阶段，他说："第一阶段，可称为自由主义的民族主义。十七世纪英国清教徒的革命，代表现代民族主义运动之开始。密尔顿和洛克，相信英国有传播自由的使命。必须注意，民族主义是与民主主义不可分离的。英国的民族主义，推动了美国独立和法国革命，而皆与民主主义不可分离。这是十八世纪启蒙运动的一大动力。法国革命是民族主义强烈表现。直到十九世纪，意大利的马志尼，匈牙利的葛苏士，主张对外独立，对内民主，还是继续这一传统的。而十八世纪及十九世纪初之民族主义，也与国际主义是不冲突的。第二阶段是浪漫主义的民族主义。十八世纪末，卢梭为浪漫主义开路。而拿破仑本人，也带浪漫主义色彩。拿破仑使法国民族主义扩张，但也使德国人起来反对法国革命的一切观念。赫德，菲希特，黑格尔发展了浪漫主义，提出德国民族特殊性的学说，养成了'德意志超乎一切'的思想。德国民族主义到俾斯麦成功地实现。但他只兼并亚尔萨斯、罗林，已不顾民族主义的原则。第三阶段是帝国主义的民族主义。十七八世纪以来，西班牙以及英法在海外发展殖民主义，这原是重商主义专制主义产物。

① 胡秋原：《民族主义即国民主义，为今日所必需》，《文化复兴与超越前进论》，台北：学术出版社1980年版，第1151页。

② 胡秋原：《论民族主义》，《世纪中文录》，台北：今日大陆社、自由世界出版社1955年11月版，第268页。

到十九世纪，则以工业武装支持之，又以种族主义理由化，而有‘白人负担’及‘人种不平等’学说，成为帝国主义。”① 通过对近代欧洲民族主义的历史考察，胡秋原分析出帝国主义的民族主义在本质上是西方中心论的，是具有排外主义、扩张主义的暴力内涵的。

在18世纪末，民族国家作为一种现代的政治制度首先在英法两国被确定了下来。自此，英法两国国内的商品经济、自由贸易以及科学技术都得到了极大的发展，进而它们组织起强大的军事力量，对外奉行重商主义和殖民主义、帝国主义。更有甚者，20世纪“民族主义”曾以其最极端的“法西斯主义”、“军国主义”的面目出现，给人类带来了极大的灾难。印裔美国学者杜赞奇也曾批评道：与现代性的线性时间观念和历史意识相联系，“民族”作为现代性的载体，被否定了与传统族群的所有联系；“民族主义”则意味着对“民族国家”的认同，“民族国家”不同于所有传统政体，它具有自我意识。可是，它一旦获得了自我意识，它就站在了历史的终结之处，因此“历史”需要它对作为“他者”的“非自觉”族群进行启蒙和统治。② 但是，胡秋原认为并不能因此而拒斥民族主义，他认为民族主义是自然之事势，直到现在还是世界的形成力量。他说：“今日世界还是以民族国家为政治单位。没有一国不讲民族主义的。当然，凡事有利亦有弊。任何主义不能过度，任何事物有限制。科学、民主、自由都有限制。唯其不能过度，应显明民族主义之正当意义。这便是己所不欲，勿施于人。只讲自己的民族主义，否定他人利益的民族主义，就不是民族主义。犹之侵犯他人自由不得谓之自由。民族主义不得妨害国家之正义与合作，这便是民族主义之

① 胡秋原：《论民族主义》，《世纪中文录》，台北：今日大陆社、自由世界出版社1955年11月版，第270页。

② 参见［美］杜赞奇著、王宪明等译：《从民族国家拯救历史：民族主义话语与中国近代史研究》，北京：社会科学文献出版社2003年版，第42、43页。

范围。"① 在胡秋原看来，种族主义、帝国主义根本就不是民族主义。

19世纪德国浪漫主义思想家创立的"文化民族主义"的思想，对启蒙运动进行反理性主义批评，主张没有任何文化是另一种文化的工具，每一个人类的成就及每个人类社会都应以其本身"内在"的标准加以评断；强调每个民族必须自觉地表达它们的"民族精神"，以完成文化上的自我实现。② 胡秋原也站在这样的立场上强调民族的自立自强，他说："我们提出人格学问民族三大尊严，分析传统派、西化派、俄化派失败过程，主张超越前进，就是要从根挽救卑若与堕落，扫除依赖心，树立中国人之自信心与主体性，确立自立自强的意志。所谓民族主义者，乃是要在同胞之爱与休戚相关之中，克服自外，求八亿人之团结，依自己的需要条件，走中国人自己的路。"③ 自鸦片战争以来，中国遭遇到了比此前德国更为深重的民族灾难。可是，与德意志因此而兴起文化民族主义思想不同的是，许多中国学者忽视了对近代欧洲民族主义的反思与批判，并没有清理并剔除它所具有的西方中心论的思想倾向，而是盲目地将它接受下来，将它直接套在中国历史上，认为中国历史中没有民族主义，中国近代史是一个从"文化的天下"到"政治的国家"的转变过程，并且这个过程是由西方主导的。不难看出，将这种现代性的民族观念不加批评地应用到中国近代史研究，必然导致这样一个结果，即陷入民族虚无主义。这种论述在列文森那里，被集中表达为"从前现代的文化主义转型到现代的民族主义"的叙事模式。列文森认为，一直到19世纪末，西方船坚炮利的武力威慑才迫使中国人放弃长期抱持的文化优越感，开始由文化至上论转向"民族主义"。与文

① 胡秋原：《民族主义即国民主义，为今日所必需》，《文化复兴与超越前进论》，台北：学术出版社1980年版，第1153页。

② 参见［美］艾恺：《文化守成主义论——反现代化思潮的剖析》，台北：时报文化出版事业有限公司1986年版，第34、36页。

③ 胡秋原：《民族主义与豺狼、老鼠》，《文化复兴与超越前进论》，台北：学术出版社1980年版，第1239页。

化至上论相联系的是作为一个绝对价值体的“天下”，而与民族主义相应的是作为一个政治实体的现代“民族国家”，两者之间可谓天壤之别。① 不难看出，列文森的观点是典型的西方中心论。

其实，华夏的族群与文化自觉意识确立甚早，可以远溯至先秦，这是不争的历史事实。只是在中国传统文化中，国家观念显得很平淡、薄弱，中国文化的理想是超越国家的疆界，行道于天下，因此有一个天下观念超乎国家观念之上。我们并不能因为中西文化和族群认同的殊异，就认定中国没有“民族意识”，陷入民族虚无主义。当然，我们也不能简单地肯定中国本来就是一个历史的“民族国家”，当它迈入现代时，其“民族”与“民族主义”皆已粲然大备，不假外求。这种观点没有注意到，西方在从前现代到现代的转变过程中也存在断裂。其实，在18世纪以前的西方，一般人要效忠的并不是国家，而是不同的社会组织和权威，如氏族、宗族、教会、城邦、封建主等，这些组织严格说起来常常不是“政治性”的。② 可见，两者都没有真正认清古今、中西之间异中之同和同中之异，将复杂的历史文化简单化、片面化了。

二、“原初主义”与“近代主义”之间的张力

胡秋原一生都是坚定的民族主义者，他并没有囿于上述帝国主义的民族主义意识形态，他反对不假思索地就将中国传统的民族主义与欧洲近代的民族主义相提并论，而是详尽分析了古今中西民族意识的异同。胡秋原从三个方面分析了民族的概念。他说：“民族之性质，至今还有很多问题有待研究。简单地说我们也可以将民族分解为三种要素：（一）是一定的人群。（二）是一定的地域。没有人和地，是无所谓民

① 参见［美］列文森著，郑大华、任菁译：《儒教中国及其现代命运》，桂林：广西师范大学出版社2009年版，第79～84页。

② 参见［美］艾恺：《文化守成主义论——反现代化思潮的剖析》，台北：时报文化出版事业有限公司1986年版，第29、30页。

族的。但是一定地域之人群之成为一个民族，必有其共同之特点，这些特点可称为（三）民族共同性。‘民族共同性’是什么东西呢？首先是共同的语言和文字。诚然，说到民族性，一定首先是血统。血统是民族之根源，而语言是血统的主要标志，同文未必同种，然同种必然同文。语言和文字是人类得以结合的工具。世间绝无两个语言不通的人能够相知的。而语言和文字，又是保持共同记忆的工具。于是发生民族性第二要素，即是共同的历史传统。民族斗争中光荣和痛苦的回忆，是一个民族团结的三合土。而在共同历史之中，又形成共同的文化。然而共同历史与文化之巩固及发达，又不能不靠语言和文字。语言文字不仅是造成人群结合的工具，而且也是保持此种结合的工具。第三，就是共同利害，特别是经济利害了。语言相同的人群能相互团结，能使团结传于久远。所谓共同生活，最初即是共同的劳动，后来扩大而为共同的生产关系或经济关系，以及共同的战斗行动。共同生活既久，自然利害密切。利害之中最切身的，莫如经济。经济的利害，是巩固民族团结之天然的强有力的纽带。经济利益的相同，可以促进民族的统一，而经济利害冲突的时候，相同的民族也可以分裂或内争的。为保持及增进共同利益而组织为政治体时，民族成为国家。”① 在胡秋原看来，民族的起源是极其久远的，初民的家族结合成为部落，部落联合起来而形成一个权利的中心，这就是民族之始。在生存竞争中，民族有兴衰，有生灭，有扩大和沉沦，有同化和被同化，民族自然不是固定的。但是当一群人类使用同一种语言，尊爱共同的历史文化传统，有共同的利害，因而自别于其他民族的时候，其便是一个民族。就此而言，民族主义可说是人类的天性，而这种天性，在被压迫的民族，作为一种自卫本能，尤其表现得强烈。“夷夏之防”的观念就是中国民族主义的最初表现。

但是另一方面，与“近代主义”相同的是，胡秋原认为民族特性

---

① 胡秋原：《民族文学论》，《文学艺术论集》，台北：学术出版社1979年版，第307页。

（民族性）绝不是与生俱来的，也不是一成不变的，而是某一时代某一民族文化的总和。胡秋原将这种所谓的与生俱来的民族性称为“特殊性”（special nature），而将各不相同的民族文化称为民族的“特点”（characteristic），明确地区分了二者。他认为前者是由种族理论出发的，是西方中心论的；而后者则是由地理历史文化等原因而形成的。前者是“a priori”，后者是“a posteriori”。他只承认后者而不承认前者。① 虽然中国自古就有“夷夏之防”的观念，但它只是在发生学的意义上讲的，华夏民族意识是以文化作为最后判别标准的。在这个意义上，胡秋原是“文化民族主义者”。胡秋原说：“今天所谓民族主义，作为一种政治学说的民族主义，在人性中固有其根源，但其出现，是随‘民族国家’而发生及发展的。这是最近数百年间之事，而其成为一大势力，是最近二三百年之事。在中国，虽有夷夏之防，但夷狄是可以进入诸夏的。在孟子时代，秦楚还算戎蛮，秦汉以后，便一律成为华汉了。在基督教兴起以后，欧洲人效忠之最高对象，是教会。在一个宗教之下，不妨害许多民族国家之团结。十字军战争之旗帜，不是国旗，而是宗教。近代民族主义，指个人之效忠，以‘民族国家’为最高目的而言。故亦可译为国民主义。在过去，人类效忠于家族，于部落，于皇帝，于封建主人，于某一种宗教。经过十字军战争，教权衰落，民族相同的人类，结成政治单位，而国语文学，又促成这一运动。在各民族单位，世俗君王建立其最高的权力。于是民族与国家成为一致的东西。此即所谓‘民族国家’。民族国家甚多，乃有国际观念。民族国家者，对古代城市国家及中古帝国而言，指同一语言文化的民族之独立统一国家而言。自此才有主权的理论，而人类首先应对国家效忠，也才成为天经地义。大体说来，这是十字军以后，自十四世纪到十七世纪欧洲逐渐发展的一种思

① 胡秋原：《古代中国文化与中国知识分子》，台北：学术出版社 1988 年第 5 版，第 125 页。

想。"① 民族国家的兴起是欧洲14世纪以来的一般情形，中国历史与之稍有不同。胡秋原认为中国民族发展的历史有三个主要特点：一是中国民族是同质的；二是中国民族形成与文学发达极早；三是中国还没有完成自己统一独立的国家和文化。② 不难看出，胡秋原认为民族起源甚早的主张，与近代民族主义、民族国家从14世纪以来才开始大兴的观点，二者并不矛盾，而且，他注意到了中国近代衰败的根源是政治性"民族意识"的缺乏，以及由此导致的强有力政治组织，即现代民族国家的政治制度的无法建立，并非没有族群和民族的自觉意识。

三、民族主义与自由主义、民主主义

民族和自由既是胡秋原毕生所坚持的原则，也是他历史理论的两个基本概念。正是因为胡秋原看到了近代欧洲民族主义的西方中心主义、扩张主义的性质，因此他强调民族主义必须和民主主义、自由主义结合起来。胡秋原认为，民族主义是民主主义的一部分，但也可由浪漫主义变为种族主义、帝国主义。所以，民族主义不是无条件正确的。民族主义必须是自由的。他说："一个民族应该独立。但如果内无民主，外不能与世界合作，还是不够的。在联合国与原子能时代，在人类需要世界合作的时代，旧式的主权观念也必须修正了。民族主义必经由民族之自由合作，到世界主义。"③ 因此，第三世界的民族主义，虽然本是针对西方列强帝国主义而起的，但它必须以开放的心态，通过东西世界与文化的合作，以实现人类和平为最高目的。否则，便是落后的民族主义：

① 胡秋原：《论民族主义》，《世纪中文录》，台北：今日大陆社、自由世界出版社1955年11月版，第269页。

② 参见胡秋原：《民族文学论》，《文学艺术论集》，台北：学术出版社1979年版，第322、323页。

③ 胡秋原：《论民族主义》，《世纪中文录》，台北：今日大陆社、自由世界出版社1955年11月版，第272页。

排外主义、义和团主义。西方世界也必须根绝种族主义，放弃帝国主义，诚意与第三世界民族合作，才能自保生存。种族主义、民族极端主义、帝国主义，并没有导致胡秋原对民族主义的悲观看法。胡秋原说："民族主义是人类历史的一个总的潮流，尤其是一百四十年来中国人的一个总的潮流。不到全世界民族主义充分实现，即各民族皆能独立，进而自由联合，世界亦无和平。全世界一切民族之自由平等与合作，可说是历史的总目的。"① 由上可知，种族主义、帝国主义、民族极端主义在他看来根本就不是民族主义。

胡秋原认为近代以来的民族主义其实是国民主义，它不仅有对抗外国人的意思，还有对内的意思，就是在一个国家之内，凡属国民，都是同胞，自应有共同的权利，平等的权利。由此可见，民族主义、国民主义有两个方面的意义："一、对外争取民族独立，不能让外国人统治中国人。二、对内所有中国人一律平等，不容有一部分中国人，压迫另外一部分中国人。" 所以说，"民主主义非与民族主义对立，而是充实、补助民族主义的"。② 可见，裹挟着民族主义形式的沙文主义、帝国主义、种族主义、纳粹主义、国家主义，都不是真正的民族主义。胡秋原还认为民族主义并不是孤立主义的，它具有世界的意义。胡秋原说："它（中国的民族主义）的最后目标是要发挥和解放中国人的文化创造力，使中国人对世界文明有所贡献。"③ 如果每个民族都认为自己的历史文化最优越，自己的民族利益优先，都根据自己的民族立场判断一切，那么，就会产生价值相对主义，于是强权主义、帝国主义及独裁主义就会流行，强权就是公理，没有善恶标准可言，民族主义就会与价值

① 胡秋原：《略评台湾三种反民族主义的怪声》，《文化复兴与超越前进论》，台北：学术出版社 1980 年版，第 1363 页。

② 胡秋原：《爱同胞与爱学术》，《文化复兴与超越前进论》，台北：学术出版社 1980 年版，第 1205 页。

③ 胡秋原：《爱同胞与爱学术》，《文化复兴与超越前进论》，台北：学术出版社 1980 年版，第 1210 页。

判断发生矛盾。胡秋原认为，儒家所主张的“爱有差等”、“推己及人”、“老吾老以及人之老，幼吾幼以及人之幼”的思想，可以解决这一矛盾。因此，在胡秋原看来民族主义思想也并不是排外主义，民族主义要由爱自己的民族，推而爱其他的民族，进而爱全世界的人类，由民族主义到世界大同，是一个循序渐进的过程。

四、文化民族主义

在中国传统的民族观念里，与“文化”相匹配的概念并不是“国”(国家)，而是“天下”。这些概念都牵涉民族认同的问题，胡秋原通过对孙奇逢和顾炎武有关道统与政统、天下与国家的区分，提出了自己的见解。在这些问题上，他与当代新儒家的看法大体相同，持有文化守成主义的主张。我们知道，儒家将理想化的“道统”思想构筑在帝王现实政治统治之上，通过历史谱系法的典范形式来限制最高的政治权力。因此，儒家士大夫更强调的是文化上的对“道统”认同，对超越民族的文明体系的“天下”的认同。钱穆说：“中国人常把民族观念消融在人类观念里，也常把国家观念消融在天下或世界的观念里。他们只把民族和国家当作一个文化有机体，并不存有狭义的民族观与国家观，‘民族’与‘国家’都只为文化而存在。”① 儒家传统中的“天下”是一个超越民族的文明体系。因此，如果不弄清“天下”、“道统”、“国”(国家)、“朝廷”、“政”(政府)这些概念，我们将很难正确理解中国传统的民族和政治的观念。

在《答魏石生书》中，孙奇逢明确指出了道统与治统相对的意义，

① 钱穆：《中国文化史导论》，北京：商务印书馆 1994 年版，第 23 页。牟宗三认为，道统的核心是道德标准与内在精神力量，政统则代表世俗政治权势。还有一点要注意的是，孔子所理想的“王道”天下是仁德的天下，孔子说：“远人不服，则修文德以来之。”参见吴根友：《明清哲学与中国现代哲学诸问题》，武汉：武汉大学出版社 2008 年版，第 258 页。

他说："文、武以前，道统在上，治统即道统也。孔子以后，道统在下，学统寄治统也。"胡秋原认为，儒家盛称三代，并非复古，而是认为三代之时，有道德学问的人主持政治，这是道统支配政统。到了孔子时代，政权在无道之人手中，孔子以布衣讲学，护持道统。孔子以后，虽然马上得天下者手中握有政权，但是他们并不能代表道统，道统仍由儒家士人来维持，从而导致了道统与政统的分离。"道统在下"即失去统治权；"学统寄治统"，表示学统寄托于治统之中。既然学统寄于治统之中，那么，学统仍然或多或少地持有其自主性，否则就无道统可言，变成治统即道统了。道统说的意义，是为了护持住中国文化的统绪和儒家士人的尊严，不至降为政权的婢仆，以致国家无道，只有赤裸裸的权利。

顾炎武在《日知录》里论述了亡国与亡天下的区分，他说："有亡国，有亡天下。亡国与亡天下奚辨？曰：易姓改号，谓之亡国。仁义充塞，而至于率兽食人，人将相食，谓之亡天下。……知保天下然后知保国。保国者，其君其臣，肉食者谋之；保天下，匹夫之贱与有责焉耳矣。"（《日知录·正始》）在顾炎武看来，"国"（国家）指的是"朝廷"，"天下"指的是一个文化体系。胡秋原说："夏峰之言，盖鉴于国家已无政统（亡国），勉学者继道统以代政统"；"顾亭林说'有亡国，有亡天下'，前者指政统之亡，后者指道统之亡"。道统在下，只会造成道统的逐渐萎缩和革命所导致的政权的不断更替，这是国家和社会的不幸。鉴于这样的情形，胡秋原认为："为了学术及政治之健全发展，应该保持下列两个条件：一、保持道统与治统之分离，二、保持道统之上为。"① 胡秋原认为儒家知识分子以其道义担当抗议威权，着力于消解君主的政治主体性，从而缓和了专制的程度，形成开明专制，护持住中国的历史进程和文化慧命于不绝。对于近代以来中华民族所遭受的种种灾难，胡秋原说："我觉得中国之悲剧固由列强侵略而来，亦由中国

---

① 胡秋原：《论道统与政统》，《中华杂志》第18卷第4期，1980年4月。

知识分子之软弱，在过去的道统精神被崩溃以后未能建立新的道统而来。我要写一本中国历史重振知识分子之士气。我的历史书名曰《中国文化与中国知识分子》，即以中国道统为主体而不以政统为主体。我并将道统的概念放大，即不以宋人周程张朱一派之理学为道统，凡对中国文化学术有贡献的人皆在道统之列。”①

在中国传统政治思想中，还存在着政道与治道的分离。政道是相应于政权而言的，是关于政权的道理；治道是相应于治权而言的，是关于治权的道理。② 中国传统政治，虽然政权是君主专制，但是治权却是百官分治。钱穆说：“中国自秦以下，传统政治，论位则君最高，论职则百官分治，论权则各有所掌，各自斟酌。如汉代之选举，唐代以下之考试，皆有职司，其权不操于君。朝廷用人，则一依选举考试之所得。故中国自秦以下之传统政府，仅可称之曰‘士人政府’，或可称为‘官僚政府’，官僚即由士人为之。”③ 依钱穆和牟宗三的分析，“国”更多的是意味着社会，其范围远大于以皇帝为代表的“朝廷”。所以，对中国传统的族群认同而言，对“天下”和“道统”的认同，要高于对“朝廷”的认同。前者是文化上的认同，后者是政治上的认同。因此，中国传统的族群，其文化认同是高于其政治认同的。同时，中国传统的族群认同，既存在着以汉族中心为中心的排他性的种族主义的认同，即“非我族类，其心必异”，又存在着一种以天下价值为基础的包容性的文化主义的认同，即“入于夷狄则夷狄之，入于中国则中国之”。至于作为分判标准的“文化”、“种族”孰先孰后的问题，要视具体的历史环境而定。除了汉族作为一个种族处于极度危机状态外，一般情况下都是以文化优劣作为区分华夷的标准。因此，中国历史中的“族类”概念具有很大的含混性，很难完全以“种族”、“文化”的标准来明确地

---

① 胡秋原：《论道统与政统》，《中华杂志》第18卷第4期，1980年4月。

② 参见牟宗三：《政道与治道》，台北：学生书局1987年版。

③ 钱穆：《国史新论》，北京：三联书店2001年版，第53页。依牟宗三之见，中国因君主专制，所以无政道；中国有治权民主，所以中国有治道。

界定它。与之相反的是，现代性的“民族认同”具有强烈的政治色彩，因此，“民族”之间也就具有泾渭分明的界线。

胡秋原认为近代民族国家的兴起既有文化的因素，也有经济的因素。他分析了西方近代民族主义、民族国家兴起的缘由。胡秋原说：“国语文学和宗教改革是促进现代民族国家的两大力量，但二者还没有巩固民族国家。由手工业发达造成之都市，以及发生于民族斗争中之专制王政，为民族国家之钢骨与水泥。逐渐发达之商品经济，需要统一之市场；而一般人民，为民族之统一独立，为反对地方贵族及教会之不法，以及民族之光荣，愿拥护专制王君为其领袖。而君主个人之权势及民族利益，必努力使国家制度统一，并鼓舞民族之爱国心，此即现代的民族主义，即对自己的民族之忠爱，对于自己的民族政治组织的国家之效忠，而且，带有全民的以及超越其他任何局部效忠的性质，而与古代及中世对乡土、教会之忠爱不同了。以后，随工业之发达，中产阶级要自为国家之主人，要限制取消专制君主之权利了，此即所谓民主主义运动。但民主主义并非民族主义之反对，毋宁是其延长。”① 在这个基础上，胡秋原还分析了中国民族的形成与西欧各民族形成的不同。他说：“我国民族之形成，与近代欧洲各国不同者，即西欧各国是由罗马帝国分裂出来，而中国是独立成长的。中国民族最初组织者传为黄帝，以后夏商周还只能说是中国民族的中心政权；秦始皇统一诸侯，车同轨，书同文，废封建，立郡县，可谓中国民族国家的雏形。这是秦始皇的历史意义。秦为汉灭，他的使命实由汉完成。直至今日，我们称为汉族，不是偶然的。由秦汉到清，中国社会并无根本变化，这二千二百年间中国的进步，是比西欧各国七八百年来的进步，还慢了一二百年。中国民族结成甚早，由于先天之民族同质的原因，然民族国家迄今未巩固且时陷分裂者，则由于经济力量尚未充分发展足以统一此广大之市场，实非有

---

① 胡秋原：《民族文学论》，《文学艺术论集》，台北：学术出版社 1979 年版，第 318 页。

工业经济亦不能统一中国之广大市场也。至于中国工业过去未发达之原因，我想主要由于三点：一是中国地理位置上之孤立，东为大洋，北为大漠，西南为大山。二、地居温带大陆，宜于农业，地面广大，各地多能自给，农业勉强可供生存，生产物亦不缺乏复杂性，故紧张的对外贸易并非必要，而对新生产力技术的要求也不热烈。近代经济上巨大变动，首先由国外贸易刺激而起。进步起于需要，既能够自给，自不力求进步。所以，保守主义不是原因而是结果。三、北方各蛮族之不断侵入，也耽误了中国之前途，因为一部分的精力费于复原与同化之中。于是，中国民族国家虽然早具规模，但内容迄未充实。"① 胡秋原认为，文化民族主义强调族群对文化（道统）的认同，但不能忽视经济因素在现代民族国家兴起中所扮演的重要角色。胡秋原说："我将道统，政统，学统，治统的概念放大，而统一于文化概念之中。无论道统、政统，都是一国文化之产物。" 胡秋原所言的文化包括技术、制度、学艺三大系统，他以中国文化精神为道统之本。

在胡秋原看来，道统指的是中国文化的主流，所谓文化一方面是国民生活方式之全体，另一方面也是国民生活的理想、文化的理想。道德与学术、政治与经济都是文化的部门。前二者为高的理想层次，后二者为现实层次，其目的为政权与盈利。没有现实的政治经济的力量，一国文化即无实际的支持力，但是政治经济力量趋于势利或专断，必然造成文化的衰败，也便害及政治经济本身。而学术的落后，不仅会造成政治经济的落后，而且可以造成一国文化与民族的灭亡。所以一国文化是否顺利发展，要看它的学术、道统能否发展并对政治经济发生启发作用。这就是胡秋原的道统论。道不远人，道统并非不问政治。胡秋原认为如果道统不立，政治就没有标准可言。胡秋原说："我由孙奇逢所说的道统、政统之别研究中国历史，而以道统史为中国历史之主体。又将道统

① 胡秋原：《民族文学论》，《文学艺术论集》，台北：学术出版社1979年版，第325、326页。

的概念放大，以中国文化精神为道统之本。但我认为宋代以来所说的道统之意虽然正确，但内容必须修正。朱熹指出的《尚书》中‘人心惟危，道心惟微，惟精惟一，允执厥中’之十六字不能构成道之根源。因此乃以道解道，说不出所以然。道之根源何在？董仲舒说‘道之大原出于天’，但天并不说话。而在《尚书》中则天是对民认同的。‘民之所欲，天必从之’，‘民为邦本’，这才是中国文化之真正骨髓。这也就是《诗经》说的‘天生烝民，有物有则’，孔子说的‘民信之矣’，孟子说的‘民为贵’和‘与百姓同’。中国历代圣贤本于此道，对当时之事能有贡献者皆在道统之列；而历代政统之皇朝之得失成败，视其对此道统之实行如何为断。”① 由此可见，所谓“道”、“天”的观念，最终具体落实于“民”的身上，只有民才是最后的标准。正如徐复观先生所言：“可以说神、国、君都是政治中的虚位，而民才是实体。”②

在传统中国社会中，士人知识分子作为四民阶层的代言人，本着忠恕的立场，仁义的原则，为生民请命，必要时不惜挺身而战，甚至杀身成仁。“以天下为己任”，将道义化为人格尊严，“说大人则藐之，勿视其巍巍然”一直是士人知识分子的性格。对于现代民主政治，胡秋原甚至提出了资本、劳力、知识三权并重的构想，胡秋原说：“西方的民主政治首先是以保护资本权利为主，其后，工人阶级起而争劳动权利。而中国人一向尊重的知识权，反而不受重视。其实随技术及经营之进步，知识之重要愈增。将来之民主政治，正需要提高知识来平衡劳资两权，形成三权之政制。”③ 知识分子对道统认同的看重，的确是值得珍视和提倡的传统资源。总的来说，“道统”、“天下”观念强调文化和价值体系上的认同，因而具有“超民族”的性质。但是，我们并不能据此直接推论出，中国人根本就不具有“民族”意识的结论，更不能因

① 胡秋原：《论道统与政统》，《中华杂志》第18卷第4期，1980年4月。

② 徐复观：《学术与政治之间》，台北：学生书局1985年版，第51页。

③ 胡秋原：《一百三十年来中国思想史纲》，台北：学术出版社1983年第5版，第213、214页。

为近代以来中国在经济上的落后，而陷入民族虚无主义，而是要通过经济和文化建设，树立起新的道统观，让中国民族重新立于世界民族之林。

五、民族主义与新史学

近代以来，中国人的历史意识在与中国社会的革命化进程的辩证关系中得到了极大的发展。中国自晚清以降的民族主义的大兴与历史学有着紧密的联系。重新书写中国历史与建立新的民族认同，是20世纪中国史学的一大主题，这种努力是从梁启超的“新史学”开始的。社会史论战中有关中国社会性质的论战，以及后来关于民族和阶级问题的争论，都是随着这一主题而展开的。我们知道，新史学的理想是通过对中国历史的重新叙述，来彻底唤醒民众的现代“民族意识”。胡秋原对中国历史的研究，可以说是对梁启超民族主义史学理想的延续。胡秋原说：“一切学问，都是重要的。而最重要的学问，又为史学。惟有通过历史的文化的研究，我们才可能发生民族的自信心与自尊心，保持民族的团结——民族是在历史中形成的。唯有通过历史之比较研究，我们才可以理解得失成败之故，才可以增进我们治国建国的经验，并祛除妄自尊大和妄自悲屈的恶习——这都是败国亡国习惯。”① 我们知道，早在18世纪晚期，章学诚就提出了“六经皆史”的主张，借以纠正重经轻史的偏失。19世纪末以来中国社会变革的需要，迫使中国知识分子开始质疑传统中国史学的思想。到了20世纪，学术研究中主要的问题与论域基本上都跳出了“经学”的传统和架构，“史学”成了支配现代中国学术研究的主导范式之一，民族主义的研究范式则在历史研究中取得了支配地位。

---

① 胡秋原：《中西历史之理解》，台北：中华杂志社1966年版，第146、147页。

梁启超认为自16世纪以来，欧洲各国拜民族主义之赐，日益发达，到了19世纪末期，更扩张而为民族帝国主义，挟持全民族的整体力量，向外侵略，以与中国相竞争；而中国“于所谓民族主义者犹未胚胎焉”，以此而欲与“世界所以进步”的“公理”相抗衡，固若以卵击石，绝无幸理。因此，中国要抵御列强侵凌，“以挽浩劫而拯生灵”，其唯从速养成“我所固有之民族主义”一途可循。① 如何提倡民族主义呢？梁启超主张，必须改革中国传统史学，提倡民族主义“新史学”。他说：“今日欲提倡民族主义，使我四万万同胞强立于此优胜劣败之世界乎？则本国史学一科，实为无老无幼、无男无女、无智无愚、无贤无不肖所皆当从事，视之如渴饮饥食，一刻不容缓者也。”② 在梁启超看来，传统史家未能正确掌握历史的“主体”，其所为之历史表述与叙事，绝不是中国“过去”原有的面貌，而只能是历代统治者一家一姓的偏私记录。既然发端于对传统“君史”叙事结构的批判与否定，那么新的历史叙述所要确立的历史主体，当然非专制君主的对立面——“国民”莫属。梁启超于1897年首开“君史”批判之滥觞，同时也揭出“民史”的名目。其后，他更进一步将本无特定内涵的“民”转化为现代意义的“国民”，并结合社会达尔文主义的进化原则，树立了以“国民主体”与“进步”概念为支柱的近代中国民族主义的“新史学”。③ 可见，“新史学”从一开始就并非纯粹的学术诉求，而是有着

① 参见沈松桥：《振大汉之天声——民族英雄系谱与晚清的国族想象》，《“中央研究院”近代史研究所集刊》第33期，2000年6月。沈松桥为台湾“中央研究院”近代史研究所副研究员，他亦将近代以来强调对民族国家政治认同的“民族”、“民族主义”，翻译成“国族”、“国族主义”。

② 梁启超：《新史学》，《饮冰室合集》文集之九。

③ 参见沈松桥：《振大汉之天声——民族英雄系谱与晚清的国族想象》，《“中央研究院”近代史研究所集刊》第33期，2000年6月。旅欧之行以后，梁启超对进化论史观有所反省，开始把精神看作是东方文明的特色，西方文明则是物质文明，并且比不上东方文明。参见［德］施耐德著，关山、李貌华译：《真理与历史——傅斯年、陈寅恪的史学思想与民族认同》，北京：社会科学文献出版社2008年版，第99页。

强烈的现实关怀。但是，“新史学”的确改变了传统的以中国为中心的“天下”观念，视中国为世界的一部分，将中国放在世界历史发展和全球大势变动的格局中予以思考和观察，具有全球性与世界史的眼光。

胡秋原也认为要复兴民族，必须重建中国史学。胡秋原说：“中国之悲剧是由学术之落后开始的，尤其是因为史学的落后，在二重文化危机中看不出国家之前途而来的，所以复兴民族必由复兴史学开始。史学史知己知彼之学，必须经由中国史，西洋史，俄国史以及世界史的比较研究，才能判断中西文化之价值，看出中国可能而必要的出路，并研究欧美社会科学上之种种学说与民族、阶级、集团现实利害之关联，才能不致将意识形态当真理。”① 因此，研究的历史，不是历史上若干事实之考证、说明或讲法的问题，而是中国民族与中国文化万世存亡兴废的问题。② 在胡秋原看来，中国的出路必经由民族团结而非阶级斗争；而复兴民族必由复兴史学开始。他希望通过史学研究来重振知识分子的士气和民族自尊自信之心，重新团结中国人的心力，走中国人自己立国建国之路。他认为，新文化运动后西化派误解科学方法与史学方法，以为史学的方法即是考证，疑古即是科学方法。他不满于西化派毁灭中国历史，不满于左翼的封建社会论，毅然以复兴史学、复兴民族为己任。胡秋原说：“现在要特别着重地说，我们救国运动之失败，在自己一方面是学问之失败，而最主要的是史学之失败——我们既未能在史学上奠立民族自尊、自爱、自信的根据，又未能由知己知彼之研究求立国建国之方针，又没有史学的理论研究。”③ 胡秋原在将民族视为历史主体的同时，也看重知识分子的作用。他认为知识分子是文化创造的担当者，知

① 胡秋原：《古代中国文化与中国知识分子》，自序，台北：学术出版社 1988 年第 5 版，第 12 页。

② 参见胡秋原：《古代中国文化与中国知识分子》，自序，台北：学术出版社 1988 年第 5 版，第 45 页。

③ 胡秋原：《古代中国文化与中国知识分子》，自序，台北：学术出版社 1988 年第 5 版，第 6 页。

识传授者，道义维持者，他们传递文化火种，推动社会进步，主持社会正义。一个国家的生命，在于其文化学术；而一个国家的生命力，在于知识分子，在于他们的责任和自尊心。胡秋原说："过去研究中国历史者，常多注意政治，而政治又多注意帝王。其实一国国力背景在文化，而文化者代表者，则为知识分子。中国民族之有今日，是全民族之血汗与聪明才智之缔造。在此过程中，帝王是消费者，而知识分子是培植者。假如世间所谓名胜，离开古迹，不过一堆山水；则一部中国史离开文化与知识分子，不仅为不可解之谜，而甚至不过是一部粗人胡闹的历史而已。"① 胡秋原认为中国民族主义的基础是中国的历史与文化，因此主张重建中国史学，复兴中国文化以复兴中国民族。他所谓复兴中国文化，当然不是复古，而是要以新的知识发扬中国文化的优点，革除其中落后与腐败之处。

与之相联系，自19世纪末以来，在国族主义的风潮鼓荡下，中国史学家着手编造中国"民族英雄"的光荣系谱。为了"唤起国魂"、"振兴民族"，他们通过一套由特定的"框架、声音与叙事结构"所构成的论述方法，将上起秦汉、下迄明清，前后两千年间的历史人物，扯出其原有的历史脉络，重加评断，编次甲乙，最后终于为近代中国的国族认同修建了一座华丽璀璨的殿堂——民族英雄的万神庙。② 虽然，与梁启超的史学源于今文经学不同，章太炎的史学源于古文经学，但是民族主义却是他们史学思想的共同主题。20世纪初期以黄帝祖源神话为核心的种族国族主义运动，也驱使章太炎立意重新编写一部上起轩辕，下迄洪、杨，由汉族"明王圣帝"一脉相承的中国历史，从而将鲜卑、

① 胡秋原：《古代中国文化与中国知识分子》，自序，台北：学术出版社1988年第5版，第52、53页。

② 参见沈松桥：《振大汉之天声——民族英雄系谱与晚清的国族想象》，《"中央研究院"近代史研究所集刊》第33期，2000年6月。

女真、蒙古与满族等少数族群，从国族的历史记忆中排除出去。① 然而，正如沈松桥所指出的那样，这种借由特定“框架、声音与叙事结构”所建构出来的神话历史，却极其有效地形塑了一套强大的“真理治权”，将“国族”缝合成为一个至高无上、同质、本真、永恒的自然事物，从而要求其成员无私无我地牺牲奉献。性别、阶级、族群与种族等多样的身份与差异，只能顺从于国族认同的宰制与操弄；个人与弱势群体的存在与记忆，也只能在国族不断自我再现的炫目光芒中，被抹除，被湮灭，从集体的“过去”中，彻底地涤荡尽净。② 如果不加分辨地将民族主义史学的研究范式应用于中国历史的研究，必然会导致将复杂的中国历史进程简单化、碎片化的结果，遮蔽住其中许多核心问题，使得我们无法真正进入中国历史，以致有的学者发出了“从民族国家拯救历史”（杜赞奇）的呼声。

胡秋原也通过表彰英雄人物来塑造民族魂，他撰有《中国英雄传》，③ 但他注意到了种族主义和民族主义、文化认同与政治认同之间的区别与联系。《中国英雄传》高度赞扬了中国历史上的英雄人物，表彰他们以对国家民族的精诚与热血，以他们的志气和智慧、才能和勇敢，或保障中华民族的生存，或开拓中华民族的命运。但胡秋原并没有陷入种族国族主义的泥沼，他所表彰的这些英雄人物并不全是汉人，也有非汉族的历史人物；他在强调政治认同的时候，并没忽视中国民族的文化认同。他说：“以前中国史学，常以汉族为中心，长城以南为主体。实则中国民族之成分，亦甚复杂；而长城不仅为华夷之界限，又实为华夷融会之门户。所谓‘夷狄进于中国则中国之’，乃所以成我泱泱大风之国之根本原理。所以能如此者，一则由于葱岭黄海之界，使中国

① 参见沈松桥：《召唤沉默的亡者：我们需要怎样的国族历史?》，《台湾社会研究季刊》第57期，2005年3月。

② 参见沈松桥：《召唤沉默的亡者：我们需要怎样的国族历史?》，《台湾社会研究季刊》第57期，2005年3月。

③ 胡秋原：《中国英雄传》，香港：亚洲出版社有限公司1956年版。

能在历史初期，未受民族移动潮流之干扰，得以完成其和平劳动的文化；二则中国特殊文字及其文献，为中国民族最大之团结力与安定力。故屡经变乱，中国之基础能不动摇；而中国之范围，反逐渐扩大。……而自匈奴以降，凡鲜卑、突厥、辽、金、蒙古、满清，过去或为敌于华汉，然今日皆为中国民族之成分，不得以异族目之；亦可于此见之。”①

六、民族与阶级

到了20世纪20年代中期，这一时期的激进主义者将对于传统和民族认同的关注贬抑到第二位，而转向寻找以往改变中国的努力之所以失败的潜在的社会原因。这一转变，对于马克思主义在中国知识分子中的作用产生了重要的影响。② 分属于不同思想派别的知识分子对唯物史观的接受，使得他们无法回避马克思“至今一切社会的历史都是阶级斗争的历史”这一论述。可是，阶级和民族并不是彼此相同的身份认同，两者谁为历史的主体对不同历史叙述模式的选择，起到了决定性的作用。在与帝国主义的对抗中，文化守成主义者诉诸中国文化，自由主义者诉诸中华民族，马克思主义者诉诸无产阶级。

《共产党宣言》的确谈到了阶级斗争和民族解放的关系问题，“如果不就内容而就形式来说，无产阶级反对资产阶级的斗争首先是一国范围内的斗争。每一个国家的无产阶级当然首先应该打倒本国的资产阶级”。《共产党宣言》又讲到“人对人的剥削一消灭，民族对民族的剥削就会随之消灭”。在纪念1830年波兰起义17周年的国际大会上，马克思说：“要使各国真正联合起来，它们就必须有一致的利益。要使它们利益能一致，就必须消灭现存的所有制关系，因为现存的所有制关系

① 胡秋原：《古代中国文化与中国知识分子》，自序，台北：学术出版社1988年第5版，第53页。

② 参见［美］德里克著、翁贺凯译：《革命与历史：中国马克思主义历史学的起源，1919—1937》，南京：江苏人民出版社2005年版，第38页。

是造成一些国家剥削另一些国家的条件；消灭现存的所有制关系只符合工人阶级的利益。也只有工人阶级能做到这一点。无产阶级对资产阶级的胜利也就是对民族冲突和工业冲突的胜利，这些冲突在目前使各国互相敌视。因此，无产阶级对资产阶级的胜利同时就是一切被压迫民族获得解放的信号。"① 不难看出，马克思认为近代民族压迫是资本主义所有制的产物，是阶级压迫的一种表现形式。因此，只有通过无产阶级的社会主义革命的胜利，民族压迫和殖民压迫才能得到彻底消灭。在马克思论述的基础上，中国的马克思主义者将中国人民看成是一个被西方资产阶级压迫的无产阶级民族，这种叙述可以被称为阶级的民族主义，其中仍保留有政治的和文化的民族主义的若干思想因素。② 毛泽东说过，在民族斗争中，阶级斗争是以民族斗争的形式出现的，这种形式，表现了两者的一致性。一方面，阶级的政治经济要求在一定的历史时期内以不破裂合作为条件；又一方面，一切阶级斗争的要求都应以民族斗争的需要（为着抗日）为出发点。这样便把统一战线中的统一性和独立性、民族斗争和阶级斗争，一致起来了。③

与马克思主义者不同的是，文化守成主义者一般认为在中国传统社会中并没有阶级之分。当代新儒家梁漱溟认为，中国社会是"伦理本位，职业分立"，没有阶级对立，"无论为士、为农、为工、为商，各有前途可求，贫富贵贱升沉无定"。④ 牟宗三也认为，中国社会自古就没有固定的阶级之分，不会有所谓阶级对立。以此相应，在观念上，中国文化生命力首先涌现出的是"修己以安百姓"的德治观念。由道德

① 引文分别见中共中央马克思恩格斯列宁斯大林著作编译局编译：《马克思恩格斯选集》，第1卷，北京：人民出版社1995年版，第283、291、308、309页。

② ［美］杜赞奇著、王宪明等译：《从民族国家拯救历史：民族主义话语与中国近代史研究》，北京：社会科学文献出版社2003年版，第10~11页。

③ 毛泽东：《毛泽东选集》，第2卷，北京：人民出版社1991年版，第539页。

④ 梁漱溟：《梁漱溟全集》，第2卷，济南：山东人民出版社1990年版，第173页。

价值观念作领导，那么，贵贱是价值观念，不是阶级观念。① 在中国社会有无阶级的问题上，胡秋原与当代新儒家有着相同的认识。但是，胡秋原对中国历史及社会问题的关注，使得社会学一直是其历史哲学重要的分析方法，也一度使得他靠近了马克思主义，并自始至终受到了唯物史观构造分析的方法影响。胡秋原认为："唯物史观的最大价值是其构造分析，由生产力与生产关系之调和与冲突，说社会之构成与变化，论资本主义之必然崩溃。但最大缺点是只注意社会之内部构造，匆视外部构造。"② 但是，对于阶级斗争与民族解放的孰先孰后的不同认识，则将他与中国的马克思主义者最终区分开来。马克思主义说，人类的全部历史都是阶级斗争的历史。胡秋原则认为人是文化的动物，民族是人类社会的最高单位，是历史的主体。民族是因为人群的血缘关系和共同语言，经由家庭、部落、部落联盟而形成的。民族的形成与划分是一种地域性的、垂直的、文化的划分，这与马克思所说阶级的跨地域的、横向的、经济的划分是不相同的。各民族因为地理环境不同，所以它们的发展速度不相同，发展方向也不一致。而在各部落或民族之间，也会发生和平通商或者武力战争的关系。由于文化发展的不均衡，民族之间会有战争胜败的不同。胡秋原认为："世界史是许多民族以其所创造的文化登场之舞台、运动会和战场，而各民族文化力是其竞争力。"③ 必先有民族，有民族斗争，然后才有阶级与阶级斗争。胡秋原说："没有民族，阶级无由发生。阶级是民族斗争之结果。是民族分化为阶级，不是阶级造成民族。"④ 因此，胡秋原认为民族解放是阶级解放的前提，人类全部文化创造力的解放才是历史的目的。胡秋原认为唯物史观是依据

① 参见牟宗三：《历史哲学》，台北：学生书局 2000 年 9 月增订 9 版，第 182 页。

② 胡秋原：《哲学与思想》，台北：东大图书公司 1994 年版，第 283 页。

③ 胡秋原：《古代中国文化与中国知识分子》，序言，台北：学术出版社 1988 年第 5 版，第 28 页。

④ 胡秋原：《哲学与思想》，台北：东大图书公司 1994 年版，第 284 页。

西方历史立论的，因为西方社会的确从来都是阶级社会，所以“五阶段论”可以适用于西欧，但不能据此作为世界史的模型。就中国而言，近代以来的中国问题是民族复兴的问题。所以，胡秋原主张“以文化史观代替唯物史观，以民族代替马克思之阶级，以自由代替马克思之斗争，以技术代替马克思之生产力，一制度代替马克思之生产关系，文化创造力之解放代替马克思之解放生产力，并废除其四阶段论而代以政治、经济、思想之多线进化”。① 胡秋原主张“人格尊严、民族尊严、学问尊严”，民族主义历史学可说是胡秋原思想的一大主题。

① 胡秋原：《古代中国文化与中国知识分子》，序言，台北：学术出版社1988年第5版，第20页。

谈“自由文艺论辩”

□ 尉天骢

今年的端午节，是胡秋原先生的百岁冥诞，我想在这里谈一件当年与他有关的一场文学论战来纪念他。那就是新文学史上所说的“自由文学论战”，也有人称之为“第三种人事件”。关于这段历史，李何林的《近二十年中国文艺思潮论》（1939 年出版）第二章有一大篇文字在叙述它，但对照 1990 年、上海文艺出版社出版、吉明学孙路茜编的《三十年代文艺自由论辩资料》来看，两者评论的观点有很大的差距。不是史料的差距，而是解说者政治立场的差距。这里所说的政治观点，并不指编者的政治信仰而言，而是随着历史的发展，使人能更清晰地有着不同的判断。

为了对此有一简明的了解，这里先把那一段日子的时代背景列之如下，以便帮助大家对之有所思考：

1930 年	世界经济大恐慌开始
	左翼作家联盟成立
	民族文学运动
1931 年	“九·一八”事变
	中国社会史论战
	耶士培（K. Jaspers）发表《时代之精神状况》
1932 年	12 月 8 日日本进攻上海
	中共成立苏维埃政府
	自由文艺论战

赫胥黎出版《美丽新世界》

1933年　希特勒上台

1935年　俄共莫斯科大审

1936年　西班牙内战

纪德（A. Gide）发表《苏联归来》

根据这一背景，我们可以有如下认识：

由于当时正面临世界经济大恐慌，当然也就可以领会西方社会所遭遇到的各种困难与矛盾到了何等的地步，当然这也影响到共产世界的矛盾，并诱使日本加快对中国的侵略。如是便更加推动各个国家走上极权主义的道路，而因此便出现了不同形式的法西斯统治；如是而有希特勒之上台、西班牙内战和苏共的莫斯科大审判。在这样的影响下，在中国也才有国民党之法西斯化，和中共之成立苏维埃政府。在这种极权主义膨胀下，文艺工作也就成了现实政治的附庸和党派的工具，正因为如此，才相对地在1930年由中共策动成立了左翼作家联盟，由国民党策动发表了《中国民族文艺运动宣言》。而这里所说的“民族文学”并不是一般人所说的民族主义的作品，而是打着“民族”的招牌而实际上维护国民党利益的法西斯文学。总之一句话，文艺到了这个阶级，不仅赤裸裸地成为政治的工具，而同时也赤裸裸地成为党派的工具。又由于当时的政党各有其国际支持的背景，因此，中国的新文艺活动也就因为这些政治与党派的关系，而涂上了国际强权的色彩。这是一看当时俄共推动的文艺政策和中共所发布的文艺主张两相对照就可以明白的。欧美的法西斯主张和国民党的白色恐怖，在这样左右两派尖锐的对立下，便使得一些具有自由主义精神的文化界人士日益感到不安。这就是被人称之为“第三种人”的一些作家，而胡秋原和苏汶只不过是其中的代表而已，所以他们才有下面一类的话表达出来：

随着中国“内乱”之尖锐，独裁政治之强化，盲动主义之急进与败北……在感觉最敏锐的文艺领域中，开始见法西主义之萌芽。这萌芽之具体表现者，即所谓“民族文艺运动”。

这新的法西主义文学，是比所谓颓废派下流万倍的东西。

所谓民族文艺，是应该使一切真正爱护文艺的人贱视的！

中国文艺界上一个最可耻的现象，就是所谓民族文艺运动。

关于民族文艺家所做的一切不正与不洁的事实，残虐文化与艺术之自由发展，无需乎多说了。而他们所标榜的理论与得意的作品，实际是最陈腐可笑的造谣与极其低能的呓语。毫无学理之价值。文艺之理论与创作堕落到如此，只有令人诧异了。这些东西本来是不值稍有识者之一笑的，然而爱护艺术的我们，为了真理的重光，为了艺术家的人格，为了艺术的尊严，对于这样僭妄之举，于深致叹息之余，如何能默然而息呢？①

当然，这种批评不仅指向国民党，也同样指向共产党。当左派正热衷于辛克莱（U. Sinclair）的“一切艺术都是宣传”和列宁的“文学应该是党的文学”的时候，胡秋原也同样表明了他的抗议，他引述普列汉诺夫的话，认为真正的马克思主义里也并不反对文艺自由。他在《浪费的论争》一文中说：

（列宁）说过，“文学应该是党的文学”，也强调过“哲学之党派性”。不过，一个革命领袖这么说，文学者没有反对的必要。“不属于党的文学家滚开罢”（列宁），“滚”就是了。……所谓“自由”二字，革命家很怕提起……然而真正的自由主义，不仅是

① 胡秋原：《文学艺术论集·阿狗文艺论》，台北：学术出版社 1979 年版，第 238 页。

> 我们不必害怕，而正是我们所追求的东西。自由主义是革命时期的资产阶级反抗封建独裁的武器，然而社会主义者亦不必拒绝它作反对资产阶级独裁的武器。……一个艺术家一定要做政治的留声机，我无论如何总是觉得不太够味儿的。……不要用命令去指挥作家，也不要用革命去吓似乎意见不同的作家。
>
> 传道书云："压迫他们，贤者也变为愚者。"摧残思想的自由，阻碍文艺之自由的创造，是与文化之发展绝不相容的！将艺术堕落到一种政治的留声机，那是艺术的叛徒。①

1932 年中国文坛上的论争，是以"文艺创作的自由"为中心的，也就是自称"自由人"的胡秋原和自称"第三种人"的苏汶（案：笔名杜衡）与左联之论辩。

胡秋原先生在《文化评论》创刊号发表《阿狗文艺论》："文学艺术至死是自由的，民主的。互相竞争才有万花缭乱之趣……用一种中心意识独裁文坛，结果只有奴才奉令执笔而已。"② 这些话表面上固是对民族文艺运动而发，但是左联的人们认为同时也在影射着他们。……他后来又在《文化评论》第四期发表《勿侵略文艺》……态度就更为鲜明了。这首先引出了谭四海《自由智识阶级的文化理论》一文(《中国与世界》第七期）批评整个《文化评论》及胡秋原艺术理论。胡秋原也作了答复。……这以后，就引起了胡秋原对左联的积极进攻，于是有《钱杏邨理论之清算与民族文学理论之批评》之作。……难怪左联要认为"胡秋原不是攻击钱杏邨个人，而是进攻整个普罗革命文学运动"。……当左联与自由人的胡秋原进行论辩的时候，号称是第三种人的苏汶在《现代》上发表他的《关于左联"文新"与胡秋原的文艺论辩》一

① 胡秋原：《文学艺术论集·浪费的论争》，台北：学术出版社 1979 年版，第 242～245 页。

② 胡秋原：《文学艺术论集·阿狗文艺论》，台北：学术出版社 1979 年版，第 238 页。

文，维护胡秋原，嘲笑左联。左联方面首先给“自由人”和“第三种人”以“严正的光辉的批判的”是易嘉（案：易嘉，宋阳，史铁儿都为瞿秋白的笔名）。他在《万花缭乱的胡秋原》一段里批评胡秋原……在《难乎其为作家的苏汶》一段里批评苏汶……左联方面，尚有周起应（案：周起应又名周扬，是中共在左联中的总指挥）在批评他们。接着，苏汶在《现代》第六期发表《“第三种人”的出路》，又给易嘉和周起应以批评……这时舒月发表了《从第三种人说到左联》批判苏汶。苏汶接着在《现代》第二卷第一期发表《论文学上的干涉主义》。……论辩到这里，已经到下结论的时候了。于是先有胡秋原的《浪费的论争》对易嘉、周起应、舒月三人作一总答复。左联则有冯雪峰发表了《并非浪费的论争》将胡秋原的主张下了一个结论，鲁迅则已先对苏汶作一总批判，写出他的《论第三种人》一文。而何丹仁（冯雪峰）的《关于“第三种人”的倾向与理论》，则是这一次论辩的总结……纠正了文学的阶级性的机械的了解和左倾宗派主义的错误。

论辩结束了，问题仍在继续：人们的心灵如果没有自由，一切真正的争论仍会继续下去。

还可以说，这场“自由文艺”论辩或者“第三种人文学”讨论，真可说是在政治主义或者党派干预之下的一场自由主义者的论战。虽然这场讨论并未形成多大的作用，但是后来的一些事实却让人认识到：如果不能让文学艺术乃至于文化教育摆脱加在它们上面的政治性或党派性的干预，那将必然会使整个社会遭到严重的窒息。文学事业、文化事业如果都以这样的态度来推动，即使成功，也只能达到统治的效果，不会有真正的成就；有之，只不过奉命文学而已。

胡秋原的文艺自由言说

□ 尹康庄

一、生成的社会背景与时代语境

胡秋原自己曾表白："我说文艺是自由的，是创作之自由。"① 这应是我们理解胡秋原文艺自由言说的一个前提。笔者也已作过分析：文艺自由与创作自由并不是同一的命题。人类社会发展的实际告诉我们，经济基础制约着上层建筑，决定着包括文艺在内的各种社会意识形式；各种社会意识形式，包括政治思想和政治制度，对文艺的影响也是必然的甚至是巨大的。所以，从文艺作为一种社会意识形式上说，唯言其自由，是难以成立的。但创作自由不同，它是着眼于具体从事创作实践活动的文艺家的。文艺家从事创作，有受动和能动两个方面的规定性。一方面，文艺家要受到他所生活的历史条件和社会关系的制约，他的人生经验、思想情感和审美智能结构、心理结构都是由一定的历史条件和社会关系决定的；另一方面，文艺家又都有自己的主体意识，他的创作，是在主体意识统摄下能动进行的，任何客体对象、艺术形式和艺术技巧，若进入不了文艺家的主体意识，未与文艺家的主动接受和能动创造相融合，都是没有意义和不可思议的。文艺家的这种能动性和主动性，换言之，就是创作中的自由。因之，置身在同一历史条件和社会关系中

---

① 胡秋原：《是谁为虎作伥?》，转引自苏汶：《文艺自由论辩集》，上海：现代书局1933年版，第19页。

的作家，才会有不同的创作。①

文艺创作自由在中国，其实是历史迈进 20 世纪后才成了个问题。即使在一切都围绕皇权运行的封建社会，也很难看到有哪个朝代的统治者以施政的方式在强行统一诗人、作家们的创作。文艺自身的情形同样如此，谁曾见过哪种话语势力规定所有的诗人、作家们必须写什么和怎么写，一旦有谁不从或越出范围立刻会遭到群体的围攻、挞伐？不错，从孔子以来，中国就形成了文艺的教化说，但只为解读文艺功能的一说而已，并不存在统一的强制性。唐代的韩愈提出文以载道，之后文以载道亦得到封建政权的某种支持而成为中国许多文化人吟诗作文的一个基本准则，但即便这般，仍不能与以上例举同日而语，因历史上还没有一个诗人、作家仅仅因为创作没有载道而受到政权的迫害、遭到群体的攻击，除非你的著述、作品触犯、损害或被认为触犯、损害了皇权和当朝的政治伦理统治，才会因文获罪，出现文字狱。但这种因文获罪、文字狱在自由独立的文人创作以来近三千年的历史流程中毕竟是为数不多的个案，而主要的事实则是，诗人、作家们都基本可以依循自己的追求去进行创作或自由地提出一己的文艺见解。即使那些以书写御用文艺为能事的人，客观地说，也是他本人在有意利用文艺谋权益，而不是什么外力的迫使所致。明末的公安派、竟陵派的确怯于当时严酷的政治环境，不愿或不敢续行以往多数诗人、作家文章担天下的路数，转而主张文学应回到内心，去“独抒性灵”；就算这中间存在某种外力所迫，但是这种回到内心、“独抒性灵”又明显与教化说、载道说相悖逆，所以实质上也属于一种自由选择，其反而把中国文学带进了一个新的审美境地。

19 世纪末 20 世纪初梁启超先后提出“三界革命”口号，主张文艺应成为“新民”的工具。之后，这种工具论因屡屡切合中国历史行程

① 参见尹康庄：《胡秋原与苏汶在 1932》，《广州大学学报》2009 年第 8 卷第 3 期。此处亦援引了刘安海等的《文学理论》第 18 页的内容，华中师范大学出版社 1999 年版。

的实际要求而几乎对整个 20 世纪中国文艺的品质、面貌起到了制导、决定作用；也正缘于这种主流话语的绝对强势，文艺创作自由的言说才得以生成，显出必要。当然，对此还应作具体分析。

众所周知，中国现代以鲁迅为代表的利用文艺改造国民性的思想与实践（这里的“现代”是广义的，据可见资料，如鲁迅从 1903 年起就已开始关注国民性问题，1906 年又本着文艺“善于改变精神”而弃医从文，到了 1907 年、1908 年再写下《科学史教篇》、《文化偏至论》、《摩罗诗力说》等多篇论文，不仅具体阐述了文艺对健全人性形成的意义，也对几年前提出的“中国国民性中最缺乏的是什么”作了确切回答）是对梁启超“文艺新民说”的承接、拓展与深化，并因此蔚然成就了中国现代文学第一个十年（1917 年至 1927 年）以对民众进行思想启蒙为要旨的“人生派”文艺主潮，1921 年 1 月成立并强调“为人生而艺术”的文学研究会几乎囊括了这时所有的作家。但是，这一时期既没有政府、政权对文艺的干预，在新文艺内部也没有唯我独尊、唯我正确、不容他者生成与存在的现象。对该时期另一大文艺派别、主张“为艺术而艺术”的创造社，仅冠之以“异军突起”，即使对李金发近乎克隆于法国前期象征主义诗人马拉美、魏尔伦的诗作，评论者读后也只是发出“突然有一种新异的感觉”，称其为“新奇怪丽的歌声”。当然，并不是说这一时期各种文艺观念没有交锋，有交锋也就难免有执著于己的言说，所以，作为文学研究会宣言起草者，在宣言里明确提出“将文艺当作高兴时的游戏或失意时的消遣的时候，现在已经过去了。我们相信文学是一种工作，而且又是于人生很切要的一种工作”，① 在这时影响力甚至超过鲁迅的周作人，不仅在之前（1920 年）的《新文学的要求》中认为“艺术派”与“人生派”“原应平等看待”，在之后（1922 年）的《文艺上的宽容》更写道：“每逢文艺上一种新派起来的时候，必定有许多人——自己是前一次革命成功的英雄，拿了批评上的

① 《文学研究会宣言》，《小说月报》1921 年第 12 卷第 1 号。

许多大道理，来阻塞新潮流的进行。我们在文艺的历史上看见这种情形的反复出现，不免要笑，觉得聪明的批评家之稀有，实不下于创作的天才。主张自己的判断的权利而不承认他人中的自我，为一切不宽容的原因，文学家过于尊信自己的流派，以为是唯一的‘道’，至于蔑视别派为异端，虽然也无足怪，然而与文艺的本性实在很相违背了。”他进而对“宽容”作了界定：“然而宽容决不是忍受。不滥用权威去阻遏他人的自由发展是宽容，任凭权威来阻遏自己的自由发展而不反抗是忍受。正当的规则是，当自己求自由发展时对于迫压的势力，不应采取忍受的态度；当自己成了已成势力之后，对于他人的自由发展，不可不取宽容的态度。”

五四时期被誉为中国历史上的又一个“百家争鸣”时代，无论哪种思想、学说——自创的、外来的或汲取融合的——都可以获得充分的生成、存在空间。造就这种局面的社会背景和时代语境当然不是一两句话能予以概括的，但政权的少有干涉尤其是学术界、思想界内部大多数人所持的宽容态度，肯定是不可或缺的重要因素。文艺自然也无出大潮之外。尽管五四时期创作“必须是‘为人生’，而且要改良这人生”①占据着文艺话语主流的位置，可是其他派别、主张包括创作自由的观念，却没有必要摆出论争、抗衡的姿态来作自我言说。

可是，从1927年春夏开始，中国的政治局势发生了根本变化，文艺也随之被空前政治化。一方面，掌握了国家政权的国民党很快提出要以三民主义统一文坛，建立“党治文艺”，支持、营造了“民族主义文艺运动”，力图把文艺辖制成为其统治服务的意识形态国家机器组成部分；另一方面，共产党领导的左翼文艺阵线随即组成，加之“红色的三十年代”这一国际大环境和以俄罗斯无产阶级作家联合会（中国简称为“拉普”）、全日无产者艺术联盟（中国简称为“纳普”）为代表的极具“左”的色彩的文艺思潮的影响，以及当时中共本身“左”倾

① 《鲁迅全集》，第4卷，北京：人民文学出版社1982年版，第512页。

思想路线的推手作用，文艺则完全被视作阶级斗争、政治斗争的工具。而就左翼文艺阵线而言，虽然它有着不可磨灭的历史功绩，但也明显存在忽视文艺自身规律和“借革命来压服人，处处摆出一副‘朕即革命’的架子来”① 的话语霸权现象。正是这种时代语境，引发了有着五四传统的文艺界——包括左翼文学内部——对文艺创作自由的言说、伸张。

二、主要蕴涵与特征

一般说来，胡秋原与其他派别的言说，相通之处在于认为文艺创作应是自由的，反对“用一种中心意识，独裁文坛”。但是，由于胡秋原研究过马克思主义，而且本来就与左联有联系，因此，他的言说无论是出发点和立足点，还是具体的蕴涵，又均与其他派别不同。

这从1928年2月起发生的“革命文学论争”中即可看到。如新月派理论家梁实秋这年6月针对这场论争发表了《文学与革命》一文，他的观点主要是，第一，“富有革命精神的文学，往往发现在实际的革命运动之前”，因为“文学家永远是民众的非正式的代表，不自觉地代表民众的切身的苦痛与快乐，情思与倾向”，而“‘革命的文学’这个名词根本地就不能成立。在文学上，只有‘革命时期中的文学’，并无所谓‘革命的文学’”。第二，“我们划分文学的种类派别是根据于最根本的性质与倾向，外在的事实如革命运动复辟运动都不能借用做量衡文学的标准”，“所以文学家的创造并不受着什么外在的拘束，文学家的心目当中并不含有固定的阶级观念，更不含有为某一阶级谋利益的成见”。第三，“无产阶级的文学”或“大多数的文学”同样是“不能成立的名词”，“一件文学作品，如其不能得到无产阶级的了解与欣赏，这不必就是因为作品是属于另一阶级或带有贵族性，这也许就是因为无

① 苏汶：《“第三种人”的出路》，《文艺自由论辩集》，上海：现代书局1933年版，第122页。

产阶级本身之缺乏鉴赏的能力”，文学本就是“天才的产物”。第四，“革命运动本是暂时的变态的，以文学的性质而限于‘革命的’，是不啻以文学的固定的永久的价值缩减至暂时的变态的程度”。很清楚，梁实秋全然否定了革命文学。而胡秋原于这年5月以冰禅署名发表的《革命文学问题》一文则认为：“一种政治上的主张放在文艺里面，不独是必然而且在某几个时期却是必要的——但是不可忘却的，就是不要因此破坏了艺术的创造。所以我们只能说，‘艺术有时是宣传’，而且不可因此而破坏了艺术在美学上的价值”；“‘文学’与‘革命’是不是简直风马牛不相及呢？那我敢大胆答道：‘否，否！’——文学家是时代的灵魂，他看清楚了‘现在’，也就很早地看见了‘将来’。因为文学家的感觉比我们敏锐，他们的感情比我们的真挚，他们的观察比我们精确；于是时代的真象（相），就逃不出他们如鹰一样地‘预知的眼’了。所以伟大的文艺家也就是‘文化的先知’，‘时代的先驱’，‘革命的先驱了’”；“然另一方面，我们先树立一个文学的格式，以为没有革命的字样就一无足取，大家也就嚷着‘革命’、‘革命’，反而没有看出社会痛苦之真象（相），也是一样地失去了文艺的真意之所在了”。可见，胡秋原的出发点与立足点都与梁实秋根本不同，他不但对革命文学首先是持肯定态度的，而且是把自己摆进去后，指出了某些左翼作家对革命文学的不当理解与诠释；其目的不是把革命文学一棍子打死，而在于纠偏，看法与当时的鲁迅、茅盾十分接近甚至无出二致。

正缘于这一基本立场，1931年12月胡秋原又紧随瞿秋白、茅盾、鲁迅之后发表了《阿狗文艺论》，对国民党支持的“民族主义文艺运动”进行了点名抨击，而且措辞更为激烈，认为“民族主义文艺运动”是国际性的“法西斯主义文学”在中国的体现，它“巡逻思想上的异端，摧残思想的自由，阻碍文艺之自由的创造”；“文学与艺术，至死也是自由的，民主的。因此，所谓民族文艺，是应该使一切真正爱护文艺的人贱视的”。而且，本着“艺术者，是思想感情之形象的表现”的观点，胡秋原写道：“将艺术堕落到一种政治的留声机，那是艺术的叛徒。艺术家虽然不是神圣，然而也决不是叭儿狗。以不三不四的理论，来强奸文学，是对于艺术尊严不可恕的冒渎。”胡秋原进而指出：“文化与艺术之发展，全靠各种意识相互竞争，才有万花缭乱之趣，中国与欧洲文化，发达于自由表现的先秦与希腊时代，而僵化于中心意识形态形成之时。用一种中心意识，独裁文坛，结果，只有奴才奉命执笔而已。”当然，由于其中“文学与艺术，至死也是自由的，民主的”、“将艺术堕落到一种政治的留声机，那是艺术的叛徒”和文艺的繁荣源于自由竞争等言语与不少左翼作家的基本思想相左，或者无意间触动了他们敏感的神经，一些左翼作家遂以为该文“同时也否定了普罗文艺”，对胡秋原进行挞伐，把胡秋原推至于对立的位置，胡秋原这才又写了《勿侵略文艺》、《是谁为虎作伥?》两文发表在同一期杂志上，除了为自己的言说作申辩、解释外，还声称自己是“站在自由人的立场”。胡秋原的这一“转变”，我以为相当程度上是因一些左翼作家的唯我正确、听不得任何不同意见的心态、做法所致。

既然已被置于对立面，胡秋原干脆展开了直接的反批评。1932 年 5 月他以钱杏邨为个案，发表《钱杏邨理论之清算与民族文学理论之批评》。在该文中，胡秋原分析说，文艺的全然政治工具化是照搬了日本青野季吉的“目的意识论”。“目的意识论”“在日本初期普罗文学运动上，确有不可磨灭的功绩；然而，这理论亦只有启蒙的意义而已，到了真实普罗文学理论的建设时期，这粗浅的理论自必归于淘汰”，因为所谓“‘目的意识论’者，就是作品上露骨的政治口号乃至政论的结论之意，极模糊的政治理论之机械的运用之意”，“将这‘目的意识’应用到艺术作品上，遂成为‘政治暴露’及‘进军喇叭’之理论，遂至抹杀艺术之条件及其机能，事实上达到艺术之否定”。他转述别林斯基、普列汉诺夫的看法，重申“艺术是藉形象而思索”，故而对文艺作品，除了作“思想内容之分析以外，还要分析作品之美学价值——这两者不可机械地分开”。他贬斥钱杏邨的理论是“革命八股”，“奉钱先生之命执笔，亦无非在作品中多写几句猛烈的口号，多写几个‘呀’‘哟’，多打几个 interjective mark 而已。不去深入事象之本质；不去广摄社会之全景；不去捕捉大众之心理；不将大众生活中，不在自己的体验中，丰富自己作品之生命；不以健全的意识，敏锐之才能，去认识现代生活中之一切复杂事象；不去努力将大众的行动和所思所感的，透入自己的意识，用生动的具体的形象描写出来，总而言之，不以唯物辩证法去观察描写一切——陡然讲什么抽象的漠然的‘力的文艺’，结果不会出乎无力的无生命的无机作品的”。结果，很自然，他遭到了一些左翼作家进一步的群起围攻。

胡秋原毫不示弱，再写文章逐一进行反驳。他指出，左翼批评家尽可用马克思主义观点分析作家作品，但作家“有表现他的情思之自由，而批评家不当拿一个法典去限制他们。只看他们表现得真不真——不要勉强他一定要写什么，怎样写”。对于易嘉（瞿秋白）的“留声机说”，他援引了马克思批评拉萨尔做时代精神传声筒的话进行反驳，并告诫说：“易嘉先生要知道高尔基之所以伟大，在他是革命的春燕，不是革命的鹦鹉啊。”他表白：“当反动的阶级公开地强奸文艺作压迫的工具的时候，谁出来大叫‘勿侵略文艺’，是要在文学上解除反动阶级的武装，至少是有利于一切真正文学（普罗文学当然在内）之发展的。”针对周起应（周扬）的文章，他写道：“一谈到左翼文坛自己就已都认为错误的若干谬点，即大声疾呼，这就是‘攻击左翼文坛’，难道诸公就这样神圣不可侵犯？如果这样，那么，最好自己声明一句，说‘不准批评’的。”他再次申辩：“‘文艺至死也是自由的民主的’云者，不过是说文艺要自由竞争，非强制或独占所能产生繁荣之意，要说这就‘抹煞了阶级性’，那只是舒月先生鳃鳃过滤而已。”于该文，胡秋原还解释了他所谓自由人的立场的本意：“我所谓‘自由人’者，是指一种态度而言，即是在文艺或哲学的领域。”①

① 胡秋原：《浪费的论争》，转引自苏汶：《文艺自由论辩集》，上海：现代书局 1933 年版，第 196 ~ 243 页。

1932年12月，胡秋原在《读书月刊》第3卷第5期上还发表了《关于文艺之阶级性》一文。于该文，胡秋原不仅明明白白肯定文艺有阶级性，而且根据普列汉诺夫的“社会心理中介说”，指出了文艺家阶级意识形成的途径和表现的复杂性。他说：“艺术家不是超人，他是社会阶级之子，他生长熏陶于其阶级意识形态之中，将他的阶级之思想，情绪，趣味，欲求，带进于其艺术之中，是必然的事实。”又说：“在文明社会里，直接影响于艺术者，不是社会经济，而是社会阶级心理。”还说：“研究意识形态固不可忽略阶级性，然而亦不可将阶级性之反映看成简单之公式，不可忽略阶级性因种种阶级心理之错综的推动，由社会传统及他国阶级文化传统之影响，通过种种三棱镜和媒体而发生曲折。”

通过上述所论，我们可以把握到胡秋原言说的主要特征：

第一，胡秋原在基本立场上是站在左翼一边的。这从他对革命文学的态度即可以看到，从他对马克思主义文艺美学理论家普列汉诺夫、弗里奇的援引或领会中也可得以证明。对普列汉诺夫、弗里奇的著述，左翼作家多有译介。胡秋原也于1931年5月翻译出版了弗里奇的《艺术社会学》，在《译者序言》中充分肯定了弗里奇学说的意义和贡献，也同时对弗氏判定“为艺术而艺术”就是资产阶级文艺观，以为艺术是“组织社会生活之特别手段”等偏差与谬误，进行了有根有据的批评。他对自称“自由人”的解释则证明，这并非一种立场的转移，而仍是一种文艺理解方面的表述。这一点不仅是胡秋原与新月派梁实秋的分野所在，也是他与京派作家沈从文、朱光潜等的分野所在。

第二，胡秋原并没有否认文艺具有阶级性，他所反对的是唯把文艺当作武器、宣传工具，乃至视为政治的“留声机”，而主张应从思想和艺术的多个方面去认识文艺作品。正因为如此，在左翼作家当中，在“红色的三十年代”这一国际性的时代语境中能够尽可能保持客观、冷静的鲁迅，并没有参与围攻胡秋原。

第三，胡秋原依据普列汉诺夫的“社会心理中介说”对文艺阶级性的生成与表现的分析，尤为对文艺的形象思维的阐述，在当时不仅难能可贵，令人信服，而且鲜见有超越者。

第四，在论辩中，处于话语强势的左翼作家们或多或少地也意识到胡秋原观点的正确并给予了些许肯定。如何丹仁（冯雪峰）稍后在《关于“第三种人”的倾向与理论》一文中就谈到，“个别的同志会有而且曾有‘指友为敌’的错误的”，“他们不需要和普罗革命文学对立起来，而应当和普罗革命文学联合起来的”。该文虽然是就苏汶而发，但何尝没有包含胡秋原呢？这在抨击其他派别的文艺创作自由言说时是没有的。

三、历史遭际及其启示

新月派的梁实秋在反对当局的专制政策，主张思想、文艺创作自由的同时，又截然否定了业已存在的革命文学、无产阶级文学，在提出文艺应表现普遍人性的正确看法的同时，又截然否定了阶级社会中文艺难以缺位的阶级性，而他的“天才论”如宣扬的“好的作品永远是少数人的专利品。大多数永远是蠢的，永远是与文学无缘的”等不仅失之绝对，而且对劳动群众带有蔑视和侮辱，与梁启超以来进步知识界孜孜以求的精神文化的平民化，尤其与五四以来构建在人的平等观念上的文艺启蒙主义背道而驰。京派朱光潜提出的文艺“怡情养性”说、“和平静穆”产生美和审美距离说等，明显是就左翼作家把文艺作为一种意识形态的力量投入现实斗争而发。沈从文指责当时的文艺创作“差不多”、“记着‘时代’忘了‘艺术’”同样是针对左翼作家及其创作而言。虽然从审美、从文艺发展的长远看，他们的观念并不错，但是他们何曾意识到自己也有“忘了‘时代’”的一面？林语堂固然没有一概反对文艺应有针砭社会的功能，他自己也不乏这方面的创作，但在风沙扑面、强敌入侵的时刻又去倡导“以自我为中心，以闲适为格调”的幽默小品，不仅是针对当时主流派文艺家强调意识形态，强调文艺的社会使命的观点的，① 也确有“将屠户的凶残，使大家化为一笑，收场大吉”（鲁迅语）之嫌。而本为左联成员、实际上也是胡秋原观点支持者的苏汶，尽管在文学武器说、文艺阶级性的看法上较胡更公允些，但苏汶集中笔触抨击的又主要是“文学上的干涉主义”。

即使仅从文艺的角度看问题，胡秋原的言说则既维护了文艺的一些基本品质、本体属性，又观瞻到文艺追求某种时代功利目的的合理性，因此，从某种意义上说，其言说不仅较其他派别的言说显出相对的全面，也较苏汶的论辩，视野更开阔一些。所以，我时不时会假设：倘若之后我们的文艺主流不要说大体沿着胡秋原的主张，即便仅仅克服一些胡秋原指出的弊端，其发展肯定会健康得多。

应当指出，当时左翼文艺阵线予胡秋原、苏汶的释怀、谅解虽然限于些许言论、个别作家，但还是在总体上表现出一种尚属客观的姿态，一如鲁迅对“第三种人”的定性虽属过激，② 却也同时谈道：“左翼作家并不是从天上掉下来的神兵，或国外杀进来的仇敌，他不但要那同走几步的‘同路人’，还要招致那站在路旁看看的看客也一同前进。”③ 此后左翼文艺阵线对待与胡、苏那场争论所持的态度，基本是当时情形的还原式叙述，并没有再作进一步的是非评判，如 1939 年李何林编著的《近二十年中国文艺思潮论》就是这般。该书于前曾肯定胡秋原（冰禅）的《革命文学问题》一文是“对当时好描写‘自己所不熟悉的’内容的‘革命文学’作家们一个很好的进言”，在谈到 1932 年的这场文艺自由论争时，也至多有“首先给‘自由人’和‘第三种人’的文艺理论以严正的光辉的批判的，是易嘉的《文艺的自由和文学家

① 参见钱理群等：《中国现代文学三十年》，修订本，北京：北京大学出版社 1998 年版，第 395 ~ 396 页。

② 尹康庄：《胡秋原与苏汶在 1932》，《广州大学学报》2009 年第 8 卷第 3 期。

③ 《鲁迅全集》，第 4 卷，北京：人民文学出版社 1982 年版，第 439 页。

的不自由》的一篇文章"① 之类略带倾向性的文字。

变异发生在中华人民共和国建立之后。从 20 世纪 50 年代初到 70 年代末，所有的文学史著述不仅都在一概肯定左翼文艺的前提下，对胡、苏采取了一边倒的否定，而且是把当初的文艺争论升格成了完全的政治批判，胡、苏两人也终被定性为"反动文人"、"御用文人"。这有白纸黑字的文学史为证。

新中国成立后标志中国现代文学学科之建立的王瑶的《中国新文学史稿》（最早由开明书店 1951 年出版），在上册第六章的"思想斗争"一节，不仅把新月派、胡秋原和苏汶、林语堂等与"民族主义文艺运动"同类，而且在谈及胡、苏时先援引了左联执行委员会 1931 年 11 月一个决议中的话定基调——"在敌人的文艺领域，不仅只注意到民族主义文学和新月派就够了，还必须注意到其他各种各样的反动的现象和集团，也必须注意到那在各种遮掩下——'左'或灰色遮掩下的反动性和阴谋性。"判语则是："历史证明了胡秋原、苏汶之流是并没有改正自己的错误，反而一天天与人民为敌的。"②

如果说这一判语还相对温和，那么到了 20 世纪 50 年代中期出版的一部文学史，则在引用列宁要"揭露"资产阶级文艺自由的"伪善"、"撕破"其"假招牌"的话后，指明"一九三二年展开的'关于文艺创作自由的'论争，在性质上就是这样的一次斗争"，判语亦"升格"为胡、苏是"扯着'创作自由'的纸旗，来诋毁和反对无产阶级革命文学"。③

再到 70 年代末由唐弢主编，被公认代表、汇集了当时研究最高成

① 李何林：《近二十年中国文艺思潮论》，西安：陕西人民出版社 1981 年版，第 225、312 页。

② 王瑶：《中国新文学史稿》，上册，上海：新文艺出版社 1954 年版，第 161 ~ 166 页。

③ 刘绶松：《中国新文学史初稿》，上卷，北京：人民文学出版社 1983 年版，第 232 ~ 234 页。

就的《中国现代文学史》，在“对‘自由人’、‘第三种人’的批判”一节中，著述不仅同样援引了左联决议里的那段话，而且于前写道：“无产阶级革命文学运动的发展，它在几次文艺论战中的接连胜利，以及马克思主义文艺理论的深入传播，使革命文学的反对派改变策略，由公开的反对攻讦转为隐蔽的也是更为阴险的破坏。”具体的针对性批判言语有：胡秋原、苏汶或利用曾翻译过马克思主义文艺理论著述或利用貌似马克思主义的观点“来遮掩自己对于无产阶级革命文学运动的不满和破坏。所以，由此引起的斗争，比前几次要隐蔽和复杂得多”；“胡秋原、苏汶之流反动文人”“都以实际行动证实其反对文艺为政治服务的论调，不过是用来粉饰自己替反动政治服务的一种手法而已”；“这些都是文艺战线上资产阶级和无产阶级两条路线的斗争”，而“两条路线斗争的实质，正是无产阶级和资产阶级争夺对文艺运动的领导权的斗争，正是决定文艺运动的发展方向的斗争”。① 于此前后编撰、出版的数十上百部现代文学史，对胡、苏的评判，均与这部文学史相伯仲。

如果说以上著述还有受制于时代政治语境的一面，那么请看一部1993年出版的也就是我们国家早已经过新的思想解放运动、进入改革开放新时期后的文学史著述。这部文学史照样先援引那段左联决议里的话为前提，然后写道：“‘新月派’和‘民族主义文学’失败后，果然出现了自称‘自由人’的胡秋原和自称‘第三种人’的苏汶（杜衡）一类人物。他们都有过‘左’的色彩，有的‘拥护’过马克思主义文艺理论，有的曾是‘左联’成员。但是，在新的斗争形势下，他们已成为无产阶级文艺的批判者和反对者”。胡秋原的言说“表面上是批判‘民族主义文学’和国民党改组派文人的‘民主文艺’，实际上主要是

① 唐弢：《中国现代文学史》，二，北京：人民文学出版社 1979 年版，第33、40、42页。

针对无产阶级文艺而发的”。①

更令人瞠目的还有一部2002年出版的《中国20世纪文学理论批评史》。这部理应展现新世纪进一步突破思想禁忌，学术研究愈显科学、客观面貌的著述，却依然不脱窠臼，依然在“文艺观的批判”的小标题下写出这样的评断：

> “自由人”与“第三种人”出现于30年代初期。其时，中国文坛已明显呈现国民党右翼文艺与无产阶级左翼文艺两军对峙的局面——正是在这种文坛背景下，以上海《现代》杂志为阵地的某些“自由文人”、非党派作家如胡秋原、苏汶（杜衡）等人，亮出超越于“党治文艺”与阶级文艺以外的“自由人”、“第三种人”的文艺主张——“自由人”、“第三种人”的文艺观，实质上体现出某些小资产阶级作家的超阶级文艺立场，它与无产阶级文学理论所张扬的阶级论观点是相悖的。②

以上列举的文学史、批评史，编撰者们或是学科的奠基人或为学力深厚的老一代专家，抑或起码都是目前业内数得着的知名教授，他们的观点或书写虽说不能涵盖该学科研究的全部，却代表了某种现象和学术倾向，从而给予我们以某些启示与思考：

其一，对胡秋原言说的评价、定性，不啻为对其个人是否公正，相当程度上也折射、浓缩了一条（股）随着时代变迁却非但未能得到些许修正，相反日益趋“左”的思想政治路线和文艺主潮的历史行进轨迹。

其二，让我们看到了在中国一种惯性思维的强大，独立思想的虚

① 郭志刚等：《中国现代文学史》，上册，北京：高等教育出版社1993年版，第278页。

② 黄曼君：《中国20世纪文学理论批评史》，上册，北京：中国文联出版社2002年版，第301、302页。

妄。即使那些所谓引领着学科研究方向和占取着至高话语权的专家、大家们，也同样难逃劫数。

其三，那部2002年面世的批评史还让我们深思一种怠于回归历史本身、止于人云亦云且具有普遍性的浮躁治学心态与方式，因为编撰者们已处在信息交流高度发达、畅通，学术环境空前宽松的新世纪，对于他们来说，肯定不再存在看不到原始文献、资料和惮于依此做出客观、公允评说的可能。

胡秋原对马克思主义的研究

□ 姜新立

一、前　　言

今天是中国当代民族主义思想家，也是著名学者胡秋原先生诞辰一百周年纪念日，武汉大学哲学学院为这位杰出校友举办纪念性的学术研讨会，自然意义重大。

我是胡先生的授业门生之一，我早期研究哲学，以后步入马克思主义哲学与理论研究，也是深受胡先生的启迪、影响与指导。我今天在武汉大学哲学学院为其举办的学术思想纪念研讨会上发表论文，既感荣幸，也觉得惭愧。荣幸的是我回到胡先生的母校，向全校师生谈谈他们的杰出校友在学术与思想研究上的成就，尤其是对马克思主义研究的成就，如果说匈牙利有个卢卡奇，可以在全世界的马克思主义理论上自傲；我则要说，中国有个胡秋原，也可以在全世界的马克思主义知识理论研究场域上自傲。惭愧的是胡先生对马克思主义知识理论研究长达70年，著作浩如烟海，我真不知从何写起，只有勉力而为，呈现在诸位面前的这篇论文，尚祈批评指正。

胡秋原先生学贯中西，1930年代即有文名，是著名历史学家，也是名政论家，季羡林先生在为《中华心》一书题词中指出："胡秋原先生是我最敬佩的中国学者之一。"这种美誉确是实至名归，原因在于胡氏秉持人格、民族、学问三大尊严为人、处世、为学。如果检视他的著作年表及著作种类和字数分量，以及在学术思想上所产生的影响，前述的称誉当不为过。

胡先生的学贯中西主要是为中国问题之解决寻找出路，因此学问研究遍盖文学、艺术、哲学、史学、政治、经济、社会、文化，乃至科学领域，他由学自然科学而人人文社会科学，此可由后来他出版三巨册《西方文化危机与二十世纪思潮》学术著作为证。社会科学研究一如西方许多著名学者，如波柏（K. Popper）、孔恩（T. Kohn），路途一样，方向各异，但均成就非凡。尤其是波柏与胡秋原两人，形成有趣的对比，两人都对马克思主义有深厚的研究，但对马克思的敬重，我认为胡秋原多于波柏。

胡秋原是在中国现代思想史上具有独特风格并占有相当地位的思想家。然如大陆学者李敏生所指出："在大陆，对胡秋原学术思想的研究还是初步的，有许多方面尚未深入开展。我希望本着百家争鸣和求同存异的精神，联络更多的学者，进一步开展胡秋原学术思想研究。这对大陆学者和青年一代了解认识胡秋原的人生道路、思想发展及中国现代思想史都是有益的。"① 我完全同意李先生的看法，我提交这篇论文也是本着百家争鸣、求同存异的精神，聚合两岸学者，对进一步开展胡秋原学术思想研究作知识支持的。

二、对马克思主义研究的知识历程

胡秋原生于 1910 年，正是中国历经大患难的时代。他自己说，他们这一代的知识分子生下来便承担了一种无法推却的责任，那便是努力负担民族的复兴。为此他一生的工作，都在思考、探索中华民族的出路。加上胡氏中学、大学时代正是国共合作与分裂时代，左派思潮兴旺，胡氏受俄国马克思主义之父普列汉诺夫思想的影响，开始接触马克

① 李敏生：《胡秋原学术思想研究》，北京：社会科学文献出版社 1996 年版，第 11、12 页。

思主义。

根据胡氏在其《少作收残集》中所述，他中学时代便接触了“唯物史观”，但因年少，“自然当时之所知，极其粗浅”。① 到了1925年胡氏考入武汉大学前身武昌大学化学系不久转入中国文学系后，由于对文学艺术的兴趣，知道有“俄国马克思主义之父”之称的普列汉诺夫是以马克思主义讲文学艺术的第一人，但胡氏自称当年“因为一般马克思主义教（素）养之水平的低落……钻研依然没有什么结果而终”。② 1929年胡氏东渡日本入早稻田大学政治经济学部学习社会科学，开始对普列汉诺夫作系统研究，同时涉猎马克思主义，并于次年写成《唯物史观艺术论》寄回上海《读书杂志》发表。因此胡秋原说：“我的马克思主义研究是由普列汉诺夫来的”，“（但）我主张自由主义的马克思主义”。③ 这是胡氏研究马克思主义第一阶段。

1930年代胡氏由日本回到中国后开始进入对马克思主义研究的第二阶段。此时国内正处于北伐中，共产国际认为中国是“封建社会”，中共内部也对中国社会性质发生争论，如彭述之《中国革命中根本问题》一文代表陈独秀的主张，瞿秋白《中国革命中之争论问题》重述第三国际看法，代表斯大林主义。而武汉政府崩溃后，国民党人顾孟余出来批评第三国际封建社会论，于是发生“中国社会史论战”。为了加入这场理论知识大论战，胡秋原进一步研究了马克思的“唯物史观”。胡氏在这场论战中不但使用马克思主义语言，而且修正了马克思历史公式，他在当时上海滩有“马克思主义神童”之称。

胡秋原对马克思主义的研究第三阶段是1950年代来台湾之后，此时正是国民党当局由于国共内战失败退守台湾之际。由于此一时代背景，胡氏将马克思主义的研究放在区分马克思主义（Marxism）与马列

---

① 胡秋原：《少作收残集》，台北：自由世界出版社1959年版，第47页。

② 胡秋原：《少作收残集》，台北：自由世界出版社1959年版，第48页。

③ 胡秋原：《七十年来的见闻与思想（上）》，《中华杂志》第24卷第6期，第42页。

主义（Marxism-Leninism）上。胡氏认为马克思主义不同于列宁主义，反对“阶段斗争”，在区别研究中对“共产主义”（Communism）提出自己的看法。此后几十年内胡秋原在台湾对马克思主义研究未曾间断，不但成为知识理论上对“共产主义”之最大研究者之一，而且在其创办的《中华杂志》上常有新作发表。

1980年代胡秋原进入人生七十阶段，思想更加成熟，对马克思主义研究进入超越与总评价阶段，直到20世纪结束，这可以看作他对马克思主义研究的第四阶段，或者最后阶段。此时“老年胡秋原”有兴趣于“青年马克思”，并对马克思主义做出总观察与新评价，此可由其所著《马克思死后百年之社会主义与马克思主义》一文得知。

胡秋原终其一生，对马克思主义的研究前后长逾70年，大略可分如前述四大阶段，光是有关马克思主义研究的专题所出版发表者也有上百万字，实在不胜枚举，此处只能罗列最具代表性者如后以供参考：

《马克思之生平与思想》（1967）

《马克思之唯物史观及其批评》（1967）

《马克思之〈资本论〉》（1967）

《自我割让与当代思想》（1973）

《论马克思〈一八四四年经济学哲学手稿〉》（1979）

《马列主义之将来》（1982）

《马克思死后百年之社会主义与马克思主义》（1983）

《论马克思主义与中国问题》（上、中、下）（1987）

三、关于“马克思”的研究

胡秋原青年时期受国民党人朱执信所说“求学应如马克思，做人应学尼采”两句话的影响而对马克思有崇敬之意，而且在1932年所撰《马克思主义所见的歌德》中便把马克思与歌德（Goethe）并列为“二巨人”。

由崇敬而有研究是自然之事。胡氏对马克思个人的研究详见其所著《马克思之生平与思想》一文中。他说马克思曾入波恩、柏林大学修习法学、历史与哲学，1841 年在耶拿大学取得博士学位，博士论文题为《德谟克利图与伊壁鸠鲁自然哲学之差异》，到此时马克思是黑格尔派。但不久在黑格尔左派运动下，马克思又变为费尔巴哈信徒，主张无神论及言论自由。1843 年与珍妮（Jenny von Westphalen）结婚后前往巴黎，受社会主义运动影响成为社会主义者，此时结识海涅（H. Heinen），并与恩格斯成为终生战友。以上胡氏所述与默林（F. Mehring）所著《马克思传》相同。

胡氏对马克思的主要著作如《神圣家族》、《德意志意识形态》、《哲学之贫困》、《共产党宣言》、《政治经济学批判》、《资本论》、《剩余价值学说史》、《哥达纲领批判》、《法兰西阶级斗争》等全部阅读过，对其人及其学说作如此评价：

> 在社会主义运动的历史上，马克思无疑是影响最大之人。不论他的思想之正确与错误，他的博学深思，人格，决不庸俗，反对势利，是无可否认的。①

他还引用英国寇克普（Kirkup）的话说：

> 马克思之采取革命事业决非其过。……在欧洲反动之前，马克思从不妥协。在历史上，很少有人如此不管反对如何有力，环境如何艰难，自行其直道的。舆论不能动其心，情绪和感伤在其坚强个性中没有地位。他毫不挠屈地服务于他认为是真理和人类最大利益者……他的诚实，勇气，弃绝荣利，在长期贫困与诽谤中献身于其

① 胡秋原：《西方文化危机与二十世纪思潮》，台北：学术出版社 1981 年版，第 1032 页。

伟大工作，是英雄的。……他鄙责专制与不学，在四十年流亡中为无产者作学术研究。他兼博学、哲学敏锐与文学才能于一身，在十九世纪思想家中不逊于任何一人。①

以上胡氏对马克思个人的评论是中肯的，与西方研究马克思的有关著作所作评论大体相符，绝未流于政治批判与谩骂。

对于马克思的学说与事业，胡氏用下列两段话总结：

根本否定现代西方社会和文化；既认经济是社会基础，也便由经济方面对这社会做根本攻击。②

他命定的与两个运动有关：一是国际工人运动。二是德国社会民主党运动。③

胡氏对马克思及其思想理论的研究持续直至胡氏晚年。请看他晚年如此说："在讨论有关马克思的时候，第一要辨别真马克思与伪马克思。其次，就真马克思思想中来判断何者是活的，何者是死的。即在真马克思思想中，也有早期、中期、晚期之不同。在其早期，他是一个激进的民主派。在其中期和晚期，他是社会主义者。但关于实现社会主义的方法，见解不同。在中期，他赞成暴力革命。……但是1872年的国际工人的海牙大会上，他说到'不能否认，有些国家……工人可以和平方法达到目的……'。"④

---

① 胡秋原：《西方文化危机与二十世纪思潮》，台北：学术出版社1981年版，第1032页。

② 胡秋原：《西方文化危机与二十世纪思潮》，台北：学术出版社1981年版，第1032页。

③ 胡秋原：《西方文化危机与二十世纪思潮》，台北：学术出版社1981年版，第1033页。

④ 胡秋原：《西方文化危机与二十世纪思潮》，台北：学术出版社1981年版，第1033页。

以上说法既简洁又深刻，绝非泛泛评论。

四、对“唯物史观”的研究

胡秋原在《关于拙编〈唯物史观艺术论〉及其它》编校后记中说：“在中学念书时，我接触了唯物史观的理论——自然当时之所知，极其粗浅。”① 可见胡秋原对马克思主义的研究，先接触到的是马克思的“唯物史观”，而且是经过“俄国马克思主义之父”普列汉诺夫《史的一元论》而切入，以后并研读马克思《德意志意识形态》及马、恩其他经典著作而更加理解。胡氏在其《东方社会论源流》中有一节如此论述：“他（马克思）在青年时代著作《德意志意识形态》之草稿中，有所谓‘蒙古人时代’，这自然是受黑格尔影响。”以后“在1848年的《共产主义者宣言》中谈到资本主义历史时，还显然有黑格尔的痕迹，但没有什么亚洲社会”。② 但在翌年的《工钱（资）劳动与资本》中胡氏发现马克思谈到古代社会，封建社会，有产者社会（资本主义社会），都不过是生产关系的结果。而每一社会在人类史上皆为一重要阶段。然后胡氏又说马克思在1859年《政治经济学批判导言》所谓“‘大体言之，亚细亚的，古代的，封建的，现代的市民的生产方式，可列为社会之经济组织之进行的阶段’……这就是后来被称为‘唯物史观公式’的东西”。③

关于“亚细亚生产方式”（Asiatic Mode of Production）到底是什么？胡氏认为这是马克思对其早期研究中所谓“蒙古人时代”的“回响”。但胡氏接着指出，马克思心目中的“亚细亚生产方式”，“便是以农村公社为基础，没有私人土地主，而以国家做地主，通过灌溉事业发挥专制权力的制度”。可以这么说，早在胡氏参加1931—1933年的

① 胡秋原：《少作收残集》，台北：自由世界出版社1959年版，第47页。
② 胡秋原：《东方社会论源流》，《中华杂志》第4卷第7期，第18页。
③ 胡秋原：《东方社会论源流》，《中华杂志》第4卷第7期，第18页。

“中国社会史论战”时，他对“唯物史观”的研究，尤其是以此史观看中国历史社会，便有了自己独特的见解，亦可由此洞察胡氏对“唯物史观”研究之深入。

然而马克思历史公式中四种社会形态是平行发展的呢？还是单线发展的呢？这是一大“困惑”，曾经困惑许多中外学者。胡秋原在1933年左右便在日文版的《马克思恩格斯全集》中发现马克思给一个工人的信，明确答复是“连续的前进的阶段”；而胡氏在恩格斯《反杜林论》中也发现“只在农村公社崩溃之处，人民方以自身力量发展前进，最先的经济进步在于利用奴隶劳动”。并在马克思《资本论》第三卷说到英国侵略时，在印度与中国有“生产方式之广大基础，是由小农和家庭工业之统一所形成的，在印度加上基于共有财产的农村公社之模式，而此亦是中国之原始方式”。按照前述马、恩的说法，胡氏指出，“所以在马克思心目中，在鸦片战争之时，中国不过是一原始共产社会或末期，还不够一个奴隶社会，更不要说封建社会了”。① 就是因为马克思的历史公式有问题，胡秋原早在1930年代“中国社会史论战”时就修改了马克思历史公式，指出中国社会发展在马克思历史公式中应修改成“原始社会——氏族社会——封建社会——专制主义社会”。②

随着对“唯物史观”研究愈深入，胡氏发现马克思自己也在修正自己创立的“历史公式”。胡氏说，在1867年由马克思亲自出版的《资本论》第一卷中说到水利之控制时，马克思已将“埃及、荷兰等”相提并论，并指出水利灌溉并非东方社会所独有。其次，胡氏还在研究中指出，马克思后来也发现氏族公有制在西欧也存在。胡氏还称，尤其是1873年后马、恩研究俄国，日益了解“农村公社”并非东方或俄国所独有，是一切印欧民族都有的。等到1877年美国人类学家穆尔干（L. H. Morgan）《古代社会》一书出版并经恩格斯阅读后，恩格斯才恍

① 胡秋原：《东方社会论源流》，《中华杂志》第4卷第7期，第18页。
② 胡秋原：《东方社会论源流》，《中华杂志》第4卷第7期，第23页。

然大悟“农村公社”乃“氏族社会”。

至此，胡氏认为马克思历史公式有如下变迁：“（一）马、恩由于黑格尔影响，有一‘蒙古人时代’。（二）继而取消。（三）后来读了琼斯和柏涅，知道农村公社，再有亚细亚生产方式。（四）继知农村公社是世界性的，尤其是读了穆尔干之书，便将亚细亚生产方式废弃了。”①

虽然胡氏发现马克思的历史公式有经过马、恩的自我修正部分，但其理论构造他认为包含了许多深刻观察，此即马克思提出的“社会构造分析法”，强调“下层建筑”（经济）之主要性，以及“生产力”与“生产关系”之矛盾为历史变因，提出社会发展必然论，指出人类实践系依照历史法则以改变历史与环境。胡氏认为这是“马克思主义最精彩处”，“其社会学及其方法（社会构造分析法），也许是最有学术价值的”。② 然而胡氏也不认为马克思历史公式无可驳斥。其一，唯物史观之“物”（Matter）究竟是指“生产力”（Force of Production）还是“生产关系”（Relation of Production）？胡氏认为马克思未说明白。其二，无论是封建社会、资本主义社会，胡氏认为都不是仅由生产力或生产关系形成的，而是由种种先行状态、政治与思想，以及外部关系种种合力所形成的。其三，胡氏认为马克思将社会史和西方历史混为一谈。其四，胡氏认为马克思将政治支配与经济阶级关系完全并为一谈。如此驳斥马克思的历史公式，并非否定它，胡氏仍然欣赏马克思的知识真诚与理论谦虚，胡氏看到1881年马克思给查苏莉奇（Vera Zasulich）（俄国女革命家）的信，其中谈到马克思所谓“资本主义制度之历史之必然性只限于西欧国家”，以及1870年马克思答复米海洛夫斯基（N. K. Mikhailovsky）（俄国社会学家）信中所称自己根本无意将其“唯物史观”当成“普遍的历史哲学”看待。至此，胡秋原对“唯物

① 胡秋原：《东方社会论源流》，《中华杂志》第4卷第7期，第19页。

② 胡秋原：《西方文化危机与二十世纪思潮》，台北：学术出版社1981年版，第1037页。

史观”之研究与批评，算是由晚年马克思的书信中找到马克思对其唯物史观之最后意见，由此可见胡氏对“唯物史观”的研究是非常深入与谨慎的。

由上所述，胡氏对于马克思的唯物史观确曾作深入研究。关于马克思1859年《政治经济学批判导言》，胡氏早在70年前便已译出发表在其所著《唯物史观艺术论》第四章附注中。以后在参加“中国社会史论战”中并修正了马克思历史公式，其研究直至晚年仍努力不懈，我认为他是台湾，乃至全中国最知马克思历史公式者。请看他晚年如何评价马克思的“唯物史观”：

（一）“马克思的哲学（辩证唯物论）不足取，然其社会学及其方法，即唯物史观，也许是最有学术价值的。”“这便是因为他是对社会和历史作构造及构造关系之分析之第一人。”“他的学说可以批评，但由关系、构造考察对象的开创之功不可没。”①

（二）“唯物史观的基本观念是说经济因素在社会中，特别是在现代社会中具有终极性的决定作用。经济因素之重要性是无人能否认的；但马克思不免夸张，尤其是被许多浅薄的马克思主义者所过分之夸张为经济直接决定一切论。”② 这项批评也是中肯而实在的。胡氏认为不可将马克思的“唯物史观”解释甚至简约化为“经济决定论”，那是不符合马克思原意的，胡氏的批评意见与当代西方研究马克思的唯物史观学者的意见是相符的。

（三）“马克思的唯物史观之基本观念本身中，有概念不清因而有自相矛盾之处。他所说社会之经济指生产关系—生产过程中人的关系。他又说这关系是适应物质生产力的发展阶段的。然则唯物史观之

① 胡秋原：《西方文化危机与二十世纪思潮》，台北：学术出版社1981年版，第1037页。

② 胡秋原：《西方文化危机与二十世纪思潮》，台北：学术出版社1981年版，第1037页。

'物'究竟是指生产力，还是生产关系？还是兼指二者而言？唯物史观究竟是生产力史观还是生产关系史观？如为前者，则唯物史观是技术史观，如为后者，则是经济史观或者制度史观。"① 虽然胡氏认为马克思的唯物史观有其本身概念不清处，这也是当代西方学者经常辩论与解释之处，但胡氏肯定地说："唯物史观最精巧动人之处，在用辩证法，以生产力与生产关系之矛盾说社会之变革，说资本主义之矛盾，以及由此论资本主义转化为社会主义之必然性。"② 而我认为胡氏的下面这句话是对马克思的历史唯物论最精深的理解："马克思主义之所以为'科学社会主义'，在于他指出社会主义之实现有其必要与可能的条件。即一社会形态，当在其中生产力还有发展余地以前不会灭亡，必须生产力之发展已到与其生产关系绝不兼容之点才能有社会革命。"③ 这是告知后人马克思所谓的"社会革命"与工业文明内在矛盾有必然因果关系。

五、对"普列汉诺夫"的研究

胡氏接触马克思主义原初是由研究俄国马克思主义之父——普列汉诺夫的《唯物史观艺术论》而入手的。

胡秋原在《〈唯物史观艺术论——普列汉诺夫及其艺术理论之研究〉前记》中指称普列汉诺夫是"俄国无产阶级运动之父，社会民主党的建立者与布尔什维克最大领袖之一"，也是"使俄国社会运动从民粹派活动及恐怖主义走进战斗的马克思主义时代者"，而且"俄

① 胡秋原：《西方文化危机与二十世纪思潮》，台北：学术出版社 1981 年版，第 1040 页。

② 胡秋原：《西方文化危机与二十世纪思潮》，台北：学术出版社 1981 年版，第 1040 页。

③ 胡秋原：《西方文化危机与二十世纪思潮》，台北：学术出版社 1981 年版，第 1042 页。

国的一群马克思主义者以及列宁等革命领袖，都是在他著作之下，锻炼他们的哲学理论的"，"他与恩格斯、考茨基、倍倍尔等一时为第二国际元勋……晚年遂与列宁等分袂，变而为孟塞维克的指导者"。①凡此这些都是客观中肯之言。胡氏还在文中引述米尔斯基（D. S. Mirsky）的话："虽然这俄国马克思主义的总代表（指普列汉诺夫）、预言者与硕学，在大战中变为爱国社会主义派的领袖，共产党员仍尊其为仅亚于马克思、恩格斯的一个先生。"② 并对普氏再作诠释："他的哲学与文学之理论遗产，对于马克思主义深化发挥的杰作，真是世界科学社会主义文献之最高峰，列宁氏亦赞颂不止；尤其是在世界最初马克思主义艺术理论之建设上，更放不朽的光辉，谓现在唯物史观艺术论的研究者莫不是多受他的指示而尚无能出其右者，亦非过言。"③ 胡氏对这位俄国马克思主义之父的推崇可由上述得知，但也不是完全没有批评，请看他怎么说："自然，虽然普氏严正的方法，优秀的结果是毫无可疑的余地，不过他对于艺术理论的著作不能不说是只带一个 Sketch 的草案性质，一般公理性质，没有完成一个完全的体系"，④ 但无论如何，"他是马克思主义美学之创始者"。就是因为如此，胡氏深下工夫研究普列汉诺夫，然而因未能赴俄，于是只好到日本去研究。到了1929年末，胡氏不但在日本搜集了相当多有关普列汉诺夫的研究材料，而且还精读了普氏的《马克思主义基本问题》（*The Fundamental Problems of Marxism*）。对于普列汉诺夫的研究，

① 胡秋原：《唯物史观艺术论·前记》，《民国丛书·第二编》，上海：上海书店1989年版，第2、3页。

② 胡秋原：《唯物史观艺术论·前记》，《民国丛书·第二编》，上海：上海书店1989年版，第3页。

③ 胡秋原：《唯物史观艺术论·前记》，《民国丛书·第二编》，上海：上海书店1989年版，第4页。

④ 胡秋原：《唯物史观艺术论·前记》，《民国丛书·第二编》，上海：上海书店1989年版，第7页。

胡氏为中国最早之一人。

六、关于马克思的《资本论》

胡氏对马克思主义的研究在知识面上可以说是全面的。《资本论》这本两千多页之“红色圣经”并非所有的马克思主义者或共产主义者都读过，相反，只有一些人读过，读懂者更是少数，而胡氏便是其中之一。

请看他在《马克思之〈资本论〉》一文中怎么说：“《资本论》(共有) 四卷。但只有第一卷是马克思亲自出版的，而也是可以独立的。……四大卷《资本论》所说的是资本主义的解剖，同时也是社会主义之根据，证明前者必定转化为后者。而中心问题是剩余价值。”①

“生产剩余价值的方法有二：一为延长劳动时间，是曰绝对剩余价值生产。二为增加劳动强度，是曰相对剩余价值生产。”②

“马克思又将从来所谓固定资本与流通资本改称为‘不变资本’与‘可变资本’。……资本不仅生产剩余价值而已，还因生产剩余价值之资本化而扩大。于是资本藉再生产过程易增殖剩余价值。而资本主义之矛盾与危机也就因此发生。一是生产无政府。新式机器可节约劳力，将剩余工人抛出街头，只在生产时雇人。他称此为产业后备军。而另一方面，大众日益贫困，市场缩小，商品没有锁（销）路。于是造成恐慌。如此循环不已，资本主义终将趋于破坏，趋于胀死。”③ 这是马克思对于资本主义之构造分析的基本逻辑，验之于我

① 胡秋原：《西方文化危机与二十世纪思潮》，台北：学术出版社 1981 年版，第 1051 ~ 1053 页。

② 胡秋原：《西方文化危机与二十世纪思潮》，台北：学术出版社 1981 年版，第 1054 页。

③ 胡秋原：《西方文化危机与二十世纪思潮》，台北：学术出版社 1981 年版，第 1054 页。

听台大“资本论讲座”林一新教授的《资本论专题研究》一课，胡氏所述可以说很贴切地把握住了马克思论资本之生产过程逻辑。

然而马克思的《资本论》对不对呢？胡氏引英国柯尔（G. D. H. Cole）在1957年英文新译《资本论》第一卷导言中所说“劳动价值说是古典派的，即令不能维持，并无碍于剩余价值说之成立”用以驳斥一般人对马克思《资本论》的批评，并补充如下：“他（马克思）的剩余价值说不是说某一资本家剥削某一劳动者，而是一个资本家阶级剥削一个工人阶级的剩余价值。这便使马克思之《资本论》难于用通常方法攻击云。再者，马克思并不否认脑力劳动的地位，也没有否认价值之社会性。由此下攻击也是不济事的。”① 胡氏还说，今日西方站在资本主义立场攻击马克思《资本论》的学者多矣，但他认为都是站在“防御地位”，是故，“奥大（地）利派（如Bohm-Bawerk）不成攻击，凯因斯不是攻击，米色斯也不能作真正的攻击”。② 这些观点与熟知马克思《资本论》的经济学者们的看法，如Oskar Lange，Wassily Leontief，Ernest Mandel等可谓雷同。总之，胡氏称，“马克思之说纵使夸张，亦有其颠扑不破之处”。③ 难道马克思的《资本论》毫无批评之处？胡氏认为下面一点可以提出研究性的批评：谈“劳动”，必然通过社会才能产生财富。劳动没有原料、工具、机械就不能产生财富，而原料工具、机器是马克思所谓“不变资本”。而工具、机器又是智力、文化传统之产物。此外还要将劳力、资本、智力组织起来才能进行生产。此外还要政治、法律、军事、教育来维持社会的安全与安定和持续。“价值”是“劳力”、“财力”、

① 胡秋原：《西方文化危机与二十世纪思潮》，台北：学术出版社1981年版，第1055页。

② 胡秋原：《西方文化危机与二十世纪思潮》，台北：学术出版社1981年版，第1055页。

③ 胡秋原：《西方文化危机与二十世纪思潮》，台北：学术出版社1981年版，第1056页。

“智力”在社会中共同创造的。我不认为这是胡氏对马克思《资本论》的“批评”，而应看作是“补充”。

七、区分“马克思主义”与“马列主义”

胡氏在多年研究中得出如下认识：“马克思主义”不等于“马列主义”。他在《马列主义之将来》一文中说：“马克思生时已有马克思主义之名。列宁生时没有列宁主义这个名词，他只能说他是真正的革命的马克思主义者。列宁死后，斯大林才在‘马克思—列宁主义’之间加一连字符，变为一个复合名词。第一个马列主义者就是斯大林。”① 这和写《马克思主义主流》（*Main Currents of Marxism*）三大卷名著的科拉可夫斯基（L. Kolakowski）及梅耶（A. Meyer）著的《共产主义》（*Communism*）乃至著名马克思主义研究家郑学稼的如何区别马克思主义与马列主义观点都是一样的。

胡氏不但认为“马克思主义”不等于“马列主义”，也不认为“马克思主义”可等于“列宁主义”。到底马克思主义与列宁主义有何不同？胡氏引考茨基批评列宁一党专政为马克思主义中所无，巴黎公社不是一党专政，并引普列汉诺夫批评列宁是“布朗契主义者”（Blanquist）以说明何以“马克思主义”不等于“列宁主义”。但胡氏也说“列宁之机智、勇敢、坚决是无疑的，本人亦无世俗之享受虚荣……（但）他的基本思想是认为组织革命职业家，使用暴力、策略，即可夺取政权。（而）马克思认为革命主力是生产力，他（列宁）则认为是暴力”。② 这便是马克思主义与列宁主义之不同。

季诺维也夫说列宁主义是“俄国的马克思主义”，斯大林说列宁

① 胡秋原：《西方文化危机与二十世纪思潮》，台北：学术出版社 1981 年版，第 1058 页。

② 胡秋原：《西方文化危机与二十世纪思潮》，台北：学术出版社 1981 年版，第 1063 页。

主义是“帝国主义与无产阶级革命时代的马克思主义”，胡氏则说“列宁主义”是“马克思主义与虚无主义的混合物”。①

到底马克思主义与马列主义有无关系？胡氏用“马克思主义之分化”告诉我们答案：

马克思主义之分化——→1. 修正主义
2. 正统主义
3. 马列主义
4. 青年马克思或人文马克思（主义）
5. 与其他学派之结合

而马列共产主义也有分化，胡氏说：

马列共产主义之分化——→1. 苏俄共产主义—毛泽东的共产主义
2. 东欧共产主义
3. （西）欧共产主义

八、关于“青年马克思”的研究

胡秋原认为有三个马克思，第一个便是“青年马克思”。对于“青年马克思”的研究，胡氏在台湾也算是最早进行介绍与研究的学者之一。“青年马克思”系西方学界因马克思的《1844年经济学哲学手稿》（*Economic and Philosophic Manuscripts of* 1844）之发现，并由“手稿”集中讨论“劳动异化”问题而提出“青年马克思”之说法。胡氏在台

① 胡秋原：《西方文化危机与二十世纪思潮》，台北：学术出版社1981年版，第1064页。

湾作介绍时将 Alienation（异化）译为“自斥”或“自我割让”，并指出马克思的前述手稿在 1932 年发现，当时一般人尚不能感觉有何重大意义，等到第二次世界大战后，世界分为两大阵营，相互对抗，全世界陷入不安与恐怖中，人的生存、疏离、异化问题才被重视，自此马克思的“异化论”大受重视，于是“青年马克思”、“新马克思主义”也就成为时兴的论题与思潮。胡氏在《自我割让与思想》一文中曾对青年马克思的“异化论”作系统梳理：

> 黑格尔以精神之辩证的运动说世界之构成，精神在自己之发展中可以将自己变为对立的客体，此即“外化”。……黑格尔在此思维与存在之对立分离中，说到人类关系发生在主奴之分，也是人类自己意识同一性之外化。①
>
> 马克思受费尔巴哈的影响，在研究英国经济学后，在其“笔记”（即“手稿”）中讨论 entfremdung 的问题。并批评黑格尔说：“自己意识之外化，乃是人类现实的外化之表现，在知识与思考中之反应。”于是将外化问题“倒过头来”：“劳动造成人类，然劳动也造成人类之隶属关系。”劳动割让，才造成人类关系意识之割离。②
>
> 笔记（手稿）又说“如果劳动之产物不属于劳动者，而有某种离开之力和他对立，才造成劳动产物属于劳动者以外的人们之事实”。③
>
> 又说：“我们由经济学自然可以得出，外化的劳动的概念，乃

① 胡秋原：《西方文化危机与二十世纪思潮》，台北：学术出版社 1981 年版，第 1094 页。

② 胡秋原：《西方文化危机与二十世纪思潮》，台北：学术出版社 1981 年版，第 1094 页。

③ 胡秋原：《西方文化危机与二十世纪思潮》，台北：学术出版社 1981 年版，第 1095 页。

是私有财产所发生的结果。”①

胡氏进一步说：“如果黑格尔所用的意义是‘外化’，则马克思显然用于‘割让’、‘他属’、‘割离’之意义，即将自有者割为他有，尤其不可忘记马克思所批评的是私有财产制度。当我变为非我之时，在所有权上即是割让。割让，他属之另一面，即是‘剥夺’。”②

由此，胡氏认为马克思所说的“异化”（割让）是经济的，其中包括了三个方面：“一、劳动者与其劳动产物分离（外化）。二、与其生产活动分离。三、与其他人类与自然分离。”这三方面都包含人的权利之割让与剥夺。胡氏认为马克思“异化论”的巧妙处，“乃以此词之种种含义说资本主义之害恶：由劳动割让，占有他人财物起，到使人类割裂，互相斗争；到使人性割裂，变为神经病”。③ 如此，胡氏认为其“结论当然是推翻资本主义的私有财产制度，建立共产主义社会，那时人人属于自己，时间属于自己，‘各属所能、各取所需’，人才是真正自己而完整的真我。费尔巴哈求人性之复归于人类学，马克思则求之于共产主义”。④ 经胡氏上述的研究与诠释，显然马克思的思想理论是前后一贯的，至于青年马克思、中年马克思、老年马克思之区分不在于思想之差异，而在于完成共产主义之途径与手段策略之不同而已。一句话，由胡氏上述对马克思“异化论”的研究，吾人仍然可以得出马克思的初始动机与终极目的都是一个，那就是追寻人类的最后解放。

---

① 胡秋原：《西方文化危机与二十世纪思潮》，台北：学术出版社1981年版，第1095页。

② 胡秋原：《西方文化危机与二十世纪思潮》，台北：学术出版社1981年版，第1095页。

③ 胡秋原：《西方文化危机与二十世纪思潮》，台北：学术出版社1981年版，第1096页。

④ 胡秋原：《西方文化危机与二十世纪思潮》，台北：学术出版社1981年版，第1096页。

九、晚年对马克思主义的研究

胡秋原晚年研究马克思主义的力作有两篇，其一是《马克思死后百年之社会主义与马克思主义》长文，此文发表于1983年12月号的《中华杂志》；其二是《论马克思主义与中国问题》，发表于1987年《中华杂志》总284、290、291、293期中，这可以说是胡氏晚年对马克思主义研究的总结，从中可以看出作为学术界的大师级人物胡秋原其对马克思主义的研究如何圆融与睿智。

（一）马克思主义之特质

胡氏说要了解马克思主义须先了解19世纪西欧工业革命后的情势与思潮，那便是实证主义、历史主义与社会主义之兴起。其中的社会主义多为“空想社会主义”，多从基督教的道德观点或人道主义观点出发，只有马克思的社会主义由非道德观点出发，其是由“必然法则”观点出发，也就是恩格斯所谓的“科学的社会主义”。这个“科学的社会主义”由实证及辩证途径分析资本主义制度内的生产力与生产关系之矛盾，以及贫富两极化所产生的无产阶级如何对资产阶级进行“掘墓”，并由此彻底否定现代西方文明之经济基础。

（二）马克思主义的变异

胡氏指出，马克思死后，德国柏恩斯坦受费边社影响开始起来修正马克思主义，但第二国际的考茨基则维持马克思主义立场，号称正统派。第一次世界大战爆发后，第二国际出现主战派及反战派的大分裂，最后造成第二国际之崩溃。正统马克思主义消失后，列宁的“真正马克思主义”取而代之，此实即“列宁主义”。列宁将“无产阶级专政”变为“一党专政”，随后出现第三国际，及斯大林大权独揽后，“列宁主义”又转变成“马克思列宁主义”。“马列主义”在理论上讲“辩证唯物论”及“历史唯物论”，其实际知识内容是恩格斯的自然辩证法“三原则”及列宁的“反映论”。而斯大林的“历史唯物论”则将马克思的“亚细亚生产方式”解释成“东方封建社会论”。“马列主义”也讲革命策略，此即在资本主义先进国讲反帝及社会主义，在落后地区则讲反帝、反殖的民族解放战争。

第二国际崩溃后的欧洲马克思主义则锐变成“欧洲共产主义”。胡氏说此又有东欧西欧之别，又可称为“新马克思主义”，其代表性理论家有柯施（K. Korsch）、葛兰西（A. Gramsci）、卢卡奇（G. Lukacs）。在理论实践上又有南斯拉夫实践学派、波兰华沙学派及德国法兰克福学派，例如勒费威（Lefebvre）、阿图舍（Althusser）、沙特（Sartre）等，胡氏称他们是“杂马克思主义”。

1956 年莫斯科贬史运动与苏联出兵匈牙利后，马克思在西方又形成“新左派”，胡氏称他们共同的意识形态是马克思主义，但认为工人已不革命，革命要靠知识分子，即白领阶级取代蓝领阶级去搞革命，这批新左派在 1960 年代特别活跃。至于在美国，胡氏说有“准马克思派”，他们创办《社会学》、《月刊》等刊物，著名人物有史穆尔（Small）、韦布伦（Veblen）、胡克（S. Hook）、米尔兹（C. W. Mills）、史维济（P. M. Sweezy）。

胡氏进一步指出，欧洲的社会主义与马克思主义随全世界的欧化也进入各殖民地，此又有“第三世界的马克思主义”，其表现形态是将社会主义、共产主义与民族解放运动合流，其执政者多称自己是社会主义者。至于当年居于第三世界的中国，所实行的社会主义，胡氏称是由苏俄而来，是马列主义，而“毛泽东思想”则是“马列主义中国化”。

在《论马克思主义与中国问题》一文中，胡氏认为世界上对马克思学说及其演变论述最有系统者，当推波兰著名学者科拉可夫斯基所写的《马克思主义主流》，因此胡氏在晚年一面阅读前述著作，一面加上自己的认识，将马克思主义的变异作如下要点说明：

（1）社会主义：空想的与科学的，承认恩格斯在《空想的与科学的社会主义》小书中所说的以前的社会主义都是空想的，到了马克思的社会主义，才是科学的。

（2）马克思主义古典时代：第二国际时代，代表人物有柏恩斯坦、考茨基、卢森堡、阿德勒、鲍威尔、希尔费丁、瑞纳、拉布里奥拉、拉法格等，他们的著作成为马克思主义之古典。他们对帝国主义之分析，对民族问题、道德问题之重视，在理论知识上值得重视。

（3）马克思主义：苏俄的和欧洲的，有关苏俄的马克思主义有普列汉诺夫与列宁之不同，有斯大林主义与托洛斯基主义之不同，尤其是"列宁主义"与"马列主义"也是不同的。关于欧洲马克思主义，胡氏提到四个先驱，他们是柯施、葛兰西、卢卡奇、布洛赫。对于柯施，胡氏重视其《马克思主义与哲学》一书中所说的"马克思主义既非科学，亦非哲学，而只是代表无产阶级意识，对于资本主义的批评，（它是）一种行动原理"。① 对于葛兰西，胡氏肯定其"反对以经济决定论来解释马克思主义"② 的观点，也认为葛氏区别"文化霸权"与"政治独裁"是有意义的，"社会主义必须有超于天主教和自由主义的知性与道德的天地，无产阶级必须建立自己的文化领导权（霸权），而这仍有赖于知识分子之努力"。③ 对于卢卡奇，胡氏重视其《历史与阶级意识》一书中所载《论物化与无产阶级意识》一文。胡氏指出："卢卡奇由马克思在《资本论》中所说的商品拜物教，提出资本主义社会意识之'物化'理论，在资本主义社会，一切决于交换价值，人成为生产系统中的一个对象……而只有无产阶级了解自己是一对象之时，才能了解社会结构之全体，而也便发生自我觉悟，反抗这个社会之全体，而解放整

① 胡秋原：《论马克思主义与中国问题》，《中华杂志》第 25 卷第 3 期，第 46 页。

② 胡秋原：《论马克思主义与中国问题》，《中华杂志》第 25 卷第 3 期，第 46 页。

③ 胡秋原：《论马克思主义与中国问题》，《中华杂志》第 25 卷第 3 期，第 46 页。

个人类走出对象之奴役状态。"① 这是对马克思"异化论"的理论补充。

(4) 法兰克福学派：除了前述西方马克思主义四个大理论家外，胡氏在《论马克思主义与中国问题》一文中还说在两次世界大战之间还有一个学术集团将马克思主义知识传统继承下来，它就是"法兰克福学派"。胡氏说，法兰克福学派"同情无产阶级之'解放'，但保持独立立场"，② 重要理论家除霍开美（M. Horkheimer）外，尚有阿多诺（T. W. Adorno）、本耶明（W. Benjamin）、波洛克（F. Pollock）、波肯诺（F. Borkenau）、维特浮格（K. Wittforgel）、佛罗姆（E. Fromm）、马库色（H. Marcuse），以及第二代人物哈贝马斯（J. Habermas）、奥飞（C. Offe）、罗伦柴（A. Lorenzer）、施米德（C. Schmidt）。法兰克福学派之旗帜是"批评的社会理论"，此处的"批评"，胡氏认为就是"重建"与"否定"。

胡氏研究了法兰克福学派，有如下意见："它们由马克思承继关于资本主义之批评——阶级、剥削、剩余价值、贫困、恐慌等——但是它们与马克思有重大差异。它们认为马克思所说，是资本主义早期的批评，在资本主义晚期，生产力高度发展之后，马克思的生产力与生产关系冲突之说已不合事实，恰恰相反，现代生产力与技术之进步，已使生产关系合法化了。""再者，马克思以无产阶级为革命之主力，它们则指出，由于资本主义本身的变化以及福利国家之实施，无产阶级革命日益不可能了。这是与原始马克思主义和卢卡奇以无产阶级代表真理是大不相同的。它们提高知识分子及理论之自主地位。""此外，它们反对

① 胡秋原：《论马克思主义与中国问题》，《中华杂志》第 25 卷第 3 期，第 47 页。

② 胡秋原：《论马克思主义与中国问题》，《中华杂志》第 25 卷第 9 期，第 35 页。

科学主义……反对实证派攻击形而上学。”① 最后，胡氏指出，他之所以在论文中以很长的篇幅对法兰克福学派作介绍，“（乃由于）他们都是德国人，精通马氏文献，经过希特勒的迫害，第二次大战的大乱，观察英美经验主义哲学和美国大工业文明后，重回分裂的故国，是深知马克思主义之得失的。……他们由马克思的初期资本主义的批评，进而批评晚期资本主义社会与文化，批评美国与苏联两种制度皆不是人类之希望，便是此派之重大意义”。② 我认为胡氏对法兰克福学派的评价甚为深入与中肯。

（5）东欧修正主义：胡氏对于第二次世界大战后马克思主义之发展和变迁之研究其涵盖面是全面的，除了“西方马克思主义”中的法国马克思主义各种类型及派别如“存在主义的马克思主义”、“结构主义的马克思主义”外，还研究并介绍了东欧的“人文主义的马克思主义”，此中包括了南斯拉夫的“实践学派”和波兰的“华沙学派”。以上诸派的思想理论，胡氏称是对马克思主义的修正，尤其是东欧的马克思主义，胡氏借用科拉可夫斯基的话，称它是“东欧修正主义”。东欧修正主义的马克思主义有共同特点，胡氏认为如下：“第一，它们攻击列宁的反映论”；“其次，它们批评决定论”；“最后，不能由历史学的图式演绎出道德的价值”。③

综观前述，从1925年中学开始接触“唯物史观”，后到日本研究普列汉诺夫，直到中年、晚年在台湾写出大量的研究马克思主义的学术论述，胡氏用功之勤，见解之深，并有创见，独树一家，终成中国研究马克思主义理论的权威学者之一。

---

① 胡秋原：《论马克思主义与中国问题》，《中华杂志》第25卷第9期，第36页。

② 胡秋原：《论马克思主义与中国问题》，《中华杂志》第25卷第9期，第38、39页。

③ 胡秋原：《论马克思主义与中国问题》，《中华杂志》第25卷第9期，第41页。

十、对马克思主义研究的结语

胡先生对马克思主义的研究是非常有系统的，有分析，有综合，有创见，有辩驳，有批评，最后请看他的结论性意见：

马克思主义乃承继及综合十八、十九世纪三大思潮——德国古典哲学、英国正统经济学、法国唯物论及社会主义的。①

马克思主义哲学包括辩证法、唯物论和唯物史观三部分。辩证法是黑格尔的，唯物论是十八世纪的，这在知识论上实在是很粗的。但另一方面，它有一大长处，即并不偏于经验论与理性论，而唯物的自然主义能不断找到自然科学为其同盟，于是力言世界谁不可知，可由相对真理进于绝对真理。更重要的，它既然在自然现象上利用自然科学结论，而在社会历史方面则有其唯物史观，或历史的唯物论为其方法论，于是维持一个综合哲学系统。它并不将科学放在第一位，而是放在历史上。于是兼有自然主义与历史主义。②

马克思主义强处在其历史唯物论，而辩证法与唯物论实其弱点，故考茨基只谈唯物史观，普列汉诺夫亦以史的唯物论概括马克思哲学。③

而出身历史学派的马克思，对历史并不外行。如谓他夸张经济因素，哪一派的学问不多少带点夸张（如精神分析学）；而产业革

① 胡秋原：《西方文化危机与二十世纪思潮》，台北：学术出版社 1981 年版，第20页。

② 胡秋原：《西方文化危机与二十世纪思潮》，台北：学术出版社 1981 年版，第20页。

③ 胡秋原：《西方文化危机与二十世纪思潮》，台北：学术出版社 1981 年版，第20页。

命以后，谁又能否认经济之重要性呢？①

实证派以社会外部力量说历史变化（如地理，他国影响等），人类学派以家族、技术与生活方式说社会与文明，马克思主义皆不废其说，而特别以社会“内在发展”——生产力与生产关系之矛盾，并以连带着的社会阶级集团之利害冲突，具体表现这一矛盾，来解释社会基础，上层建筑，意识形态以及历史变动，提出其社会发展必然论，指出历史的人类，因历史之内在发展律，有必然的历史前途。环境与历史改变人类，而人类“实践”，亦能依照历史法则来改变环境与历史，此马克思主义最精彩处。②

马克思在经济学上更为内行。他一面肯定资本主义历史作用，一面由英国古典的劳动价值说出发，以剩余价值说资本累积，推论生产力与购买力不平衡，而有资本主义恐慌必然性。于是一面由历史哲学，一面由经济学，将法国人的社会主义予以必然性，是很严整的思索。直至今日，美国学界只能一面讳言资本主义，一面但说美国资本主义与马克思时代不同，以为防御。但资本主义有今昔不同这一点，是不能取消马克思分析之基本攻击力的。③

要之，马克思主义特色在其劳动价值说，内在矛盾发展论，对现存社会提出批评，否定现代西洋文明，对将来提出一个更高文化远景，此即社会主义。马克思提出其社会主义时，虽不以道德为立论根据，而自有其道德申诉力。④

“马克思主义是一由理论到实行（践）的“世界观”和革命方

① 胡秋原：《西方文化危机与二十世纪思潮》，台北：学术出版社 1981 年版，第 20 页。

② 胡秋原：《西方文化危机与二十世纪思潮》，台北：学术出版社 1981 年版，第 20 页。

③ 胡秋原：《西方文化危机与二十世纪思潮》，台北：学术出版社 1981 年版，第 21 页。

④ 胡秋原：《西方文化危机与二十世纪思潮》，台北：学术出版社 1981 年版，第 21 页。

案。而即就理论而言，马克思主义哲学是一种与科学合作的综合哲学，一个综合的哲学、史学和经济学的系统，而且还可应用于人生问题。各部分分析开来，理论价值纵不甚高，但合起来，其平均分数实非一般系统个别所易与。①

胡氏有次在言谈中对笔者说："当二十世纪下半叶东西二个世界进行冷战对峙时期，西方世界的'反共'是将共产主义与马克思主义一起拿起来'反'的。""这种不加以区别，统统加以'反'的做法，有它的政治意义，但并无学术知识价值。"今查前苏联的瓦解，前东欧共产主义的崩溃，福山（F. Fukuyama）说这是"历史的终结"，但笔者认为这不属于马克思主义的终结。作为一种学说或知识理论，马克思主义不是不能被批评，然如研究马克思主义长达 70 年的胡先生所说："如果不能在哲学、史学、经济学三方面有所见，而以为马克思主义可以一种学问或几句话打倒，就是'不用心'……乃至今日，中外反马克思主义言论，实不免多以不用心为特色。"② 诚哉斯言！

结　　论

我在前言中曾引述学术大师季羡林写道："胡秋原先生是我最敬佩的中国学者之一。"此中蕴含着多种意义，其中包括：在思想上，胡先生是民族主义思想家，一生追求中国问题之解决；在学问上，历史学、文化学、哲学、思想理论均成一家之言，而且是"百科全书派"人物。本文只是针对前述胡秋原先生在学问上的成就之一，亦即理论知识领域内的一个单独之脉——马克思主义研究，从其浩如烟海的论著中，以他

① 胡秋原：《西方文化危机与二十世纪思潮》，台北：学术出版社 1981 年版，第 22 页。

② 胡秋原：《西方文化危机与二十世纪思潮》，台北：学术出版社 1981 年版，第 22 页。

70 年的持续研究作历史纵切，以他对马克思主义理论内容作知识横切，然后浅述分析如上。高明的海内外知识界朋友们，当能从阅读我这篇论文中洞晓胡秋原的学术功力而同意季羡林何以说他把胡秋原当成他“最敬佩的中国学者之一”的原因了。武汉大学能出这样的大学问家可谓名校出名人了！

参考文献

[1] 胡秋原．少作收残集：上卷．台北：自由世界出版社，1959.

[2] 胡秋原．中西历史之理解．台北：中华杂志，1966.

[3] 胡秋原．论马克思主义与中国问题：上、中、下．中华杂志，1987（284，290，291，293）.

[4] 胡秋原．马克思主义之力量何在//西方文化危机与二十世纪思潮：上．台北：学术出版社，1981.

[5] 胡秋原．马克思之生平与思想//西方文化危机与二十世纪思潮：中．台北：学术出版社，1981.

[6] 胡秋原．马克思之唯物史观及其批评//西方文化危机与二十世纪思潮：中．台北：学术出版社，1981.

[7] 胡秋原．马克思之《资本论》//西方文化危机与二十世纪思潮：中．台北：学术出版社，1981.

[8] 胡秋原．马列主义之将来//西方文化危机与二十世纪思潮：中．台北：学术出版社，1982.

[9] 胡秋原．马克思死后百年之社会主义与马克思主义//西方文化危机与二十世纪思潮：中．台北：学术出版社，1983.

[10] 胡秋原．自我割让与当代思想//西方文化危机与二十世纪思潮：中．台北：学术出版社，1981.

[11] 胡秋原．哲学与思想．台北：东大图书公司，1994.

[12] 贝查也夫．俄罗斯共产主义之本原．郑学稼，译．台北：国际关系研究中心，1971.

[13] 郑学稼．现代中国知识分子的镜子//胡秋原先生之生平与著作．台北：学术出版社，1981.

[14] 戴维麦克莱伦．简评西方马克思主义的主要流派．北京大学学报：哲学社会科学版，1993（1）.

[15] 李敏生．中华心——胡秋原政治文艺哲学文选．北京：社会科学文献出版社，1995.

[16] 李敏生．胡秋原学术思想研究．北京：社会科学文献出版社，1996.

[17] 姜新立．胡秋原与马克思主义//李敏生．胡秋原学术思想研究．北京：社会科学文献出版社，1996.

[18] 姜新立．解读马克思．台北：五南图书公司，2010.

[19] 王晓波．敬悼当代民族主义爱国主义的思想导师胡秋原先生//毛铸伦．人格的自由与学的尊严——中国当代民族主义思想家胡秋原先生逝世周年纪念文集．台北：海峡学术出版社，2005.

[20] ALTHUSSER L. *Reading Capital*. London：New Left Review，1968.

[21] FETSCHER I. *Marx and Marxism*. New York：Herder and Herder，1971.

[22] GOULDNER A. *The Two Marxisms*. New York：The Seabury Press，1980.

[23] GRAMSCI A. *Selections from the Prison Notebooks*. London：Lawrence and Wishart，1971.

[24] HOROWITZ D. *Marx and Modern Economics*. London：Monthly Review Press，1968.

[25] KOLAKOWSKI L. *Main Currents of Marxism*：3 vols. Oxford：Clarendon Press，1978.

[26] KORSCH K. *Marxism and Philosophy*. New York：Monthly Review Press，1970.

[27] LEONHARD W. *Three Faces of Marxism*. New York：Holt，Rinehart

and Winston, 1974.

[28] LEWIS J. *The Marxism of Marx*. London: Lawrence and Wishart, 1972.

[29] LICHTHEIM G. *Marxism: An Histical and Critical Study*. New York: Columbia University Press, 1982.

[30] LUKACS G. *History and Calss Consciousness*. Cambridge, Mass: MIT Press, 1971.

[31] MANDEL E. *Marxist Economic Theory*. London: Merlin Press, 1977.

[32] MESZAROS I. *Marx's Theory of Alienation*. London: Merlin Press, 1975.

[33] MEYER A. *Communism*. New York: Random House, 1967.

[34] TUCKER R. *Philosophy and Myth in Karl Marx*. Cambridge: The Cambridge University Press, 1972.

[35] TUCKER R. *Marx-Engels Reader*. London: W. W. Norton and Company, 1978.

胡秋原的科学观

□ 刘源俊

中国近代知识分子中，兼通文史与社会科学领域的学者本不多见；而既兼通文史与社会科学，又广泛涉猎自然科学而发表有关论述者更是难得，胡秋原几乎是绝无仅有的一人。

胡秋原生于1910年。他成长的时代背景略述如下：1912年元月中华民国成立。1914年夏，任鸿隽等人在美国发起成立“科学社”，“提倡科学，鼓吹实业，审定名词，传播知识”，又于1915年元月在上海创办《科学》月刊，“阐发科学精义及其效用为主”，内容包括科学精神、科学方法等理论知识与科学发明、科学应用等实用知识。1915年9月，陈独秀在上海创办《青年杂志》（后改名《新青年》），发起新文化运动，提倡科学（“赛先生”）、民主（“德先生”）和新文学。1918年7月，王光祈等人在北京发起成立“少年中国学会”，“本科学的精神，为社会的活动，以创造少年中国为宗旨”，并于1919年7月在北京创办《少年中国》月刊。1919年5月，发生五四运动。1923年2月到11月，发生“科学与人生观”论战。

1921年至1925年，交通大学、广东大学（1925年改名中山大学）、武昌大学（1928年发展为武汉大学）、清华学校大学部（1928年改为清华大学）等国立大学相继成立。1924年1月孙中山在广州广东高等师范学校①开始重讲“三民主义”，指出“要学外国，是要……学科学，迎头赶上去”。② 此外要发展工业，增加农业生产，以解决民生

① 不久，与另两学校合并为国立广东大学。

② 参见《民族主义》第六讲。

问题。① 1924 年 12 月孙中山北上，期与诸军阀共商国是，翌年 3 月在北京逝世。1928 年中国国民党北伐成功统一中国。

总之，胡秋原的少年时期正遭逢一个中国求新求变的大时代，而所谓“科学”正是时髦的学问。因此，当 1924 年冬，胡秋原（当时名胡业崇）自湖北黄陂前川中学毕业时，志愿是“科学报国”。原本他打算要考交通大学唐山工学院的，后因时局因素，于 1925 年秋进入武昌大学理预科就读。他在一年级所修的理科课程包括数学、物理、化学、生物、生理等（其中数学、物理、化学用的都是英文课本），还要做定性化学分析实验。这时期他所遵守的三个观念是：人格、国家与科学。后由于时局纷扰，1926 年下半年到 1927 年上半年，武昌大学差不多停课，而理化系的教授又不齐全，于是他在 1927 年秋，舍数理学科而转入中国文学系就读。②

自后，胡秋原在学问上主要关注的是文学、艺术和社会科学。胡先生自述：“九一八后，主要研究历史。但史学最重要的一部分是文化史，尤其是知识史或思想史，这就必须研究种种科学与哲学的历史。又今日一切的‘学’，其结构原理与方法都多少与自然科学相似或有关。我专门研究的史学是‘历史哲学’，即人类文化史之原理与法则，我相信它必须尽可能地以科学方法来研究（即使尚有非科学或外科学部分），所以我必须注意科学方法以及近半个世纪以来所发展的‘科学哲学’。”③

由于他在自然科学方面已打下一定的基础，他后来除了经常留心科学上之重大进展外，每隔三五年，亦必收集最新的科学书籍，或通俗的科学书籍，阅览一段时期。他也曾参观世界上若干大科学博物馆和大实

① 参见《民族主义》第一讲、第三讲。

② 参见张漱菡：《直心巨笔一书生——胡秋原传》，上册，台北：皇冠出版社 1988 年 12 月版。

③ 胡秋原：《论科学及其发展问题并评吴大猷君之三文》，《中华杂志》1976 年 7 月号。

验室，并自述："这是我的一点科学常识之由来。"①

一、关于科学与科学方法

什么是"科学"？胡秋原说得很精辟："科学即知识学问之意。科学二字乃法文、英文 science 之译语。而此字源于拉丁文 scientia，及知识之意，学问之意。德文之 Wissenschaft，俄文之 наука，亦皆知识之意。但在习惯上，法人、英人之用法与德人有别。"②

又说："我国先译 science 为'格致'，科学乃借用日人译语。……日人何以译为科学？此乃仿孔门四科及唐代科举之科，因科学是分科研究的。近年以来，日人有单用'学'之一字者。总之，科学即是知识、学问，并无其他特殊玄妙之意。只因被日本'科'了一下，就有人拿科学二字唬人。③ 例如常有人说什么'科学在中国没有生根'，④ 就不通之至。'知识在中国没有生根'，'学问在中国没有生根'通不通？我以为不是科学没有生根问题，而是科学落后问题。"⑤

"但知识有程度之不同。……学问乃是知识之系统化，人类一切感觉经验之整理，即有系统，确实的知识。所谓有系统者，即非零碎知

---

① 胡秋原：《论科学及其发展问题并评吴大猷君之三文》，《中华杂志》1976年7月号。胡秋原在所发行的《中华杂志》中每年必介绍诺贝尔奖各奖的大要。他在所著《一百三十年来中国思想史纲》附有《十九世纪世界政治与思潮》及《二十世纪世界思潮》等附录，收录科学发展之大事。他在《中华杂志》里也经常译介自然科学的重要文献——收录在《西方文化危机与二十世纪思潮》一书中，包括《海森堡的世界公式》、《横览宇宙的边缘》、《最近西方人宇宙图像》、《宇宙之起源与命运》、《生命之起源与分子生物学》等文。

② 胡秋原：《科学甲乙丙》，甲，《中华杂志》1976年3月号。

③ 胡秋原：《论科学及其发展问题并评吴大猷君之三文》，《中华杂志》1976年7月号。这里可看出胡秋原因为曾留日，故对"科学"一词的由来认识特别清楚。

④ 此系针对当时科学发展指导委员会主任委员吴大猷在《民族晚报》1976年6月3、4、5日三篇谈科学观念、方法及政策的三文而说。

⑤ 胡秋原：《科学甲乙丙》，甲，《中华杂志》1976年3月号。

识；所谓确实者，即经过一定的证明手续的。”①

关于科学方法，胡秋原说：“科学之所以为科学，尤在其方法。科学格物穷理。但物如何格？理如何穷？科学始于‘耳目’见闻的事实；但不能超越事实以究其理，仍然只是常识，不是学问。科学必用‘心思’在事物中抽出概念，用概念思考，研究概念的关系，特别是数量关系。爱因斯坦说：‘在理论物理学体系中，永远存在着理性与经验两大矛盾要素。理论予体系以结构，经验在理论中则符合于结论。只有在这符合上，才有全部体系，特别是其根本概念和法则的价值。’……加（伽）利略（Galilei）（之）所以为自然科学之父，不仅在其提倡‘观察’和‘实验’（cimento），尤在其将实验与数学打成一片，树立近代科学方法的基础。”②

胡秋原谈到科学时总以广义的学问为念，绝不局限于自然科学：“但学问随着人类知识之进步而扩张，精密。……在牛顿时代，仍称天文、物理为‘自然哲学’。此后分科研究，科学之名渐兴。最初用‘赛因斯’者，还是义（意）大利的史学家。其后孔德（Comte）应用科学的因果法则于社会学研究，穆勒（Mill）再加以系统化，奠定了一般的科学概念。”③

“科学方法即研究学问方法，乃藉不断的分析与综合，实验与比较，反复于一般与特殊之间，而以系统概念与理论，于变化中求不变之物，以及各种不变物之不变关系，对客观实在加以构成，亦即寻根究底，求其法则，求其趋势；此在自然科学必以数学为基本工具，而在历史与社会科学……学问要专门但不能孤立，而整个系统必须清楚而明白。”④

---

① 胡秋原：《科学甲乙丙》，乙，《中华杂志》1976 年 3 月号。

② 胡秋原：《现代科学之父加利略诞生四百年》，《中华杂志》1964 年 3 月号。该文系摘录自 1942 年胡秋原为纪念加（伽）利略逝世三百年、牛顿诞生三百年而写的《科学，其意义，其精神及其方法》一文，刊于《祖国》杂志。

③ 胡秋原：《科学甲乙丙》，乙，《中华杂志》1976 年 3 月号。

④ 胡秋原：《超越传统派、西化派、俄化派而前进》，《文星杂志》1962 年 12 月号。

胡秋原的科学观是紧跟 19 世纪到 20 世纪的科学脚步的："（19 世纪）孔德……休尔（Whewell）与穆勒争论科学方法……所谓科学，即以科学方法求得的关于自然现象的法则或关于法则的理论。所谓法则即决定论的因果法则，而其根据即自然之齐一性（uniformity）或规律性（regularity）。"

"20 世纪科学观念和方法的大革新，一由于马赫（Mach），潘迦烈（Poincaré，今译潘卡瑞）、坎贝尔（Campbell）等人之辩论，二由于科学方法之工具，即数学、逻辑和观察与实验之工具仪器之长足进步，最后则由于物理学上两大成就——相对论与量子论。……然一大革命性的变化是除了因果法则，还有统计法则。无论统计法则是否亦有其原因，或由于主观因素之无法绝对排除，或由于知识之不足，现在已有一套概率的数学，来处理大数现象或微小宇宙，缩小可能性的范围。"

"科学在不能说明时，可以描写或记述为满足。其次，科学方法一面是观察、实验，另一方面是概念的构成……包括假说、理论、法则……有用的概念之形成是科学第一事，这与艺术一样需要想像力，然而这不是科学方法所能为力的。在方法上，概念靠观察实验而得，然后经归纳而为概念的公式，作为假说。这可以是模型，可以是数式。再经演绎将假说反复付诸不同条件下的实验……科学方法依然是由观察资料到概念，经由工具使概念构造能与一定范围的事象相符合，证明其为真实；但必须其全体能在人类共同感觉的观察中来认定，即今日所谓'共同的主观'（inter-subjective）。"①

科学的概念说是靠观察实验而来（牛顿也是这么说的），但纯靠观

① 胡秋原：《价值判断问题》，《中华杂志》1974 年 10 月号。从论述中可看出，胡秋原对科学方法的精要及流变十分清楚。笔者当年是从胡秋原先生口中第一次听到 inter-subjective 一词，才知这是现代科学哲学界用以取代过去的 objective（客观），近年笔者将之译为"心同此理"。又，笔者以为"真"不明其义，建议此处"真实"改为"实"。以上观点参见刘源俊：《说科学精神》，《二十一世纪》2009 年 12 月号。

察实验显然不可能得到“有用的”概念，还得靠“心思”抽象，靠“想像力”形成。胡秋原在不止一处提到，想像力是科学方法之外的东西。哪里来的呢？他说：“一般人所谓科学指自然科学……自然科学固然神通广大，也要社会科学乃至其他各种学问、学科合作，自然科学才能有效有益。”①

基于以上对科学方法与思想史的深刻认识，胡秋原对胡适所提倡的科学方法“大胆地假设，小心地求证”多处提出批评。他说：“一则，科学字典中断无大胆二字。二则，我们科学派所了解的假设求证，是一件件的具体事实的假设求证，此乃猜谜，正科学之反面。盖科学是系统知识，以系统的概念与理论思考，穷根究底以求普遍性的原理与（因果）法则的。”② 又说：“科学为事物的普通法则，不是个别事实的猜谜。假说与实验是不断反复进行的。科学到了假说已是百分之九十九了，甚至全部科学都可看作假说（非绝不可变的）。全部科学进行必须谨慎而严格，不能大胆。再者，假说也不是假设。”③ 这里，“假设”指的是 axioms，postulates 或 assumptions，“假说”指的是 hypothesis。显然，胡秋原对潘卡瑞的《科学与假说》是熟悉的，重视的是“大学问”，而不是“小猜谜”。

他又认为：“方法论与价值标准论是二十世纪学问上两大最高问题，学问（科学）方法论大体趋于一致，自然科学与历史学的方法论并无根本的不同。”但“科学不能解决价值问题，逻辑不能由‘是’推论‘应该’”。大抵而言，他认为自然科学与社会科学、史学的主要差

---

① 胡秋原：《现代科学之父加利略诞生四百年》，《中华杂志》1964 年 3 月号。

② 胡秋原：《超越传统派、西化派、俄化派而前进》，《文星杂志》1962 年 12 月号。

③ 出处待查。

别在于自然科学不谈价值判断,① 而社会科学、史学是必须谈价值判断的。

基于此，胡秋原轻而易举地论断了1920年代丁文江、胡适等人与张君劢的《科学与人生观论战》结果:“这在今天可一言而决，即人生观是价值判断，而价值判断问题非科学所能解决。所以当时科学派的胜利固然是虚妄的，而玄学派也未对自己的命题做清楚的提出，更不要说提出积极的答案。”②

胡秋原也批评吴大猷对科学的看法,③ 指出吴大猷在论科学的方法时竟然没有提到“概念”及“假说”这么重要的东西。吴大猷又认为定律即是函数关系，胡秋原对此批评道:“今天只承认因果法则与概率法则，没有人说科学定律是函数关系的。”针对吴大猷“以想像力创立理论（假设物理观念间的新函数关系）”的科学观，胡秋原批评道:“这没有一个字不瞎说:①想像力在科学中不可少，但此不在科学方法之内。②想像力不可创造理论，物理理论不是由想像力创造的。③理论不是假设。④‘物理观念间的新函数关系’能不经由实验而经由假设吗?”④ 吴大猷说科学方法三大要点——“全部程序”“重要特性”系（一）客观的观察、分析，（二）创作的想像力，（三）

① 关于这点，笔者有不同意见，认为科学有三追求——求是、求美、求善;换言之，科学并非价值中立的，顶多只能说科学不牵涉道德面的价值判断。至于社会科学、史学与自然科学的差异，主要有两方面:一是素材有些不能量化，即使量化，其确实度与精密度也较差。二是假设较笼统，“或然推理”的分量较重。

② 胡秋原:《古代中国文化与中国知识分子》，序言，台北:学术出版社1988年12月版。

③ 吴大猷于1976年6月3、4、5日于《民族晚报》连续发表三篇谈科学观念、方法及政策的文章，主张应重视“纯粹科学”，并谓“纯粹科学无关应用”云云。胡秋原于是写了六万多字的《论科学及其发展问题并评吴大猷君之三文》，分上、下并加一篇“代序”，刊于《中华杂志》1976年7~9月号。

④ 胡秋原此处开头用语过重。他的意思是:光凭想像力不足以建构新理论，必须先有实验基础。

逻辑的方法……被胡秋原指出其中竟然漏掉了实验，并引述达布罗(d'Abro)① 的话："理论物理学家的坐标，首先是基于实验之事实，而不是烟斗之梦。"②

至于科学的功能，"在其说明力与预见力。科学的大用即由此而出。因能预见，它就能对外物加以控制了。科学是人智对外物的一种预防和控制的能力。科学和技术不同，科学是理论，技术是理论的应用。此在大学的理、工分院亦可明白。但真的理论，必定产生实用的效果，技术也是理论之证明"。③

二、关于科学精神与态度

关于科学精神，胡秋原一口气说了一段精辟的话："所谓科学精神指研究学问必要的精神。这便是求知求真好学精神，尊敬学问并不断精进，在前人基础上力求创获，追求新发现的精神，还有知性的诚实，追根究底，实事求是，无征不信，丝毫不苟的严格，辛勤探讨，锲而不舍的毅力。学问不是宗教，但科学家对学问必有同样的虔诚的修道精神。"④

什么是科学态度呢？胡秋原接着说："科学态度指以科学精神和科学方法对待事物和问题的态度。科学以求客观世界之不变观念为目的，所以科学的态度必定是客观的态度，不带人主观成见的态度，合理的态度，纯理性的态度，'非人情的'（impersonal）态度，也就是在研究时必有非功利的态度。虽然即使在'微观世界'的研究中能否完全避免

---

① *The Evolution of Scientific Thought from Newton to Einstein*（《从牛顿迄爱因斯坦科学思想的演进》）一书的作者，该书出版于 1927 年。

② 参见胡秋原：《现代科学之父加利略诞生四百年》，《中华杂志》1964 年 3 月号。

③ 胡秋原：《科学甲乙丙》，丁，《中华杂志》1976 年 3 月号。

④ 胡秋原：《科学甲乙丙》，丙，《中华杂志》1976 年 3 月号。

主观影响，还是量子物理上一大问题。”①

这里胡秋原还是依传统刻板印象强调科学的“客观”态度，但他也稍提到量子物理里的重大启示——人在研究物时，必不能排除主观影响。科学家作观察所得到的现象其实是主客交涉的结果，任何观察不可能客观，一定是“观参”（observation-participation）。所以笔者在此不用“客观”一语，而代之以：不主观，诚实，严谨，冷静，开明，谦虚，与人沟通等。孔子的“四句”说得很好：“毋意，毋必，毋固，毋我。”②

他又从反面说“学问或科学有四忌”：“一忌功利之见。学问有求真致用二义，但以求真为本。可以为好奇，为兴趣而学问，不能期以实利速效。……学问不是王者作威，官腔作势之地，而是头陀修行，愚公移山之邦。它也是淡泊明志，宁静致远的。二忌忮性。章实斋云，学问不可无宗主，但不可有门户。……此即西人所谓理智之诚实与完整。……三忌奴性。不可有依傍心理，不可无批评精神。……第四，忌轻浮、鲁莽、浅薄、偏执。……自始至终必须谨慎，坚忍，谨严，周到，深入。一义之立，必须有关事理实论在全形中观察，毫无窒碍。一义之立，必须确信于心，不待他人指摘，自己便应反复批评，必无懈可击而后已。……如是知识不是散漫的知识，道理才是坚固的道理。不可炫奇武断。不可琐屑，必抓住要点。不能掘洞求宝，躐等跳高，只有打稳地基，层层建筑，钝杵磨针。”③

胡秋原总殷切地希望学界及一般青年要多加努力：“第一是普及与提高好学精神，求真意志。……第二是将学问基础打好，然后下功夫，

① 胡秋原：《科学甲乙丙》，丙，《中华杂志》1976年3月号。

② 参见刘源俊：《说科学精神》，《二十一世纪》2009年12月号。《新大英百科全书》的主编艾德勒（Mortimer J. Adler）更有一段精彩的话可作参考：“在科学著作里，没有雄辩或宣传，但容有在初始假设意味下的偏见。……科学的客观性不在于无有初始的偏见，而在于坦白承认它。”

③ 胡秋原：《超越传统派、西化派、俄化派而前进》，《文星杂志》1962年12月号。

下血本。……第三是，学问必先求知人所知，能人所能，然后自用心思，求知人所不知，能人所不能，是谓创造。……第四，科学方法……"①

三、关于科学史与中国科学落后之原因

前文提到胡秋原不同意"中国科学没有生根"，只同意"中国科学落后"的说法。他说："中外古今学问原理相同，并无中国学问外国科学根本不同之事。这都是人类功力，苦功思索的结果，因功力累积而进步的。近世西洋诸国因竞争日烈，进步特快，而我们则始误于闭关自缚，次误于演戏自害，在任何学问方面远不如人，是必须承认的。"②

身为中华民族主义者，研究历史又对科学有深刻认识，胡秋原当然关心中国科学落后的原因。他说："迄今为止，有两种流行意见。一派说中国文化中根本没有科学。那些说什么科学在中国没有生根的人即是如此。另一派则认为中国文化不长于科学，然而道德与精神文明则特别高明。此即西化派与传统派。"但他一向反对这两种见解："如第一派说中国无科学之根，为西方有之为是，那么，应该西方从来就有很高的科学，而中国纵使全盘西化，亦无发展科学之望，因中国根本无此慧根！如第二说为是，那么，中国亦不必发展科学，专门发展自己的精神文明好了。"③

胡秋原认为："事实上，中国的科学与精神文明长期在西方之先，不过我们停滞不进，西方则逐渐进步。到1600年双方大体在平等地位。

---

① 胡秋原：《超越传统派、西化派、俄化派而前进》，《文星杂志》1962年12月号。

② 胡秋原：《超越传统派、西化派、俄化派而前进》，《文星杂志》1962年12月号。

③ 胡秋原：《论科学及其发展问题并评吴大猷君之三文》，《中华杂志》1976年7～9月号。

此后我们不仅停滞不进，而且多方自坏，而自此之后，西方的进步之迅速，也是史无前例的。于是差距愈来愈远了。”此一停滞，有其内外与相关原因，查考并分析当时的历史，胡秋原认为：“所以不是科学在中国无根，而是发展科学不是孤立工作，它要有基础和传统，也要有社会的需要。西方人为求生存，为与回教徒竞争而航海，航海促进西方发展科学的需要，也促成知识分子、科学家、数学家与工匠的合作，实验与数学之合作。航海和科学带来帝国，鼓励科学研究，才终于有‘纯粹科学’！……中国没有航海之迫切需要，闭关既使中国不能发展知识……而数学素附于天文，而天文则禁私书。……所以，不是中国文化中无科学，而是在一定时期，发展科学的条件受到破坏。不是西洋人生来科学，而是在一定时期有发展的有利条件。”①

胡秋原很早就持这种看法：“一切发明起于需要。加（伽）利略生于十六世纪之义（意）大利，牛顿生于十七世纪之英国，不是偶然的。他们的学术，是适合当时义（意）英之需要的。这便是航海的需要。近代科学是航海时代的产物。文艺复兴与宗教改革和科学革命三件大事，都与航海有不可分离关系，而这也决定了近世西方之动力性发展。……威尼斯更是东西交通之焦点。加（伽）利略在威尼斯船坞研究物理，是我们知道的。……牛顿在其《原理》中所研究的问题，都是当时英国航业、矿业和军事上亟待解决的问题，例如经线的测定，望远镜的制造，潮汐问题以及其它造船技术抽水通风起重的问题，弹道学和抛物线的问题。”

“当时英国科学家组织了一个皇家学会，对科学为集体研究，牛顿为会员之一。这学会之目的即在扩张生产及海运。其起草案云：‘吾人应有效把握实验哲学之进步，特别是足以增进商业之发明，更以有用发明，以增进吾人之福利、利润与健康。’可见所谓纯学问即是真正有用

① 胡秋原：《论科学及其发展问题并评吴大猷君之三文》，《中华杂志》1976 年 7 ~9 月号。

的学问。不过不限于今日有用而已。”①

因为身负“国家”科学发展重任的吴大猷明文写出“科学家研索的动机，是寻求真理，是和实用无关的”，“回顾一下，便知科学发展史中各种基本原理发现发明，没有一项是出自有实用目标的研究的”。这些话，显示出一位自称“纯粹科学家”的褊狭观点，胡秋原于是举了许多例证，他说：“科学发展史重大发明都是人类长期求知过程中的累积成就，在不断实验和思索过程中，理论与应用相扶并进的。……由于理论与应用有共同母体之实验，由于理论是为预见与控制，便不能说理论科学与应用科学无关。二者有求原因与求目的之别，但区别不是无关。事实上不仅二者相扶并进，而且理论之进行必须在应用中求经验，在应用过程中，也要想到理论问题，在应用过程发生故障时也要求新理论。由理论到应用，由应用到理论……二者之间不仅没有不可逾越之鸿沟，也并无严格划分的界线。”②

又，吴大猷认为：“西欧的科学虽只有三数百年的历史而发展如此，我国二千余年来有甚多的技术发展，乃我国偏重实用过甚……虽有发现发明，但未能脱离实用视野，作纯抽象的研索之故。……一般言之，我们民族传统是偏重实用的。我们有发明有技术而没有科学。”我们当能体会当时吴大猷有感于科学政策偏重实用，因而希冀矫枉的心情；但他矫枉过正，话说过了头，遂引起胡秋原的批评。胡秋原批评他“不理解何谓抽象”，更引李约瑟《中国之科学与文明》一书，说明中国并非无逻辑演绎，也有实验传统：“磁学（对西方）是一全新科学，希腊人所未有的。为基尔伯特、克卜勒做准备的是中国人。而由磁力想到重力，是对牛顿的准备。由马克斯威尔方程式所建立的场物理学，较之希腊原子论是更与有机思想符合，可归于同一之根。（西方）有负于

① 胡秋原：《现代科学之父加利略诞生四百年》，《中华杂志》1964 年 3 月号。

② 胡秋原：《论科学及其发展问题并评吴大猷君之三文》，《中华杂志》1976 年 7 ~ 9 月号。

中古中国人忠实而壮大之实验者实在太多了。”他又引沙顿、丹皮尔两人之《科学史》为证。

李约瑟说中国科学没有突破伽利略阶段的原因，除了地理因素外，还与中国人的哲学是有机主义而非原子主义有关，因而着重秩序而非法则，着重人文。他也提到航海因素，说航海时知识分子必须与工匠结合。然而中国科学落后更基本的原因不在中国数学、科学与文明本身的缺点，而在更难解决的历史因果性的问题中，在中西双方社会与经济环境之中。李约瑟在书的第三卷里做出如下结论：“（在中国方面）没有自然科学的生动需要。对自然的兴趣是不够的，控制的实验是不够的，经验的归纳是不够的，日月食的预见与历书之计算是不够的——这一切，中国人都有。”1974年版的《新大英百科全书》“科学史”条谈到中国的几行文字，亦同李约瑟之论。胡秋原说：“所谓中国没有自然科学的生动需要，可与我前面所说闭关没有造成科学之社会需要相参证。官僚制度也与八股特别有关。闭关政策与八股官僚之无知无能，是使实验方法与数学不能结合的抑制因素。”①

胡秋原虽推崇李约瑟的若干论点，但李约瑟曾在一篇总结报告中论及中国何以无文艺复兴及伽利略之故，说根源可追溯到巴比伦时代；说由于西方相信神造世界，才有“自然法”的思想，终有伽利略的数理证明——这是道家和孔子所缺乏的；又说中国人能发明纸张……但他们不能以数学法则来看自然。② 胡秋原完全不能同意李约瑟的说法：“这完全是乱道。如果神创世界神话就可以有近代科学，何以巴比伦不能为近代科学的先驱？在中国何尝没有自然法的观念，以及用数学来看自然观念？（如‘天生烝民，有物有则’，如老子之‘自然’，如象数之学，以及两汉六朝宋元之数学）……”胡秋原还认为：“近代西方科学是在抛物线研究与计算中发展的。明代文化在各方面表现西方文艺复兴的内

① 胡秋原：《论科学及其发展问题并评吴大猷君之三文》，《中华杂志》1976年7~9月号。

② 参见1964年2月7日《纽约时报》。

容，然闭关限制其发展。而中西文化之发展失去平衡，也是在十七世纪才发生的。”①

在此且援引爱因斯坦对于中国科学落后的一段说法，当另有一番启发：“西方科学的发展是基于两大成就之上：希腊哲人形式逻辑系统的发明，与系统实验可能找出因果关系的发现（文艺复兴时代）。我认为，不必惊讶为何中国先贤没有走上此路，应该惊讶的是竟然有这些发现。”②

四、关于科学发展政策

胡秋原基于对历史的研究，指出：“……近一百卅余年中国忧患之根源，就是知识之落后，科学之落后，人才之落后；更具体地说，在第一工业革命中落后。一切中西文化之差别，其根源即在这一点。这也就是孙中山先生所说的，‘物质文明与心性文明相待而后能进步；中国近代物质文明不进步，因之心性文明之进步，亦为之稽迟’。所以救国之根本问题即在发展科学，由逐渐赶上他人而终有超过他人之一日。不过，发展科学不是孤立任务。自然科学之发达，也要文学艺术史学直学为之开路，要经济政治为之扶持，更要与工业结合使其成为实质的力量。国家实力之骨血，是学问和技术。……发展科学与复兴中国文化是一事而非二事。……民族独立、国民自由与科工发展，是我四十年一切主张的中心。这便是我常谈科学、工业问题的原因。”③

应如何发展科学？胡秋原指出：“学问无捷径，发展科学首先要有人在世界已有知识基础上，对解决新问题使用思考力。又现代科学不是

① 胡秋原：《现代科学之父加利略诞生四百年〉》，《中华杂志》1964年3月号。

② 爱因斯坦写于1953年4月23日致J. E. Switzer的信上。

③ 胡秋原：《论科学及其发展问题并评吴大猷君之三文》，《中华杂志》1976年7月号。

个人之事，是‘班子工作’，要在一般知识之普及中求提高。……科学必须讨论，不是将外国教科书照本宣科。外国人之教科书只是科学入门，不可奉为圣经和亚里士多德。人智是相等的。循科学精神与科学方法前进，终有与人相等或超过他人之一日。但首先须知人之所知，然后知人所不知。此则三百年前徐光启之言还是正确的：‘欲求超胜，先求会通。会通之前，先须翻译。’”①

然而，有些人总认为中国文字不适合表达科学，例如殷海光写：“中国文特别多模棱词令。”② 在1975年底，有一个讨论“科学中化”（“科学中文化”与“科学中国化”）问题的座谈会，芮涵芝提倡以中文大量编译科学著作，先是吴大猷在会中发言（后来又以文字补正）：“中国文字比较不适于表达科学的内容，而且，文字也并不是提高科学素质最重要的因素，即使用中文来教导科学，并不一定就能提高科学水平。……笔者的年代，由初中起，凡代数、几何、化学、物理、数学分析、世界地理等科皆是英文课本，大家都未有文字上的困难，为什么现在外文成了大困难？……要认真地检讨、研究一有效的英文教学法。”③ 其后更有报纸社论呼应。④ 胡秋原为此评论道：“科学由概念构成，语言文字则是概念之符号，而其意义，则是人的思考给与的。科学毕竟是思考的产物：对客观世界思考，对问题思考。……思考若能合乎科学，一定能用中文表达出来。他们的文字，文不成章，根本概念不清，却怪中文不能表达科学内容。”⑤ 观乎中国大陆60年来的科学几乎完全以中文表达，实践至今已显然证明中文并无害于科学与尖端技术的发展，“科学中文化”的争论当可以休矣！

---

① 胡秋原：《科学甲乙丙》，己，《中华杂志》1976年3月号。

② 殷海光：《思想与方法》。

③ 吴大猷：《“科学中国化”的问题》，《民族晚报》1976年1月12日。

④ 《科学中化是一个似通非通的观念》，《台湾时报》社论1976年1月13日。

⑤ 胡秋原：《科学甲乙丙》，戊及结语，《中华杂志》1976年3月号。

胡秋原还指出："就中国，特别就自由中国而言，发展科学是立国根本大事，必须考虑下列诸问题：甲、国家与国民之长期与短期的需要，亦即目标；乙、发展科学之一般手段，落后国之特殊问题；丙、我们的财力与人力条件；丁、过去不成功的教训。然后始能形成适当的计画（划），分别实施，经常考核，达成预计最大效果。"

"各先进国家发展科学在求自己有第一流的学术与工业，或对一最强的假想敌作竞争。我们发展科学之长期目标也就是建国目标，即发展国民的知识与农工业竞争力，俾能尽快地赶上工业先进国。……尽管在先进国，它们的科学研究有纯粹与应用之分，但我们不能照办。因为我们没有它们的人才。""在基本科学方面，就第二工业革命中先进国的技术应用作为我们初步的理论研究对象；而在人力与财力条件到一定程度时，进行我们独立的纯粹研究。""我们的应用科学如何发展呢？我们有许多迫切的需要。首先，我们要保持水土与农林、渔业资源，尤其要减少和防止水灾。"①

胡秋原还特别注意对环境的保护。在1977年到1979年，胡秋原极力反对在台北市兴建翡翠水库，他主要担心的就是兴建水库会影响生态环境，贻害后世。

胡秋原主张发展太空科学与技术。他的这一主张高瞻远瞩，着眼于科学、技术、人才、管理各方面之整合，但显然超过吴大猷等"纯粹科学家"的视野，无法得到实施。

结　　语

胡秋原以认真好学求是讲理的态度、深厚的学问功力与强烈的民族复兴使命感，超然于政治形态，不囿于学术门派，穷一生之精力，孜孜

① 胡秋原：《论科学及其发展问题并评吴大猷君之三文》，《中华杂志》1976年8月号。

不倦，关怀科学，其深度、高度与广度既属空前恐亦绝后。他一向着眼于全中国，即使后半生身在台湾亦然。他融贯中西而发表的说论值得世人重视。他传道解惑孜孜以求、思考大局独立评论、不淫不移不屈不懈的精神，值得全球中华儿女景仰、学习、怀念。

胡秋原的中华心与汉字学说

□ 李敏生

由海峡两岸汉字会议始认识胡秋原的中华心

北京国际汉字研究会曾于1991年8月于人民大会堂与其他单位合办“海峡两岸汉字学术交流会”，这是海峡两岸首次汉字文化交流，盛况空前。研讨会之召开，胡先生有《中国语言文字之特色与简体字》长文嘱台湾李寿林先生代为宣读发表。李寿林先生在《海峡两岸汉字学术交流会记》一文记述其事，文中提及：“胡先生论文之发表几经周折，幸赖当时全国政协主席李先念先生之与闻其事，始得圆满。其实为此事急切与李先念主席联系报告者，襄助袁先生（系指袁晓园——作者注）之李敏生先生也，余因与李敏生先生结识；而其亦因此注意及于胡先生，并开始大量阅读研究胡先生之著作与文章。由于越发之感动，遂发心为胡先生编选文集，期胡先生之学问人格及爱国统一思想，能为大陆各界所知。经近三年不懈之努力，克服种种困难，终有《中华心——胡秋原政治文艺哲学文选》在北京由大陆最高学术研究机构中国社会科学院之社会科学文献出版社正式出版，洵一时之盛事，亦两岸学术文化交流史上之创举也。”①

“《中华心》之出版有日，余乃与李敏生先生商议，宜隆重其事，宜因此使大陆各界更加认识胡先生之精神思想，则莫善于联合两岸学人

① 参见李敏生：《胡秋原学术思想研究》，北京：社会科学文献出版社1996年版，第6页。

举办研讨会，深入阐扬，斯有意义也。亦经李敏生先生之筹划奔走，而有九五年八月在北京民革中央及中国社会科学院百人规模‘胡秋原学术思想研讨会’之盛大召开。台湾与会学者，有：（中山大学中山学术研究所）姜新立教授、世界新闻传播学院王晓波教授、著名作家陈映真先生、东吴大学历史系曾祥铎教授、东吴大学理学院长刘源俊教授、中兴大学毛铸伦教授，另胡先生之子女胡采禾女士、胡卜凯先生亦兼程自美国、台湾两地赴会，代表胡先生参加，而余亦有幸随诸学人之后，躬与盛会。”①

“一九九五年于八月二日假民革中央大礼堂举行‘《中华心——胡秋原政治文艺哲学文选》首发式暨胡秋原学术思想研讨会开幕式’，大陆全国政协副主席万国权先生、全国人大副委员长李沛瑶先生、民革中央名誉副主席贾亦斌先生、炎黄文化研究会副会长冯征先生、北京图书馆长任继愈教授、中国孔子基金会常务副会长辛冠洁先生等海峡两岸知名人士与会。”②

李寿林先生的上述文字详尽说明了海峡两岸首次汉字文化交流的艰难历程。正是由于事情发展的曲折，促使我对胡秋原的人生历程和学术思想进行了较深入的思考、探索与研究。胡秋原不仅是海峡两岸和平统一的破冰者，也是海峡两岸汉字文化交流的开拓者。

关于《中华心》

胡秋原长女胡采禾博士说：“‘爱知识，爱自由，爱中国’是我对家父一生言行思想的了解。归根结底，这是一个典型的中国读书人的爱国心。李敏生先生把这本胡秋原文选命名为《中华心》时，我就说过

① 参见李敏生：《胡秋原学术思想研究》，北京：社会科学文献出版社 1996 年版，第 7 页。

② 参见李敏生：《胡秋原学术思想研究》，北京：社会科学文献出版社 1996 年版，第 7 页。

这真是最恰当不过了，我非常感动，觉得李先生可说是家父的‘真知’了!”① 胡秋原在我主编的《中华心——胡秋原政治文艺哲学文选》一书所写的《自序》中说：“李敏生先生将这本选集名为‘中华心’，大概觉得我的这些拙文，皆是出自对中华民族的爱心、忧心、苦心及诚心而写的。这确是事实。我相信人同此心，心同此理，我感谢李先生给我这个机会使我对国事的一些诚恳意见，能就正于大陆同胞之前。”

我在两年多的时间里阅读了胡秋原先生的一小部分著作，也有数百万字之多。文如其人，胡秋原先生不仅学识渊博，涉猎文化领域之广、之深，实属罕见，且人品高尚，在中华民族现代史的关键时刻，他都为维护中华民族的利益不顾个人的安危，而站在时代的前列。历史和实践已证明了他对中华民族的爱心、忧心、苦心和诚心。为此他曾被蒋介石罢免一切职务，被李登辉开除国民党党籍。在我主编的《胡秋原学术思想研究》一书中，海峡两岸的专家学者全面地论述了胡秋原对中华民族复兴及祖国统一事业所做出的多方面的历史性贡献。本文仅就胡秋原的汉字学说谈谈自己的认识。

望大家宝爱自己的语言文字

胡秋原先生提出：“中国文字已有四五千年的历史，中国文化一直在各国之先，只有十七十八世纪以来才逐渐落后于西方。这不是中国文字之落后，而是闭关，八股，缺乏竞争，束缚思想，以致学问落伍的结果。望大家宝爱自己的语言文字，研究我们应有的文法，发展它的功能，而这是不能由模仿西文或英文来的。”“我自五十年前看了高本汉之书以后，便认为钱玄同及瞿秋白等所谓罗马化、拉丁化都是荒谬的，因为中国话同音字太多，不能用音符表示。看了耶斯柏生之书以后，便

① 参见李敏生：《胡秋原学术思想研究》，北京：社会科学文献出版社 1996 年版，第 9 页。

认为黎锦熙以来模仿英文法讲中国文法的书都是荒谬的。幸而中国第一外语是英文，如是德文或俄文，不知他们要弄出什么古怪文法。”“我们过去对中国文化之贬价，影响到中国语言及文字之贬价。现在应该使我们对中国语言文字改变态度，予以爱护与重视了”。胡秋原在汉字这一事关中华民族文化的全局的问题上，表现出了反潮流的理论勇气。

胡秋原指出：“语言文字，是人类表情达意之工具与符号。”他的这一论断突破了半个多世纪以来“文字是记录语言的工具”这一流行的定义。文字具有记录语言的功能，但是关于文字的定义应当首先揭示文字与思维、意识的关系，即文字的功能首先是“表情达意”。构建一个科学的理论体系，首先要精确地表达其基本范畴、基本概念，否则将坠入云里雾里。人类社会发展史、人类认识史告诉我们，语言作为人类的社会性的本质，是人类社会形成的一个标志或基本要素。文字是在人类社会经过漫长的发展，特别是生产力有了相当的发展的基础上，有一些人能够用一部分时间从事相对独立的文化活动时，文字的发明和使用才有了可能性。这个时期相当于原始农业社会的初期，人们开始定居，亦有了原始的畜牧业。在人类社会初期，语言作为传播人们的观念和信息的工具，其传播的范围很小，并且转瞬即逝，有很大的局限性。文字的产生则突破了这一局限性，它可以长久地记录、积累人们的观念和信息，并且在空间上也可能逐步地扩大其范围。因此，从人类认识史的角度来看，文字是不同于语言的，是高于语言的。仅仅把文字作为记录语言的工具的传统定义是狭隘的，不科学的。

语言与文字的关系是相辅相成的。印刷术发明以后，文字即告固定。语言之流动性大，但是随着社会发展，语言有趋于标准化之趋势，文字则可加强其标准化。

汉字是中华民族团结之天然纽带

胡秋原指出：“中国语言文字为中国民族团结之天然纽带，亦中国文化与社会生活之共同根基。”① “中国文化之独立创造与中国文字有关。而这文字对于中国文化与历史，发生了决定性的作用。” 中国古代在“以文字为核心之文化一旦形成之后，构成一种自存力与抵抗力。这保持了中国历史之完整性，给与其同化力。”② 上述论断深刻地揭示了汉字在祖国统一和中华文化发展史中的历史地位。

胡秋原认为：民族共同性“首先是共同的语言和文字”。“血统是民族之根源，而语言是血统的主要标志，同文未必同种，然同种必然同文。语言和文字是人类得以结合的工具。世间决无两个言语不通的人能够相知的。而语言和文字，又是保持共同记忆的工具。” “共同历史与文化之巩固及发达，又不能不靠语言和文字。语言文字不仅是造成人群结合的工具，而且也是保持此种结合的工具。”③ 胡秋原从民族的性质及民族形成的角度阐明了汉字在中华民族统一过程中的重要作用。

中华民族的历史发展告诉我们：“书同文”与中华民族统一国家的形成，从一开始就是相辅相成，不可分割的。文字统一是中华文化发展史的重要里程碑，对巩固国家统一、促进民族融合、发展经济文化都起到了推动作用。汉承秦制，我们今天所称“汉族”“汉字”，源于汉朝的“汉”。汉民族的形成，并非由单一的民族而来，而是秦、汉不断地吸收、融合了周围的其他民族后，于汉代形成的。即是说，汉字从一开始就不是属于单一民族的文字。

中国地域辽阔，民族众多，历史上朝代更迭频繁，这些都给中华民族统一国家的形成造成了困难和障碍。我们从中华民族形成、巩固和发展的历史可以认识到汉字成为了超越历史和地理，超越阶级和政治力

---

① 参见李敏生：《中华心——胡秋原政治文艺哲学文选》，北京：社会科学文献出版社 1995 年版，第 103 页。

② 胡秋原：《古代中国文化与中国知识分子》，台北：学术出版社 1988 年第 5 版，第 129～130 页。

③ 参见李敏生：《中华心——胡秋原政治文艺哲学文选》，北京：社会科学文献出版社 1995 年版，第 241～242 页。

量，超越民族和语言的统一中国的最持久、最广泛、最深厚的力量。在汉字基础上形成的绚丽多姿的汉字文化，并由汉字文化形成的影响中华民族最深刻、最持久的共同的文化背景和社会心理，成为了中华民族统一、国家巩固发展的最强大的凝聚力。

当然也有不少学者同样认识到汉字对中国历史发展所起的决定性作用，不过，他们所持的观点正好与胡秋原先生的观点相反，如“汉字不灭，中国必亡”，“汉字拖四个现代化建设的后腿”等。在“汉字落后论”的指导和影响下形成的一百年来的汉字拉丁化运动已经遭到失败，历史和实践已经证明这种观点是错误的，不利于继承和发扬中华民族的优秀文化传统，而胡秋原先生的观点则是旗帜鲜明地继承和弘扬了中华民族的优秀传统文化。

胡秋原进一步揭示了汉字在世界文字系统中的特点，他认为：“中国文化是自始为独立从容地创造的。此于中国文化之形成，自是一天幸良机。在此环境中，我们祖先创造了我们的文字。在世界语言系统中，与中国语言相近者甚多，但在世界文字系统中，唯有中国文字，自成一格。如谓中国文化有特殊，实则即此一事。本来文字包含音义二因素。即‘听’的与‘看’的因素。以听与看判断文字之进步与否，乃落后的无知之见。世界亦无纯粹的音符或意符。（中国语言为单音节，故别四声，用意符文字，乃必然之势。构成中国文字之绝大多数者是形声字，即音的成分增高，而西洋文字接头接尾语及符合字之日益增多，即义的成分增加，这表示文字之妙，并非一端。）中国文字显然是在农业生活中发生的。一旦发明之后，因邻近人民言语大体同质，甚感便利，自然流传。

此种文字，在若干方面，也许有若干不便，但真富于弹性，其进步性，为近代著名语言学者高本汉等所确认。中国大陆没有因方言歧异而分裂，反之，通过此一共同的文字，形成一大陆的同质而统一的文化，则中国文字，实有大功。因此，这也使中国文化发生另一特点，即中国文字代替宗教，它比基督教在欧洲、回教在中亚起了更伟大的团结民族和国家的作用。统一文字和文化，使中国历史成为有机的历史，并在东亚形成一种‘世界文’，因而使中国人最没有民族的成见。”①

关于汉字对中华民族的统一的巨大作用，著名汉字学家安子介先生的观点和胡秋原先生的观点很一致。安子介提出中国靠汉字统一了中国。法国前总统德斯坦来中国访问时也发表了相同的意见。越来越多的有识之士认识到了汉字的伟大的历史作用。胡秋原于20世纪30年代走上文坛，当时汉字拉丁化成为一种“革命的潮流”，汉字被称为中世纪的封建主义的“茅坑”或“牛鬼蛇神”。胡秋原在当时就表明了他反对汉字拉丁化潮流的立场。这就是他在这里强调的“以听与看判断文字之进步与否，乃落后的无知之见”。我们可以有充分的理由说，没有汉字也就没有《红楼梦》、《水浒传》、《三国演义》、《西游记》以及唐诗宋词等代表中华民族文化辉煌的这些著作。汉字与多种文化艺术形式融为一体，并制约思维的形式。如果实行所谓的汉字拉丁化，那就必然逐步毁灭中华民族的灿烂文化，这绝不是危言耸听，而是不可避免的事实。所以对待汉字的问题不是一个小问题，而是涉及能否继承和弘扬中华民族优秀文化传统的一个原则性的问题。

胡秋原认为中国文化是本土发生，和平发展，独立创造，中国古典文化的特色，最重大的特点有三：一是文字以符号构成，不用字母拼音；二是以孔子之伦理为准而无宗教；三是治国者由考试而起用士人，而无世袭的贵族及阶级制度。罗素来华后，曾指出中国传统文化有上述三个特点，胡秋原赞同罗素的概括，并进一步说明：“我相信中外文化不同，三者可以尽之。”②

---

① 胡秋原：《古代中国文化与中国知识分子》，台北：学术出版社1988年第5版，第129～130页。

② 胡秋原：《古代中国文化与中国知识分子》，台北：学术出版社1988年第5版，第124页。

胡秋原关于汉字“对于中国文化与历史，发生了决定性的作用”①的观点已为历史和实践所证实，具有重要的理论意义和现实意义。

尊重大陆的简化汉字

胡秋原在《致海峡两岸汉字学术讨论会的贺信》中说：“秋原对大陆现代流行的简化字，也有一些看法。现在就教于各位女士先生：

各国语言文字，皆求标准化。印刷术发明后，文字即趋于固定。语言文字，是人类表情达意之工具与符号，相同语言文字之人群，合成共同之民族与国家。语言之流动性大，因有政治、经济之中心点，使语言趋于标准化。而文字则加强其标准化。

在文字发展之过程中，通常是两体并行，此可称铭刻体与手写体。印刷术发明以后，文字即告固定，亦即有标准铭刻体了。我国至宋代印刷盛行，中国之文字遂固定化。名为宋体字，实即唐代之楷体而应用于印刷者，此宋体字之运用，以迄近代。

事实上，一个字多写几笔、少写几笔，已不是太重要的问题，对文盲的多寡，也没有绝对的影响。此外，中国五千年文化，多少宝贵典籍，用宋体字得以留传下来。现在的一代，因为只认识简体字，遂逐渐与历史文化脱节。他们如何根据过去的知识，考虑现在及将来，以担负建设中国的任务呢？

因此，秋原敬向大会提议，希望两岸学者共同努力：

1. 承认亦尊重大陆现行使用中之第一批简化字，但亦让传统正体字自由使用，观察社会之自由选择。

2. 将大陆四十年来之学术著作，以正体字印刷，与台湾四十年来之学术著作进行大规模交换。

---

① 胡秋原：《古代中国文化与中国知识分子》，台北：学术出版社1988年第5版，第129页。

3. 鼓励两岸文学作品及电视电影之交流。

4. 两岸共同编辑字典，多载同义异字之成语。

5. 经常举行会议，讨论中国文字整理，中国语言文字特色之研究，以及中国文法及国文教学之改进等问题。

6. 共同研究中国文字检查与索引方法之改进，机械化与输入电脑种种问题。

秋原深信，经过两岸共同的努力，必可促进中国人之真诚团结，增进了解，培养感情，加速和平统一日子早日到来。这就是中国文化复兴大业的开始，也是民族重建新生命伟业的完成。这是秋原对大会最深的祝贺，也即是对大会的提案，幸诸先生有以教之。”

胡秋原对大陆推行的简化字，系统地阐述了自己的观点。他指出：“承认亦尊重大陆现行使用中之第一批简化字，但亦让传统正体字自由使用，观察社会之自由选择。”胡秋原的这一立场体现了尊重大陆人民、尊重历史、尊重现实的科学态度。

简化字是汉字历史发展中出现的。在汉字的长期历史发展过程中，繁化和简化是同时存在的。比如说，从甲骨文至大篆的演变过程中，许多字趋向繁化。人们为了精确地表达自己的观念，区分客观事物，因此，在一些原有文字的基础上增加形旁、声旁。从现代科学的观点来看，从历史的观点来看，增加一个简化字，就增加了一个符号。这在电子计算机技术的各个方面体现得非常明显。文字产生以后，它及它负载的文化，是不以任何人的主观意志为转移的客观存在。因此，简化一个汉字的同时就等于增加了一个新的文字符号，这在科学的意义上也是一种繁化。那种把文字的简化说成是汉字发展规律的观点是幼稚的、不全面的、不科学的。汉字的简化只是文字发展过程中的一种现象，是与一定的历史条件相联系的，它的发展并不是无限的。

胡秋原提出：“中国五千年文化，多少宝贵典籍，用宋体字得以流传下来。现在的一代，因为只认识简体字，遂逐渐与历史文化脱节。他们如何根据过去的知识，考虑现在及将来，以担负建设中国的任务呢?”胡秋原在这里深刻地指明了汉字的固定化是历史发展的必然趋势。文字作为文化的载体，它的民族性、历史性、继承性必然要求文字的固定化。特别是随着科学技术的发展，文字的固定化不仅是必须的而且成为可能。当代的电子计算机技术、印刷技术的高度发展，文字书写的困难已经发生了很大的变化，例如，利用电子计算机进行文字处理，多几笔，少几笔，在技术上是无足轻重的。胡秋原从继承中华民族文化遗产的高度提出：“只认识简体字，遂逐渐与历史文化脱节”的论断是十分重要的。关于推行简化字的历史经验值得认真总结。首先在理论上，推行简化字是在文字必须走拼音化的道路的错误指导方针下进行的，其理论基础是“汉字落后论”，因此推行简化字在许多问题上背离了汉字发展的规律，破坏了汉字的科学性，其中最明显的例证就是“二简”，对汉字胡简乱改，遭到了广大群众的一致唾弃。“二简”的产生不是偶然的，其深刻的教训值得认真汲取。对汉字简化工作的科学总结，不能拘泥于某几个字简化得是否正确，而必须首先从全局上，从指导思想上，从理论基础上进行总结。某些权威理论家，抹煞历史，歪曲历史，并以“两个凡是”的姿态出现，不允许人们对汉字简化工作进行批评。因此，在评价简化汉字工作时，必须解放思想，坚持实践是检验真理的唯一标准，根据实践的检验，实事求是地评价汉字简化工作的功过。在这方面，胡秋原的意见是值得我们重视的。

多年前，北京图书馆馆长任继愈提出“识繁用简”，袁晓园提出“识繁写简”，这些主张同胡秋原的意见大致相同，都是从大陆的文字应用的实际出发提出的有利于继承中华民族文化，有利于振兴中华的主张。我们大陆现行教育制度在中小学没有繁体字教学，这就必然对继承发展中华民族的文化产生不利的影响，其严重的后果就是胡秋原所指出的“逐渐与历史文化脱节”，这是不以任何人的主观意志为转移的客观事实。某些人士把繁体字视为“不规范字”的观点在理论上是错误的，在实践中是极其有害的。众所周知，台湾、香港、澳门地区现在仍然通行繁体字，如果承认台湾、香港、澳门地区是中国领土不可分割的一部分的话，那么就应当承认繁体字负载的台湾、香港、澳门地区人民的文化是中华民族文化的不可分割的一部分。全国人民代表大会通过的香港特别行政区基本法及澳门特别行政区基本法都无一例外地承认了应用繁体字的合法地位。因此，那种把繁体字视为“不规范字”的主张在法律上也是没有根据的。江泽民同志指出：“要继续贯彻国家现行的语言文字工作的方针政策，汉字简化的方向不能改变。各种印刷品、宣传品尤应坚持使用简化字。海峡两岸的汉字当前可各自维持现状，一些不同的看法可以留待将来去讨论。书法是一种艺术创作，写繁体字，还是写简化字，应尊重作者的风格和习惯，可以悉听尊便。”江泽民同志的上述指示，体现了国家现行的语言文字工作方针政策，体现了对台湾、香港地区人民使用繁体字的习惯的尊重，也体现了对书法艺术的重视，因此得到了各界的一致赞同。某些人在大陆刮起过的横扫繁体字牌匾的歪风，不尊重书法家的风格和习惯，并且在经济上造成了严重的浪费，因此是非常不得人心的。我认为，对汉字的各种不同看法是可以讨论的，胡秋原关于汉字的主张自然应当作为一家之言受到应有重视。

2009 年 8 月，教育部和国家语言文字工作委员会提出了一个“通用规范汉字表”，其中要改变 44 个汉字的字形。上述做法不利于汉字的稳定，特别是对汉字信息技术将造成巨大的经济上的损失和浪费，遭到了多数群众的反对。我们在京组织了“质疑通用规范汉字表专家座谈会”，引起了社会各界的重视和共鸣。国家教育部依据多数群众的建议，已暂停执行这一所谓的“通用规范汉字表”。我们认为应进一步认真总结教训，以利于汉字和社会文化稳定的发展。

中华民族漫长而浩瀚的文明，文化的形式千姿百态，绚丽多彩，但其最富普遍形成和普遍意义的是汉字和汉字文化，即汉字对中国文化与历史发生了决定性作用。汉字和汉字文化历经数千年的历史已发展成为中华民族的共同文化，成为中华民族最富特色的文化特征，因而，汉字成为了中华民族团结之天然纽带，亦中国文化与中国社会生活的共同根基。

在人类走进 21 世纪的庄严时刻，炎黄子孙面临着复兴中华民族的伟大历史责任。在今天，正确地认识汉字不仅是一个文化问题，同时也是一个十分重大的政治问题，其重大的政治意义，不容忽视的一个方面就是直接关系到中华民族的复兴和祖国统一事业的实现。

胡秋原的汉字学说充分体现了他在政治上的强烈的爱国主义、民族主义精神和科学上的远见卓识，这是他为继承和发扬中华文化的优秀传统，为统一祖国和振兴中华做出的巨大贡献。历史将永远铭记他的名字和这一功绩。

胡秋原是国共两党关系中的传奇人物

□ 毛 磊

我于2006年向武汉市有关部门提出：应于2010年举办纪念胡秋原先生诞辰一百周年的学术研讨会。2007年，在武汉市政协举办的中秋联欢会上，我结识了胡秋原先生的女儿胡采禾女士，向她提出这项建议，她很高兴地接受我的建议并同武汉大学哲学学院进行磋商，哲学学院认为这个建议很好，决定于2010年6月16日（胡秋原先生的生日是6月16日）在武汉大学哲学学院举行“纪念胡秋原先生诞辰一百周年学术研讨会”。

我之所以提出此项建议有三方面的原因：首先，胡先生与我是校友。胡先生于1928年离开武汉大学，我于1956年武大毕业。其次，我与胡先生也算是同乡。1959年我作为知识分子下乡参加劳动锻炼，被分配到黄陂木兰公社胡家大湾，度过了一段不平凡的岁月，即1959年遇到了春荒，胡家大湾作为一个生产队，种了几亩青菜，是村民赖以度荒的生命线，但常被人偷盗。于是，我被派去担任夜间巡逻的任务，倒春寒甚为严重，连绵不断的春雨更添寒气，我在春雨中守候这几亩菜地，与村民度过了春荒，与村民结下了深厚的情谊。所以说，我也算是胡家大湾的村民，与秋原先生同乡了。再次，胡先生是国共关系中的传奇人物，而我专门研究国共两党的关系，从这个意义上说，我与胡先生是同行，在这“同学、同乡、同行”三同的情况下，我自然会提出这个建议，这里主要介绍胡先生在国共关系中所扮演的特殊角色。

一、一个少年竟在第一次国共合作中扮演出众的角色

中国有句古话叫作“自古英雄出少年”。胡先生少年就成为政治舞台上的英雄。

还在北伐军到达武汉以前，胡先生就在《十月革命纪念专号》上发表文章，引起董必武等中共人士的注意，并聘请他担任《武汉评论》的编辑工作，这是一个国共合作创办的刊物，胡先生为刊物写了不少有影响的作品，董必武对胡先生的文章倍加赞扬，称胡先生为“小超人”。由于胡先生的文章获得社会的好评，国共合作在武汉办了一所党务干部学校，17岁的胡秋原被聘请为教员，主讲《各国革命史》，深受学员的欢迎，该书正式出版后也受到好评。

由于胡先生为国共合作做了有益的工作，名声越来越大，1927年4月下旬，全国学生总会主席唐鉴请胡先生担任全国学生总会会刊《中国学生》的主编，该刊物为宣传国共合作进行北伐革命做了很多的工作。

特别要提出的是，胡先生为国民党湖北省第一次代表大会撰写了宣言。这次大会是北伐军攻克武汉后召开的一次重要会议，是国共合作的一次会议。时任国民党省党部宣传部长的钱亦石（中共党员）突然找到胡秋原先生说：大会各项工作已就绪，就是大会宣言没有准备好，一定请胡先生帮忙。胡秋原奋笔疾书，很快完稿，董必武阅后大加赞赏，该文成为国民党湖北省第一次代表大会的重要文献。此消息不胫而走，胡秋原的名声更加提高。汪精卫集团分共后，第一次国共合作彻底破裂，由于胡秋原在武汉革命活动中太引人注目，成为反动派通缉的人物，胡秋原到处躲藏，当他到胡业煊家中时，大嫂神情紧张地说，现在军警挨家挨户地搜寻胡秋原，要他赶快回黄陂避难。胡先生连忙摘下眼镜，借族兄的一顶帽子并粘贴了一个八字胡须，再将短衫套在长衫上，连夜逃回老家，后又转去上海。

一个17岁的少年，竟能够在第一次国共合作中做出这么多的事情来，这在全中国都是少见的；一个少年，竟然在国共合作举办的党务干部班上讲各国革命史而大受欢迎，国民党湖北省第一次代表大会的宣告，竟出自一个未成年人之手，全国学生总会的机关刊物《中国学生》的主编，竟然是一个少年；最后，一个未成年人竟然成为反动派追杀的对象，而这位少年竟然化装后远走高飞，脱离险境到上海求学，这一切的一切，可说是英雄行动。他不愧是英雄少年，在第一次国共合作中扮演这么传奇的角色，可以说在全中国是罕见的！

二、胡秋原是第二次国共合作最早的牵线人

第一次国共合作破裂后，两党进行了长期的对立斗争，到1935年底时，红军已由30万人下降到只有数万人，中央红军长征已到达陕北，但其他各路红军仍处于被围剿之中，两党在战场上厮杀得难解难分。但是，日本侵略者在向华北入侵，在这种情况下，国民党一部分人士也想与共产党接触以结束内战，一致抗日。1935年底，国民政府电令驻苏联武官邓文仪与中共秘密接触，邓文仪写信给共产国际，希望与中共接触，王明、康生、陈云等商议先由潘汉年与邓文仪接触，视情况再由王明直接出面与邓文仪接触。

如何与邓文仪接触呢？王明等人认为正在与中共合作主办《全民月报》的胡秋原是合适的人选。王明向胡先生提出要与邓文仪接触后，胡先生欣然应诺，恰在此时，邓文仪也找胡秋原希望与中共接触，两人一拍即合。1936年1月13日，潘汉年与邓文仪在胡秋原的寓所进行商谈，这是第一次国共合作破裂九年后，国共两党代表的第一次接触，开创了第二次国共合作的先河。万事开头难，有了第一次接触，就会有第二次、第三次……历史就是这样走过来的，但是胡秋原第一次把两党代表请到自己的寓所会谈，这在第二次国共合作的历史上却有重要的意义。但在过去研究国共两党关系历史中，却很少有人关注这个问题，我

们应该实事求是地评价这段历史，即凡是为国共两党合作做好事的人，都应该予以表彰，给予应有的历史地位。

有人认为这是小事一桩，不值得宣扬，要知道破冰是艰难的，潘汉年与邓文仪在胡秋原家商谈，可说是开创第二次国共合作的破冰之举，坚冰已经打破，航船已经起航，前进的道路上还有惊涛骇浪，但毕竟国共第二次合作航船已起航，这是多么重要的事件啊！而胡先生正扮演了这个破冰之举的主角。第二次国共合作经历了秘密接触、公开谈判、正式形成、发展高峰、不断摩擦、不断谈判、局部破裂、完全破裂共8个阶段，从秘密接触的1936年1月开始，到1947年2月中共代表团从南京回延安，经过整整12年，这12年就是从1936年1月13日在胡秋原寓所两党代表会谈算起的，因而这是一个具有重要意义的日子，是胡秋原先生一生中最重要的闪光点！

三、第三次国共合作中第一次访问北京的国民党现任高官

应全国政协之邀，台湾知名人士和《中华杂志》发行人、“中国统一联盟”名誉主席胡秋原，从台北转到美国，远涉重洋，于1988年9月12日到达北京，在大陆停留一个多月，其中最重要的是会见李先念、邓颖超等中共中央和全国政协领导人。在会见中双方除叙旧以外，最重要的是商谈国家统一问题。胡先生的主要观点为：第一，台湾地区成为亚洲四小龙之首，已富了起来，大陆有原子弹和人造卫星已强起来了，把富与强结合起来，就是中国的富强，因而必须统一，才能实现中华民族的伟大复兴。第二，应尽早统一，最好能在20世纪实现统一，以免生变。第三，海峡两岸有两个宪法，应经过协商再制订一个新宪法，最好两岸都能接受，按新宪法实行祖国的统一。尽管这些想法不一定很科学，但是，能提出统一的具体建议也是很好的。李先念、邓颖超与胡秋原在祖国和平统一这个大原则上是有共识的。胡秋原还访问了西安、兰州、上海、武汉等地，每到一地都受到热情接待，如到上海时，时任上

海市市委书记的江泽民就热情接待了胡先生。

由于胡先生此行是国民党高层人士第一次访问大陆，引起国内外的强烈反响，李登辉深恐引起多米诺骨牌效应，就召开国民党“中常会”决定开除胡秋原的党籍，台湾有关当局又做出停止胡先生两年内外出的资格，以阻止更多的国民党官员赴大陆访问。胡秋原在赴西安访问途中闻讯后，即发表严正声明：吾在大陆的言论不过是重复《中华杂志》上的观点，没有违犯任何法律与纪律，吾不过是年已八旬的老儒，别无他求，只希望中国统一。胡先生的声明，义正词严，掷地有声，在台湾地区引起强烈的反响。当他返台到达桃源机场时，有 400 余人接机，“欢迎胡秋原先生北上归来”的标语十分醒目，“中国统一万岁”的口号声响彻机场。台湾人民对胡先生的破冰之旅给予高度的评价，说明此行在台湾地区有着重大的影响。

对于李登辉开除胡秋原党籍的做法，大陆也给予猛烈的抨击。全国政协机关报《人民政协报》为此发表《海峡精禽赤子心——评述胡秋原的大陆之行》一文并指出：胡秋原先生满怀爱国热情，回到暌别近 40 年的故土，宣传“中国必须统一”的主张。然而，就在他访问西安途中，竟被国民党开除党籍。我们不能不表示关注。宋词云：“青山遮不住，毕竟东流去！”人民要团聚，祖国要统一，这是民心所向，大势所趋，任何力量也阻挡不了。我们深信，胡先生的大陆之行，对祖国统一大业，必将产生良好的影响。《中国和平统一促进会致电慰问胡秋原》的电文说：“当我们听到国民党中央常务委员会开除您党籍的消息，十分遗憾，这是个有违国人统一祖国愿望的决定。我们以十分同情和坚决支持您为国家统一奔走呼号的崇高心情，向您致以深切的慰问！并祝旅途顺利身体健康！”上述评论，代表了中华民族强烈要求祖国统一的心声，在两岸产生了积极的影响。

胡先生为什么能做出这么大智、大仁、大勇的行动呢？主要有两方面的原因。

首先，胡先生有高尚的爱国情操。1941 年叶楚伧介绍他加入国民党时，他就郑重声明：“自信国高于党，如党与国之利益不调和时，惟有以国家利益放在第一。”他很明确国家利益高于党派利益，这是他一贯的思想。当蒋介石与苏联签订中苏友好同盟条约而使中国再次失去神圣领土时，他以立法委员的身份，印发传单坚决加以反对。蒋介石甚为恼火，决定免去胡秋原《中央日报》副总主编、国防最高委员会秘书之职。1988年的大陆之行，同样体现了他的高尚爱国情操，他不把国民党的利益放在中华民族的利益之上，而不顾国民党的一党私利而访问大陆。为了爱国，他可以牺牲自己的切身利益，为了祖国统一，他不顾一切地向前冲！

其次，胡先生有知识分子的骨气。为了真理不畏牺牲，“朝闻道，夕死可矣”。胡先生在美国宣布要访问大陆时，“台独”分子对其恐吓，扬言如胡先生去大陆，等待他的不是“法办”就是“死刑”。但他不怕威胁，毅然决定飞回大陆。当他返台后向当局报告大陆之行时，“台独”分子嚣张地宣称：若胡上台发言，定叫他走着上台，躺着下台。胡先生大义凛然地走上讲坛，慷慨激昂：“我是从飞机大炮中过来的人，不会被任何威胁所屈服！”

胡先生上述品格在今天具有特别重要的意义。为了两岸统一，我们需要付出很大的努力，因为国际上有些国家不想中国统一，如美、日等更是干涉中国内政，加上“台独”势力还十分猖狂，他们为了反对统一，可以做出许多反动行为，在这种严峻复杂的形势下，两岸统一的阻力很大，需要我们认真对付。在这个长期复杂的斗争中，要发扬胡秋原先生不怕牺牲自己一切的精神，这就是我们纪念他百岁诞辰的意义所在，现在是多么需要为两岸统一而献身的大无畏精神啊！

总之，国共两党在90年的历史中，呈现出合作、分裂、再合作、再分裂、又合作的曲折历程，两党的关系如何，关系到中国的前途与命运，是中国近现代史的一个中心问题。第一次合作打败了北洋军阀，实现了孙中山先生统一中国的遗愿。第二次国共合作打败了日本侵略者，中华民族获得反抗侵略的伟大胜利。第三次国共合作必将为中华民族的伟大复兴做出新的贡献。在这三次合作中，胡先生扮演了奇特的角色，第一次国共合作的牵线人是马林，他于1921年底到桂林与孙中山先生商谈国共合作的问题；第二次国共合作牵线人是胡秋原；在第三次国共合作的酝酿历史过程中，胡秋原是第一位访问北京的国民党高层人士，尽管他是以私人身份。随后国民党人士多次到北京访问，发展到2005年，国民党主席连战访问北京，胡锦涛与连战进行了会谈，从此，第三次国共合作正式形成。从1988年胡秋原访问北京，开启了第三次国共合作的先河，经过17年的酝酿沟通、交流，到2005年第三次国共合作正式形成，其中历经波折却又充满期待。因为每一次国共合作的发展都有一个过程，都是从秘密接触、私人接触，再到公开谈判等阶段，而不是一下子就能完成的，正是从这个角度来看，胡秋原是第三次国共合作中第一个公开访问北京的国民党员，这样来定位胡先生在国共关系中的地位，是有根据的。

最后希望借此次会议，大力宣传胡先生为祖国统一而不惜牺牲自己政治生命和人身安全的大无畏精神，坚实地踏上大陆的勇气，大力提倡为反对“台独”促进祖国统一贡献自己一切的精神，为早日实现两岸统一与中华民族的伟大复兴而努力奋斗！

人格尊严、民族尊严、学问尊严
——“纪念胡秋原先生诞辰一百周年学术研讨会”综述

□ 谢远笋

胡秋原是已故著名思想家、武汉大学前辈校友，于1910年农历五月初五出生于湖北省黄陂县（今武汉市黄陂区）木兰山下之胡家大湾，1925年考人武昌大学（武汉大学前身）理预科，1927年改入文学系。2010年6月16—17日，由武汉大学哲学学院、中国传统文化研究中心、国学院共同举办了“纪念胡秋原先生诞辰一百周年学术研讨会”。海峡两岸20位学者参加了此次研讨会。与会学者就作为知识分子的胡秋原及其知识分子论、胡秋原对马克思主义的研究及两大论战、胡秋原的历史与文化思想、哲学观与科学观、民族主义思想、文艺思想等议题，宣读了学术论文，并对胡秋原学术思想的学派归属、思想定位、文艺自由论及对封建社会论的批判、民族主义与文化复兴、超越西化与多元现代性等问题，展开了深入的讨论。

一、知识分子与知识分子论

郑学稼先生说：“胡秋原是现代中国知识分子的镜子。”胡秋原一生以民族大义为重，有知识分子的风骨。对自由的执着追求，对民族的道义担当，对知识的上下求索，交织出胡秋原的伟大人格。他一生护持“人格、民族、学术”三大尊严。研讨会上，与会学者们特别是随侍胡先生多年的尉天骢、刘源俊、姜新立三位弟子，对作为一名知识分子的胡秋原给予了极高的评价。1988年10月，时任武汉大学副校长的陶德麟教授曾代表学校接待了回母校访问的胡秋原先生一行，且有诗词唱和。陶德麟称赞胡秋原不仅著作等身，其学术成果在中国现代思想史上留下了不可磨灭的足迹，而且走出书斋，身体力行，在每逢事关中华民族的大是大非的关键时刻，都能不畏艰险，挺身而出，历经顿挫而矢志不渝。中南财经政法大学毛磊教授论述了胡秋原与“三次国共合作”的关系。台湾东吴大学刘源俊教授说，胡秋原以认真好学求是讲理的态度、深厚的学问功力与强烈的民族复兴使命感，超然于政治意型，不囿于学术门派，他着眼于整个中华民族。他融贯中西而发表的谠论值得世人重视，他传道解惑孜孜以求、思考大局独立评论、不淫不移不屈不懈的精神，值得全球中华儿女景仰、学习、怀念。台湾政治大学尉天骢教授说，胡秋原自称他既不是左派，也不是右派，而是正派。台湾佛光大学姜新立教授说，在思想上，胡先生是民族主义思想家，一生追求中国问题之解决；在学问上，历史学、文化学、哲学、思想理论均成一家之言。中国社会科学院哲学研究所李敏生研究员赞赏胡秋原文如其人，他不仅学识渊博，涉猎文化领域之广、之深，实属罕见，且人品高尚，在中华民族现代史的关键时刻，他都为维护中华民族的利益不顾个人安危，而站在时代前列。

武汉大学郭齐勇教授认为胡秋原先生是知识分子的典范，一生以公共知识分子自任，怀抱道德理想，积极参与、批评、指导现实政治，又尤重从理论与历史的角度研究知识分子问题。郭齐勇指出胡秋原深研传统文化特色，分析了传统政治文化与历代中国知识分子之关系，论述了中国知识分子的精神。郭齐勇认为，胡秋原通过对中国历史上治乱循环与传统知识分子仕隐循环的分疏，揭示出传统中国知识分子的道义担当，减轻了暴君污吏毒素的作用，不至于让皇权无限伸张，形成了传统中国在政治上的开明专制，维系了中国文化慧命的延续。只有在中国，知识分子与历史的治乱兴衰才有如此紧密的联系；也因此，只有在中国才有一部完整知识分子史。胡秋原对近现代文化思想史也有精到的研究，尤对面临深刻的中国文化危机、西方文化危机与政治变局中的知识分子的处境有深切的体验。在此基础上，郭齐勇分析了胡秋原论知识分子之应然，及其以切身体验检讨近现代特殊历史背景中的中国知识分子的地位、作用问题。

二、马克思主义研究及两大论战

胡秋原是由文艺问题而进入马克思主义的，特别是对马克思主义经典作家普列汉诺夫有精深的研究。文艺自由论辩因胡秋原而起，胡秋原又是社会史论战的重要人物。20世纪30年代初，胡秋原创办《文化评论》，主张文艺自由，自称“自由人”，由此掀起了一场声势浩大的文艺自由论辩。在其后的社会史论战中，作为论战的主要参与者，胡秋原跳出了西欧历史模式的窠臼，不承认“五阶段论”直线递进模式的普遍性，提出了著名的“专制社会论”。胡秋原终其一生，对马克思主义的研究前后长逾70年。姜新立以历史的脉络，将胡秋原对马克思主义的持续研究作了历史的纵切，梳理了胡秋原对马克思研究的知识历程；在此基础上，再将胡秋原对马克思主义研究的理论内容作知识的横切，从“关于‘马克思’的研究”、“对‘唯物史观’的研究”、“对‘普列汉诺夫’的研究”、“关于马克思的《资本论》”、“区分‘马克思主义’与‘马列主义’”、“关于‘青年马克思’的研究”等几个面相，系统地论述了胡秋原对马克思主义的研究。文中，姜新立还从“马克思主义之特质”与“马克思主义的变异”两个方面，论述了胡秋原晚年对马克思主义的研究，指出胡秋原并没有禁锢于冷战思维模式，而是对马克思主义做出了深刻的学理分析。

关于文艺自由论战，尉天骢认为政治挂帅和党派至上的运作，造成了对文艺自由的伤害和污染。而政治和党派的现实又各自具有不同的国际背景，于是内外交相迫害和污染，使得中国近代社会的知识分子遭遇到一波又一波的挫败。广东商学院尹康庄教授认为，对文艺自由与创作自由的区分，是理解胡秋原文艺自由言说的前提，二者并非同一的命题。在文艺自由论辩中，胡秋原与其他派别的言说，相通之处在于认为文艺创作应是自由的，反对“用一种中心意识，独裁文坛”。但是，由于胡秋原对马克思主义文艺思想有深入的研究，他试图将马克思主义与自由主义结合起来，因此，他的论说又均与其他派别不同。尹康庄指出，胡秋原的文艺自由言说，既维护了文艺的一些基本品质、本质属性，又认识到文艺追求某种时代功利目的的合理性。关于社会史论战，武汉大学冯天瑜教授指出，其中除“新生命派”与“新思潮派”两大主要流派外，“自由人”胡秋原提出的专制社会论，具有重要的学术价值。胡秋原兼通中西学术，较熟悉马克思、恩格斯原论，立足于中国历史实际，都反对以“原始社会——奴隶社会——封建社会——资本主义社会”这一线性公式硬套中国史，认为秦至清的社会形态并不能以“封建”名之，胡秋原将其概括为“专制主义”。南京大学中国现代文学研究中心葛飞讲师以左翼与“神州”的关系演变为线索，系统地分析了20世纪30年代政治文化空间的发展变化。

三、民族主义思想

胡秋原先生是20世纪中国民族主义思想的重镇。武汉大学田文军教授认为民族主义是胡秋原先生秉持的最基本的人生理念与价值取向，也是胡秋原先生在其长期的学术活动中始终坚持的理论原则与思想前提。胡秋原在思考中国文化时，所秉持的即是一种坚定的民族主义立场，胡秋原谓之“纯民族主义”，亦谓之“国民主义”。在胡秋原看来，近代中国之所以贫弱、落后，一个重要的原因即在于我们没有“近代民族国家之基础”，缺乏“民族主义的精神，爱国主义的精神”。田文军认为，对于中国文化创新，胡秋原同样是从民族主义出发的，在胡秋原看来，文化建设的“超越”是一种“会通超胜”。这既意味着民族文化的复兴，也意味着民族文化的创造。李敏生指出汉字和汉字文化历经数千年的历史，已发展成为中华民族的共同文化，成为中华民族最富特色的文化特征。李敏生从“汉字是中华民族团结之天然纽带”、“尊重大陆的简化汉字”两个方面论述了胡秋原的汉字学说。李敏生指出，胡秋原的汉字学说充分体现了他在政治上的强烈的爱国主义、民族主义精神和科学上的远见卓识，胡秋原汉字学说的落脚点还是民族主义的。

华中师范大学何卓恩教授认为，胡秋原的民族主义内涵十分丰富，如政治上的国家至上论，文化上的超越前进说，学术上的理论历史学等。何卓恩指出，胡秋原的理论历史学的唯智倾向，超越前进说的含糊性，以及国家至上论对自由民主的遮蔽，使其民族主义亦显示出若干非理性的偏向。武汉大学博士生谢远笋指出，在胡秋原的思想体系中，“民族”是一个至高无上的概念，但他并没有囿于民族主义的意识形态，而是分析了西方民族主义的发展历程及其与帝国主义的关系，主张民族主义与自由主义、民主主义结合起来；他通过对中国的道统—天下、政统—国家的深入探讨，分辨出了古今中西民族观念的同与异。胡秋原承继梁任公的“新史学”，通过对中国历史的重新叙述，来彻底唤醒民众的现代“民族意识”。在与帝国主义的对抗中，文化守成主义者诉诸中国文化，自由主义者诉诸中华民族，马克思主义者诉诸无产阶级。

四、哲学与科学、文化与历史

武汉大学李维武教授认为，胡秋原对历史与现实之间的思考，对古今中西文化问题和海峡两岸关系问题的关注，都有哲学思想贯穿于其间，他的哲学思想表现出了明显的心学特征。正是由此出发，胡秋原形成了自己理解文化与人生的哲学思想。在李维武看来，胡秋原并不是文化保守主义者，更不属于现代新儒家人物，但他却对儒学的现代价值持积极肯定的态度。胡秋原对儒学核心价值的吸取与弘扬，从一个方面鲜明地体现了儒学核心价值在20世纪中国思想世界的生命力与影响力。刘源俊在论文中集中论述了胡秋原的科学观，指出胡秋原少年时期以

“科学救国”为志向，考进武昌大学时就读的是理预科，两年之后才转入文科，他一生关心科学史与科学方法论。刘源俊从科学与科学方法、科学精神与态度、科学史与中国科学落后的原因及科学发展政策四个方面，详尽地分析了胡秋原的科学观。

武汉大学胡治洪教授侧重分析了胡秋原的西方文化观。胡治洪指出，通过广泛深入研究西方文化，胡秋原认为西方文化在近四百年发展繁荣的后期，已经陷入深刻危机，并进而危及整个人类；导致西方文化危机的原因在于资本主义、科学主义畸变为势利主义、虚无主义，而近代西方启蒙价值在这种文化背景中或根本未能落实，或发生扭曲，故对于这种文化必须予以扬弃的超越。胡秋原揭露西方文化危机的主要目的在于矫正本国西化人物崇西贬中甚至趋西弃中的心态，由此表达的“超越西化”思想具有不容忽视的现实意义。胡治洪认为，时至今日，在西方文化的说服力逐渐减弱而中国文化的主体性日益高扬的形势下，仍有西化人物放言西方文化一贯优秀并且永远优秀，且将理论形态的近代西方启蒙价值认作西方社会的现实，贬低中国文化自始至终都只是错误和失败，除非融入西方文化，否则将没有未来，并在所谓“新批判”的旗号下对世人公认的中国文化（主要是儒家文化）价值加以肆意歪曲和糟蹋。他们的片面言论，对于民族自信心和凝聚力，对于中华民族的全面复兴，具有不可低估的负面影响。针对这种状况，对胡先生“超越前进论”中所包含的“超越西化”思想予以特别表彰，无疑是颇有现实意义的。武汉大学硕士生介江岭侧重分析了胡秋原的中国文化观。介江岭指出，胡秋原对中国近现代所面临的文化危机有着独到的认识，在与其他各家文化理论的论争中，他以自由和民族为基本精神原则，提出了超越前进的文化论主张。清华大学博士生尹捷通过将胡秋原20世纪30年代关于五四的思考，放回到他所处的复杂的文化场域中进行考察，分析了胡秋原与五四纠结一生的精神联系的初始建立过程，以及在这一过程中，他所处的思想史和文学史上的“位置”。

西方哲学研究
第9辑
PHILOSOPHICAL
INQUIRY
出版者：
武汉大学出版社
2011年

集体意向理论对行动意向论说明难题的解决

□ 黄 妍

在日常生活中，行动的参与者常常不止一个，多人参与的联合行动（joint action）或集体行动（collective action）在日常生活中比比皆是，比如："罗素和怀特海共同发表了《数学原理》"；"管弦乐队共同演奏了一首交响乐"；"中国人民举办2008年奥运会"。值得注意的是，联合行动或集体行动并不等于是一群个体一起做事——在一些情况下，许多个体做相同的事情，但不是联合行动和集体行动。比如："莱布尼茨和牛顿都写过有关微积分的著作。"很显然，两人做的分别是两件不同的事。而"罗素和怀特海共同发表了《数学原理》"表明了两个人在共同做一件事。再比如"中国人民2008年都在买房子"这和"中国人民2008年举办奥运会"是有区别的。我们如何认识集体行动并对其做出说明呢？

一、行动的意向论说明

最通常的行动说明方法是以行动背后的意向性心理状态作为行动的

原因或者理由。① 不论是行动的因果论说明或者是目的论说明，都认为行动和行动者的心理意向不可分开。

美国哲学家约翰·塞尔认为行动（action）是有意义的行为（meaningful behavior），除了简单的、无意义的身体运动之外，还具有另外的内容——意向（intention）。意向是一种具有意向性的心理状态，塞尔在其著作《意向性》（*Intentionality*）中对意向性下了一个定义：意向性是我们的心理状态独有的特性，这种特性是指我们的心理状态能够指向、涉及、关联到或针对外在世界的种种事项和事态。一种意向性状态，比如一种信念、愿望或意向，作为行动中的意向使单纯的身体运动成为有意义的行动。

身体运动和意向这两个部分对于行动是缺一不可的，塞尔用两个实验分别把行动中的心理部分和物理部分区别开来，并加以考察。首先是神经生理学的实验，利用电刺激病人皮质的某个部位，这种方法可以导致该病人的肢体运动，而病人对此却一无所知。在这一实验中，我们就将没有意向的身体动作分离出来了。这种身体动作和行动中的身体动作可能是完全一样的，但是两者显然又有区别。因为当我们询问病人是否做出了动作，病人会认为自己并没有动。而另一个试验，就是将心理部分分离出来，而没有涉及与行动相关的物理部分。按照这一试验，先将病人的一只胳膊麻醉，在暗室中将他的这只胳膊抓住，然后命令他举起这只胳膊。他以为自己按照命令去做了，但是实际上他的手并没有举

① 行动的“原因”其英文为 cause，而“理由”的英文为 reason。前者属于行动的因果论说明，认为意向可以作为动因引起行动的发生；而后者属于行动的目的论说明，认为意向是用来说明行动的合理性，不一定是引起行动的诱因。塞尔在其著作《行动中的理性》一书中举例说明了原因和理由的区别：“某个人对他的上司怀恨在心，一直想要杀死他的上司，在某次野外狩猎时，这个人抱着杀死上司的意向向上司开了枪。不料这个人的枪走火，子弹并没有射到他上司。但是开枪的声音惊动了附近的一群野牛，奔跑的野牛踩死了他的上司。”在这一例子中，此人的意向“杀死上司”并非是上司之死的直接原因，而只能作为他的上司为什么会死的理由。

起。在这两个实验中都没有可以称为行动的东西，如果说一个人单单做了一个动作，并没有任何相应的意向状态，那么当我们问他："你为什么这样做?"他根本无法回答这个问题，因为他没有这样做的意向。连最简单的回答"我意图这样做"都不能回答。由于我们无法为他的动作找一个原由，因而不得不说这个动作是无意义的。

美国哲学家戴维森是行动因果论说明的代表，他认为行动与事件的区别就在于行动包含了行动者的意向。他在其1963年发表的《行动、理由和原因》一文中举例：我按一下开关，打开了灯，照亮了房间，同时我意想不到的是，我还向小偷展示了我正在家中的事实。在这一例子中，"我打开灯"和"警告小偷"是我的一个动作的两种不同的描述，其中"我打开灯"是包含着"我想开灯"的意向在内的，然而"警告小偷"并没有任何意向包含在内，因为我不可能知道有小偷在关注我的房间。那么"打开灯"就是一个行动而"警告小偷"就只是个事件。我按开关，因为我想开灯。"我想开灯"合理地说明了我"按开关"这一行动，但是这并不能说明在其他描述下的行动，"警告小偷"就不能够得到合理的说明。

在对行动的说明中，目的论说明和因果论说明的争论一直在持续，但是其都是把"意向"引入到行动的说明中，不论意向是行动的因果性的原因（cause），或者意向是一个行动的理由（reason），意向都被用来对行动进行某种说明。这种把行动的原因或者合理性归于行动者的意向的行动说明模式是否适用于集体行动呢?

二、集体行动的意向论说明

意向对行动的说明模式同样被用于对集体行动的说明，集体行动的特殊性在于集体行动的行动者不止一个，而行动理论所针对的是个体行动者的意向，在说明集体行动时将会遇到问题是，意向能够说明集体行动的合理性吗?首先，按照行动的意向说明理论，集体行动作为行动的一种，也是由物理部分和心理部分组成的，集体行动背后的意向是何种意向呢？

对于集体行动最简单的一种说明就是认为集体是由个体组成，那么集体行动的意向也是由个体意向组成。这种对集体行动叠加式说明也是对集体意向的叠加式说明，这种说明方式称为叠加式说明（summative accounts），即认为集体意向就是集体中的全部（或大多数）成员具有相同内容的意向的总和，即集体意向是个体意向的累积，也称其为叠加式说明，叠加式说明区分了简单叠加式说明和复杂叠加式说明。

简单叠加式说明是指：集体 G 有意向 P 当且仅当所有或大多数成员都有意向 P。所谓“集体意向”都是由多个个体意向累积而成，最终都可以还原为个体意向。集体意向“我们有某某意向”是由集体成员的“我有某某意向”组成。但这种简单叠加式的说明是不充分的，因为集体行动不等于个体行动之和。事实上，有可能一个集体的成员都在做相同的事情，但是这不能称为集体行动。比如，“2008 年的中国人都在买房子”和“2008 年的中国人民举办奥运会”。在第一种情况下，大多数中国人都拥有“想买房子”的意向，这种情况同简单叠加式说明的条件是相符合的。但是我们却不能够说“2008 年的中国人都在买房子”是一项集体行动。而第二种情况我们可以说“2008 年的中国人民举办奥运会”是一项集体行动。因为第一种情况“2008 年的中国人都在买房子”这句话实际上是对许多单个的中国人买房子的个体行动的概括，也就是说，是许多个体行动的集合。而第二种情况“2008 年的中国人民举办奥运会”是全体中国人民在共同做一件事，行动的意向“我们要举办奥运会”也是为中国人民所共有的，没有人会说“2008 年我一个人要举办奥运会”，这种集体意向的内容并不等同于每个集体成员的“我要做 X”的个人意向的简单叠加。

因此，复杂叠加式说明为简单叠加式说明做出了修正，引入了“公有知识”（common knowledge）的概念，集体意向的形成需要集体的成员意识到这个集体的大多数人都持有相同的意向，也就是说大多数成员都具有相同的意向，并且这一点为集体成员的公有知识。个体成员的意向中已经预先知道所有或者大多数成员的意向都是同一的，并且包含着“只要做好了自己这部分，所有成员的意向就会组成了集体意向”的信念。因此，复杂叠加式说明其表述如下：

集体 G 有意向 P 当且仅当：

（1）大多数成员都有意向 P。

（2）在集体 G 内，（1）是公有知识。①

对集体行动背后意向的另一种看法则认为，集体行动的背后存在着意向，个体行动意向具有“我想要做 X”形式的意向内容，而集体意向的内容则可以表达为“我们想要做 X”，具有这种内容的意向不可还原为“我想要做 X”形式的个体意向。不过关于集体意向是何种意向，学者们也分为两派观点：个体主义和集体主义，这分别以美国学者约翰·塞尔为代表和美国女学者马格丽特·吉尔伯特为代表。前者偏向从意向性的自然主义进路出发，强调意向性状态始终是一种心理状态，它不能够离开人的大脑而存在，所以集体意向一定在个体头脑之中。而后者则从集体意向的集体性质出发，强调集体意向对集体行动中个体行动者的约束力，使得集体成员能够在实现集体目标的过程中履行自己应尽的职责。吉尔伯特认为集体意向的主体是集体，而不是集体成员，在一定的规范性条件下，集体成员通过充分协作能够使得集体如同一个人一样行动，因此集体能够拥有意向性状态。

首先，作为心理自然主义者的塞尔认为，意向性的心理状态是生物的一种本能，所有意识和意向性都只能存在于个人心灵（大脑）之中。塞尔在《心、脑与科学》、《意向性》以及《心灵、语言与社会》等多部著作中提出了他对意向性的自然主义的说明。按照塞尔的观点，意向必须有大脑才能存在，意向性是大脑的作用过程的产物。不存在一种跟

① 丛杭青、戚陈炯：《集体意向：个体主义与整体主义之争》，《哲学研究》2007年第6期，第49～56页。

个体行动者相对应的集体行动者，因为集体是没有大脑的，所以“集体心灵”在他看来是不可能的。在塞尔的著作中，社会行动中的集体意向表现为不可还原的集体模式，行动者的心理模式本能地转换为集体模式，以集体模式来思考当下的情况并做出选择。

集体模式下的个体不再用独立个体的角度来看待当下的情况，而是用其所认可的集体的角度来看待情况。也就是说，如果我采用了集体模式，那么我得知当前的情况下我们的目标或者说我所在集体的目标，根据形势找到最好的方法来实现这个目标，并且形成了一个集体意向，意向的命题内容为：“我们要做 X。”在达到这一阶段之后，我作为集体中的个体成员，从集体意向中派生出我的个体模式的意向。我的个体模式意向从属于集体意向：首先，我知道了集体意向——我们要做 X。如果我们要做 X，作为集体的一部分我就要做 Y，这样我就有了“我要做 Y”这样的个体意向。集体行动不是个体行动的相加，而是通过集体中的个体合作来完成的集体行动，而判断社会行动中的是否合理就成了“对于集体来说，什么是理性的”这样的问题。

作为整体主义者吉尔伯特认为，在集体意向形成的同时，集体成员也对集体做出了承诺，承担了义务，并在集体成员内部产生了相应的义务和愿望。吉尔伯特提出了多元主体（plural subject）的概念，多元主体是个体的成员以某种方式结合起来成为行动的主体。集体中每位成员都知道，当所有集体成员都对他们即将要从事的集体行动产生共同认可（joint acceptance）时，共同承诺（joint commitment）就形成了，而在共同承诺的基础上形成了多元主体；而一旦共同承诺形成后，每位成员就有义务做好他应做的那部分，也有权利要求其他成员做好他们应做的那部分。多元主体要求集体中的每个成员严格遵守自己的承诺，并且相互协调与配合来履行共同承诺。共同承诺的形成伴随着义务和权利的产生，集体成员有义务遵守自己的承诺，同时也有权利要求其他成员遵守他们的承诺。

三、集体行动说明面临的难题

在对集体行动的说明中会遇到一些困难，困难一是跟理性选择问题有关的合作难题。从个体意向角度来说明集体行动，集体行动往往不具有合理性。比如“合作”，从个体角度来看是不具有合理性的；然而对于集体而言，合作是具有合理性的。一个非常著名的事例就是“囚徒二难”，两个犯罪嫌疑人被分隔开来审讯，而两人不能进行任何的沟通。如果他们都不认罪交待，那么根据现有的证据，两人的罪行都不是十分严重，两人都只判一年的徒刑。如果他们都认罪交待，每人都将被判5年的徒刑。如果其中只有一人坦白交待并供出对对方不利的证据，则他将被无罪释放而另一人则将被判处10年的徒刑。每个犯罪嫌疑人都是从自身的利益出发来决定要不要坦白交待。对于每个嫌疑人来说，坦白比不坦白对自己更有利，对于嫌疑人甲来说，如果他坦白了，而嫌疑人乙不坦白，这样他可以得到自由而不是蹲一年监狱；如果嫌疑人乙坦白了，则嫌疑人甲最好坦白，否则他将被判处10年徒刑。同样，嫌疑人乙也会以相同的方式来思考。那么两人都坦白，两人都被判刑5年。如果两人都不坦白，每人只会被判刑1年。在这种情况下，合作（两人都选择不坦白）无疑是最好的选择，但是这两个嫌疑人都只能从自己的利益出发选择坦白。以“囚徒二难”为例，作为个体而言，不论对方如何决定，采取坦白策略都能保护自己并获得相对最大的利益，然而在这一类博弈难题中的最佳策略却是采取合作的策略。“囚徒二难”为集体行动说明提出了两个难题：其一，因为在个体主义的说明模式中，合作并不是一种理性选择，从个体自身的角度出发，他只会做出对自己有利的选择，而不会做出对集体有利的选择。其二，在缺乏交流的条件下，个体无法产生集体意向，集体意向只有在集体成员之间达成协约的前提下才能产生。这两个问题主要针对叠加式说明和个体主义的集体意向理论，这两者都无法说明如何从个体头脑中得出集体意向。

困难二是集体中有投机取巧者的情况，在集体行动中总会出现不合作者。这些投机取巧者可以说："我知道了我所在集体的其他人的意向都是一样的，即使我不按照相同的意向来行动，其他人还是会按照相同的意向来行动，我的不合作不会对集体行动有什么影响。"比如公益事业，投机取巧者知道了集体中的大多数人都会去做一些有利于公共利益的事情，例如人们通过纳税来维护这些公共设施或公共服务，但是投机取巧者却逃避为它们纳税，因为其他人都会这样做，即使我不这样做，也依然能享受到公共设施和公共服务。这样就有两种情况出现：第一种情况是明显某个个体的意向内容与其他成员的不一致，但是这个集体行动仍然在继续。这种情况跟叠加式说明所描述的集体行动是不一致的，但是我们无法否认这种集体行动的存在。第二种情况更为糟糕，因为从个体叠加式的说明无法说明投机取巧者的行为是不合理的，那么也就无法对投机取巧者采取惩罚措施。假如每个人都从追求个人利益最大化出发，我们都这样来选择逃避纳税，则可能会没有这些公共设施或公共服务，这将是最为糟糕的结果。也就是一种自私的意向内容成为了集体成员间的公有知识，很明显在这种情况下，集体行动也就不再能够继续了。

四、集体意向理论对两种困难的解决

在说明集体行动的时候，如果简单地将行动理论的说明模式运用到集体行动的说明中，就会遇到"意向不足以成为行动的原因"这样的困难。一种不可简单地还原为个体意向的集体意向概念被引入到对集体行动的说明之中，集体意向的形成是非叠加式的，集体意向是"共同做某事或共同意图做某事"的意向，真正的集体行动应该是基于集体意向的，以集体模式进行的行动。集体行动不是个体行动的相加，而是通过集体中的个体合作来完成的集体行动，而判断社会行动中的是否合理就成了"对于集体来说，什么是理性的"这样的问题，从集体视角来看“合作”是合理的，前文提及的集体行动说明中的合作难题就能够得到解决。

塞尔自然主义进路的集体意向也不能避免“囚徒二难”提出的质疑，塞尔认为集体意向存在于个体头脑之中，那么内容为“我们想要做X”的意向是如何在个体头脑中产生的呢？集体的观念是如何进入个体头脑之中的呢？对于“缸中之脑”而言，它是不可能产生集体意向的，因为没有第二个大脑与它组成一个集体。一个好的集体行动说明理论，必须能够对集体行动的集体性进行说明，但是塞尔个体主义的集体意向理论无法说明从个体到集体的过程。

集体意向理论要对集体行动做出成功的说明，还要面临如何解决投机取巧者的困难，吉尔伯特在《集体行动中的合理性》一文中提出了她的疑问：“如果按照个体拥有集体意向的说明方式，那么在集体行为中的个人完全不可能拥有自己的意向。而在这种情况下，人和动物是没有区别的。”比如，非洲草原上奔跑的羚羊，羊群是在领头羊的带领下奔跑。领头羊做出决定奔跑，于是羊群跟着领头羊跑，但是羊群可能不知道自己为什么要奔跑，它们只是简单地跟随着领头羊的决定。但是，人不可能像群居的动物那样，人是有自己自由的意向和想法的，个体为什么非要有集体意向呢？个体完全可以按照自己的意向来行动。比如，“投机取巧者”完全就没有顺从集体的决定，“不合作者”的情况也大量存在。集体意向理论也必须将“投机取巧”或者“不合作”的行为判定为不合理的行为。

吉尔伯特的集体意向理论引入了“共同认可”和“共同承诺”的概念，也就是说，“共同认可”意味着集体成员之间对集体的目标、实现目标的方法等有一致的认识，这种“共同认可”是集体意向产生的第一步。“共同认可”概念可以说明集体意向如何产生，以及回答集体性从何而来的问题。一旦集体成员对自己所在的集体产生了集体认可，那么他们也必须承担随之而来的责任和义务——共同承诺。

吉尔伯特进一步对“共同承诺”做出了界定：（1）集体中的每个

个体对集体做出共同承诺是自由自愿的，但共同承诺一旦做出就具有强制性，集体中大多数人强制那些不遵守承诺的人继续完成集体行动。(2) 只有当集体中每个成员都同意废止时，共同承诺才能被废止。共同承诺不可以被单个成员单独废止，即使某个成员不遵守承诺但是集体行动仍然会进行下去，因为共同承诺可以强制要求成员遵守其承诺。(3) 集体成员一旦参与某个共同承诺，就具有了与该共同承诺相关的行动的理由，无论该成员自身个人意向或所处的外部环境是否有所改变，这个理由一直有效。共同承诺可以对个人在某些特定环境下的行动做出合理性的说明，假设个体的行动背后是有一个共同承诺来作为行动的理由，那么即使该个体的行动显得十分不可思议，它也是具有合理性的，比如，某些人为了国家利益而牺牲个人利益。(4) 集体成员参与共同承诺这一事实以及由此而产生的义务、愿望和权利，都是集体内部的公开知识。一旦对集体行动做出了共同承诺，并公开了由此承担的相应的义务，那么违反这种共同承诺的人就必须负有责任。那么在“投机取巧”的情况中，“投机取巧者”没有履行伴随着集体意向的义务，因而他们的行动是不合理的。而且在社会活动中，集体成员可以针对投机取巧者设立一些惩罚机制，并由集体成员相互进行监督，这样就可以避免投机取巧行为的发生。

吉尔伯特的理论看似能够解决其他理论所不能解决的问题，而将集体意向理解为“集体的意向”的观点似乎也易于接受。但是笔者认为对她的理论进行深入的追究，仍然会有许多问题。吉尔伯特的“集体意向”概念，已经偏离了“意向—行动”的说明路数，更关注对“集体性”的说明，而忽略了“集体意向”仍然是一种意向，而意向是意向性的心理状态。集体意向如果理解为“集体的意向”，那么她的理论就要回答“是否存在超越个体心灵的集体心灵”，还要回答“不在头脑之中的意向是否是一种心理状态”的问题。笔者认为要彻底解决以上问题，需要在“自然化的集体意向”和“强调集体性的集体意向”之间找到一条出路。

参考文献

[1] DAVIDSON D. Action, Reason and Cause [J]. *The Journal of Philosophy*, 1963, 60 (23).

[2] MARGARET GILBERT. Rationality in Collective Action [J]. *Philosophy of Social Science*, 2006, 36 (1).

[3] MARGARET GILBERT. Modelling Collective Belief [J]. *Synthese*, 1987, 73 (1).

[4] ANTTI SAARISTO. There is no Escape from Philosophy [J]. *Philosophy of Social Science*, 2006, 36 (1).

[5] JOHN SEARLE. *Intentionality* [M]. Cambridge University Press, Cambridge, 1983.

[6] JOHN SEARLE. *Rationality in Action* [M]. A Bradford Book, The MIT Press, Cambridge, 2001.

[7] JOHN SEARLE. *The Construction of Social Reality* [M]. Free Press, 1995.

[8] RAIMO TUOMELA. Free Riding and the Prisoner's Dilemma [J]. *The Journal of Philosophy*, 1988, 85 (8).

[9] 约翰·塞尔. 心、脑与科学 [M]. 杨音莱, 译. 上海: 上海译文出版社, 1991.

[10] 约翰·塞尔. 心灵、语言与社会 [M]. 李步楼, 译. 上海: 上海译文出版社, 2001.

[11] 约翰·塞尔. 意向性 [M]. 刘叶涛, 译. 上海: 上海人民出版社, 2007.

[12] 丛杭青, 戚陈炯. 集体意向: 个体主义与整体主义之争 [J]. 哲学研究, 2007 (6).

第9辑
PHILOSOPHICAL INQUIRY
出版者:
武汉大学出版社
2011年

作者简介

陶德麟　武汉大学哲学学院教授、武汉大学资深教授

胡采禾　胡秋原先生长女

冯天瑜　武汉大学中国传统文化研究中心教授、武汉大学资深教授

郭齐勇　武汉大学哲学学院教授

胡治洪　武汉大学中国传统文化研究中心教授

葛　飞　南京大学中国现代文学研究中心讲师

尹　捷　清华大学人文与社会科学学院中文系博士

介江岭　武汉大学传统文化中心研究生

田文军　武汉大学哲学学院教授

何卓恩　华中师范大学中国近代史研究所教授

谢远笋　湖北师范学院政法学院讲师

姜新立　台湾佛光大学政治系主任、教授

尉天骢　台湾政治大学荣誉教授

尹康庄　广东商学院中文系教授

刘源俊　东吴大学教授

李敏生　中国社会科学院哲学研究所研究员、曲阜孔子书院院长

毛　磊　中南财经政法大学教授

黄　妍　武汉大学哲学学院2008级博士研究生